# 世界経済危機と日本経済

西尾夏雄・赤羽裕・池袋昌子 編著

時潮社

# まえがき

　2008年9月のリーマン・ショックによって世界金融危機が爆発し、10年5月に顕在化したギリシャ・ショックによって、世界財政危機（ソブリン・リスク）の世界的な広がりが懸念されている。

　世界金融危機は、欧米政府と中央銀行による膨大な資金供給によってとりあえず終息したかにみえた。しかし、2009年秋にギリシャの膨大な財政赤字があかるみに出ると、国家破産の危機とユーロの信認の欠如が懸念され、10年4月から5月にかけて世界同時株安の様相を呈した。EU（欧州連合）とIMF（国際通貨基金）による緊急支援とユーロ防衛基金の創設でとりあえず世界経済は落ち着きを取り戻した。

　ギリシャ・ショックは、世界経済危機が金融・経済セクターから財政危機・国家破綻に重点が移っていることをしめすものである。すなわち、金融機関が膨大な損失をかかえるという金融危機は、政府と中央銀行の膨大な資金供給でとりあえず回避され、景気がいちじるしく低迷する経済危機にたいしては政府の膨大な財政出動によって対処してきたことが前提になっているからである。

　その帰結は、結局、国家に膨大な財政赤字が累積するということである。もちろん、本来は、どれだけ財政赤字が増えたとしても、金融システム不安が解消するとともに、景気が回復すれば、税収も伸びるので、財政赤字が減少するはずである。

　しかしながら、世界史の現段階において、資本主義が本格的な経済成長を達成できなくなったと考えるべきである。しかも、この間の欧米の住宅バブルがあまりにもすさまじいものであったので、欧米の金融機関がいまだに膨大な損失をかかえている。金融機関の救済と景気対策で膨大な財政赤字が累積している。

　2010年5月に深刻化したギリシャ・ショックは、世界経済・金融危機から財政危機に危機が転化したことをしめすものである。本書は、こうした、世

界経済・金融・財政危機下での世界経済と日本経済の特徴についてあきらかにしたものである。

　著者の多くは、埼玉大学大学院経済科学研究科で相沢幸悦教授の指導を受けている。相沢教授の還暦にさいして、今回、世界経済危機下の世界経済と日本経済の現状についてあきらかにする著書を出版することにした。ただし、本書は、たんなる論文集ではないので、論旨を明確にするために相沢教授にも執筆をお願いした。なお、相沢教授は、現在、新疆財経大学客員教授もつとめられている。

　本書の出版にあたって、時潮社の相良景行社長には、大変お世話になった。記して深くお礼を申し上げる次第である。
　　　　2010年6月23日

　　　　　　　　　　　相沢幸悦教授の還暦を祝って　　著者一同

# 『世界経済危機と日本経済』／目次

まえがき　3

序論　世界経済危機とはなにか ——————————————— 9

## 第Ⅰ部　世界経済危機下の世界経済

### 第1章　冷戦体制と戦後のアメリカ経済 ——————————— 20
　はじめに　20
　1　戦前・戦後のアメリカ経済　21
　2　マネーゲームと銀行危機　24
　3　冷戦の崩壊と新自由主義　26
　むすび　32

### 第2章　世界金融危機とアメリカの金融規制 ——— 西尾夏雄　33
　はじめに　33
　1　連邦預金保険公社改善法体制とその限界　34
　2　サブプライム・ローン問題と世界金融危機　41
　3　アメリカにおける金融の再規制　48
　むすび　56

### 第3章　アメリカの地域社会再投資法（CRA）—— 龍前航一郎　62
　はじめに　62
　1　融資差別と消費者運動　62
　2　住宅・都市問題と住宅・都市開発政策　65
　3　CRAの成立と制度拡充　67
　むすび　71

### 第4章　アメリカの貧困の罠と高い暗黙の限界税率 — 田中恭子　75
　はじめに　75
　1　最低賃金と連邦貧困ライン　76
　2　低所得層にとって高いアメリカの限界税率　80
　3　貧困の罠―都市構造との関連で　86

むすび　88

## 第5章　人民元の国際化とアジアにおける通貨・金融協力 ―――――― 赤羽　裕　91
はじめに　91
1　人民元為替制度改革の現状　91
2　人民元国際化の動き　100
3　アジアにおける通貨協力の展望　105
むすび　111

## 第6章　ヨーロッパの経済統合 ―――――― 114
はじめに　114
1　ヨーロッパ統合の進展　115
2　もの作り国家ドイツ　121
3　EUの拡大と「EU憲法」　125
むすび　131

## 第7章　ヨーロッパの経済・金融危機 ―――――― 133
はじめに　133
1　頻発する経済危機　134
2　財政危機と銀行危機　140
3　通貨統合と国家主権　144
むすび　154

## 第8章　世界金融危機とCDS ―――――― 木暮克己　156
はじめに　156
1　CDS取引の内容　156
2　CDS取引に関する当局・議会の対応　161
3　具体的事例（1）――AIG　163
4　具体的事例（2）――ギリシャ　167
むすび　170

目　次

# 第Ⅱ部　世界経済危機下の日本経済

## 第9章　世界経済危機と日本経済 ──────────── 174
 はじめに　174
 1　高度成長ともの作り国家の構築　174
 2　高度成長の終焉　178
 3　バブル経済と平成大不況　184
 4　経済構造改革の蹉跌　187
 むすび　189

## 第10章　医療の現状とチーム医療の意義 ─────── 池袋昌子　192
 はじめに　192
 1　医療崩壊の現状　193
 2　チーム医療と地域医療連携システム　197
 3　ケーススタディ（1）──A病院　200
 4　ケーススタディ（2）──B病院　203
 むすび　207

## 第11章　わが国の債券レポ取引 ─────────── 中澤克浩　217
 はじめに　217
 1　債券レポ取引について　218
 2　欧米におけるレポ取引の概念　222
 3　わが国における債券レポ市場の成立　226
 むすび　233

# 序　論　世界経済危機とはなにか

## はじめに

　2008年9月のリーマン・ショックによって、世界経済・金融危機が爆発した。世界経済と国際金融市場は大混乱におちいり、欧米政府による膨大な財政出動が断行されるとともに、欧米の中央銀行は、金融機関にたいして巨額の流動性を供給することを宣言した。その結果、09年の春ころになると国際金融市場はとりあえず落ち着きを取り戻した。
　このリーマン・ショックを契機にして、アメリカの投資銀行を中心として、大規模な金融再編がすすんだ。破綻したリーマン・ブラザーズをのぞく四つの大手投資銀行は、大手銀行の傘下にはいるか、あるいは銀行をふくむ銀行持株会社に組織変更した。世界経済・金融危機が本格的に終結すれば、ふたたび専業投資銀行に回帰するかもしれないが、現状では、専業の大手投資銀行は世界で日本の野村証券だけとなった。
　100年に一度といわれる世界経済・金融危機は、アメリカにおいてサブプライム（低所得者向け住宅ローン）危機として勃発し、それが世界に波及することで深刻化したといわれている。危機の原因である住宅バブルはアメリカを中心に発生したが、それは、住宅ローン債権の証券化商品が世界中に売却されたことによって可能となった。だが、信用力の低い借り手にまで住宅ローンを提供したために、住宅市場が調整局面をむかえていたところに、リーマン・ショックが発生し、証券化商品市場はパニック状態におちいった。
　ところが、世界経済・金融危機の深刻さは、住宅バブルの形成・崩壊がアメリカにとどまらないところにある。じつは、ヨーロッパでもアメリカよりもむしろ先行して住宅バブルが発生したからである。ヨーロッパでは、ユーロの導入や東欧のEU加盟などが契機となって住宅バブルが発生し、これがアメリカの住宅バブルにより、さらにはげしいものとなった。世界経済・金

融危機が100年に一度といわれるのは、欧米における住宅バブルの「重層的構造」が崩壊する過程だからであり、そう簡単には終息することはないだろう。

　サブプライム危機の勃発を契機に、アメリカ型経済・金融モデルが破綻するとともに、米ドル一極支配体制が崩壊しつつある。これからの経済システムは、アメリカのような金融「工学」を駆使するバブル型経済成長ではなく、ヨーロッパのように地球環境保全型経済システムの構築といいもの作りに徹する市場拡大型経済成長に転換するであろう。

　ここでは、世界経済・金融危機を資本主義に大転換をせまるもの、すなわち21世紀初頭大不況ととらえて、その原因と本質をあきらかにし、これからの経済システムのあり方について考察してみたい。

## バブル経済の二類型

　資産価格が実体経済からいちじるしく乖離して暴騰する金融バブルには、1980年代末に日本で発生した不動産バブルのような銀行融資による間接金融型バブルと、1990年代末のアメリカの株式バブル、2000年代初頭の住宅バブルのような証券市場をつうじて発生する直接金融型バブルというふたつの類型があると考えられる。ヨーロッパで発生した住宅バブルは、銀行による巨額の住宅ローンの供与によって発生したものであって、間接金融型バブルの類型に分類される。

　銀行が膨大な不動産融資をおこなって発生した日本の不動産バブルが崩壊すると、必然的に銀行は、200兆円ともいわれる天文学的規模の不良債権をかかえることになった。損失は100兆円ともいわれ、これを償却するのに10数年かかったので、平成大不況が長期化した。おそらく、間接金融型バブルが崩壊したヨーロッパの不況も長期化するであろう。

　一方で、証券市場が発達しているといわれるアメリカでは、銀行などが住宅ローンなどを供与しても証券化して売却するので、たとえ住宅バブルがはじけても損失をこうむるのは投資家であって、銀行に膨大な不良債権が堆積することがない。したがって、たとえ住宅バブルが崩壊しても、日本のよう

序論　世界経済危機とはなにか

な長期不況にみまわれることはないといわれてきた。

　世界経済・金融危機は、アメリカでも原則として広い意味で「間接金融型バブル」として発生したと考えることができる。

　たしかに、銀行は大量の住宅ローン債権を売却することができた。たとえリスクの高いサブプライム・ローンなどをふくんだ証券化商品であっても、金融「工学」を駆使すれば、高格付けの金融商品に「変身」させることができたからである。しかも、「ローリスク・ハイリターン」という金融論の常識を根本からくつがえす金融商品がどんどん組成されたので、銀行も膨大な証券化商品投資をおこなった。

　証券化商品の保有というのは、住宅ローンを迂回して銀行（および投資専門の子会社）がかかえるということを意味していた。しかも、ノン・バンクである住宅ローン会社がせっせと貸し付けた住宅ローンも証券化商品の形で迂回的にかかえた。したがって、アメリカの住宅バブルも「間接金融型バブル」の変形であるということができる。世界経済・金融危機は、日本の平成大不況とおなじように、ヨーロッパの銀行だけでなく、アメリカの金融機関も膨大な不良債権をかかえているので、長期化するものと考えられる。

## 世界経済危機発生のメカニズム

　第二次大戦後の冷戦下でアメリカは、軍事技術を中心とするハイテク技術の開発に注力せざるをえなかった。したがって、日独が資本主義陣営の消費財生産をになった。同時に、IMF体制にもとづいて「紙」幣ドルを金に擬制（対外国通貨当局にたいする金１オンス35ドルでの交換）して、世界中に散布し、資本主義世界の高度成長を実現した。資本主義諸国は、社会主義の「脅威」に直面していたので、1971年にアメリカが金とドルの交換を停止して、ドルの金への擬制がくずれても、「紙」にすぎないドルを受け取った。

　ところが、1991年にソ連邦の崩壊で冷戦体制が崩壊するとともに、同年末にEU首脳会議で99年にユーロを導入することが合意されると事態は一変した。世界がドルの受け取りを拒否する可能性が出てきたからである。戦後、アメリカは、軍事中心のハイテク産業の育成・発展に注力したことで、消費

財産業の国際競争力が低下してきたので、膨大な貿易赤字をかかえていた。世界がドルを受け取らなければ、アメリカは消費財を調達できなくなってしまう。

そこで、ハイテク技術開発の成果であるIT革命をすすめながら、金融セクター主導の経済成長を志向し、世界中の資金をアメリカに吸収する戦略を構築した。それが、株式・住宅バブルであった。1995年のドル高政策によって株価が高騰し、2000年初頭には、政府の住宅市場振興策や中央銀行FRBの金利の引き下げなどもあって、住宅価格が高騰していった。おかげで世界中から投資資金が殺到した。ドルの「信任」は盤石なものとなった。

住宅バブルは、住宅ローン債権を証券化した金融商品が飛ぶように売れたので、低所得者層まで住宅ローンが提供できるようになったことで発生した。リスクの高い住宅ローンを証券化した金融商品であったとしても高格付けがつけられたので世界中で飛ぶように売れた。さらに、証券化商品投資での損失を保証してくれるCDS（クレジット・デフォルト・スワップ）を買っていれば、そのかぎりでは「リスクフリー」となる。そんなことは本来ありえないはずなのに、証券化商品やCDS投資が世界中で天文学的規模にいたったのはそのためであろう。

したがって、住宅市場が反転することによって、「リスクフリー」であったはずの証券化商品にすさまじいリスクが生じた。これが世界経済・金融危機発生のメカニズムである。

## 欧米の住宅バブル

アメリカで株式バブルや住宅バブルが発生したのは、戦後、軍事・ハイテク技術開発に特化したアメリカが、ドルの信認を確保する必要があったということと、もうひとつは、新自由主義の台頭によるものであった。1970年代初頭のオイル・ショックによってインフレが高進するとともに不況が併存するスタグフレーションという事態が生ずると、ケインズ政策が破綻し、新自由主義的な経済政策が台頭した。

1980年代には、レーガン政権が新自由主義的な経済政策を遂行し、90年代

にはいると金融規制緩和・撤廃がさらに徹底的におこなわれ、世界的に金融収益の獲得を可能にすべくグローバリゼーションが進展した。金融機関の業務規制も緩和・撤廃され、金融「工学」にもとづく金融業務を手がける世界「最強」のアメリカ金融業が形成された。

アメリカでの金融業の収益向上のために、投資銀行のレバレッジ規制が撤廃され、投資銀行は膨大な収益を確保することができた。投資銀行は、住宅ローン債権の証券化商品を組成・販売するだけでなく、みずからも巨額の証券化商品投資をおこなった。

金融・資本市場に甚大な影響をあたえているものの、事実上野放し状態にあるデリバティブ取引も規制すべきであるという意見がアメリカ政府の内部から出てきたにもかかわらず、まったく規制はおこなわれなかった。アメリカは、ヘッジファンドについても、規制すべきであるというヨーロッパ大陸諸国の声にほとんど耳を貸さなかった。

このように、世界中の投資資金が住宅ローン債権の証券化商品投資に投入されたので、膨大な住宅ローンが低所得者層にまで供給されるようになり、住宅市場が活況を呈した。しかし、2006年末になると住宅市場も変調をきたし、住宅バブルが崩壊していった。

ヨーロッパの銀行は、アメリカの証券化商品への膨大な投資をおこなうとともに、西欧と東欧でも住宅バブルが発生した。イギリスでは、1970年代末に成立したサッチャー政権での新自由主義的な経済政策によって、アメリカとほぼ同時期に住宅バブルが発生した。

西欧の住宅バブルは、1999年のユーロ導入が大きく影響している。ドイツ・マルクなみの強い通貨としてユーロが導入されたので、弱い通貨国であったスペインや、フランス、アイルランドなどで住宅ローン金利がいちじるしく低下した。そうすると旺盛な住宅需要がうまれ住宅価格が高騰した。ちなみに、ドイツは、1990年のドイツ統一以降住宅バブルが発生したので、その後始末に手間取り、この時期に住宅価格はほとんど上昇しなかった。

東欧では、さらにはげしい住宅バブルが発生した。EUへの加盟で東欧諸国の信用力が高まったので、西欧銀行から膨大な資金が流入した。本来であれば、インフラ整備や産業育成のために投入されるはずであるが、手っ取り

早く住宅市場に流入したからである。
　問題は、膨大な住宅ローンを提供した東欧の銀行に資金を供給したのがオーストリアの銀行であり、その融資規模はじつにGDP比で70％の規模にたっしていることである。バルト三国に大量に貸し込んだのはスウェーデンの銀行である。これらの銀行にイタリア、スペイン、フランス、ドイツなどの銀行が大量の資金を供与した。

## 欧米住宅バブルの崩壊

　2007年8月にフランス大手銀行BNPパリバが傘下のファンドの資金償還を凍結すると欧米の住宅バブルの崩壊がはじまった。09年9月のリーマン・ショックで世界経済・金融危機が勃発した。しかし、欧米政府と中央銀行による対応はきわめて迅速であった。日本の平成大不況における政府・日銀の政策の失敗が「反面教師」としておおいに役立ったからである。
　欧米政府は、取り付け騒ぎによる銀行の連鎖的破綻を回避するために、預金保険による保証額の引き上げをただちに発表した。欧米の中央銀行は、銀行間市場に大規模な資金供給をおこなう用意のあることを宣言した。これは、1997年11月に「会社更生法」の適用を申請して倒産した三洋証券の教訓が生かされている。三洋証券倒産によって、銀行間市場で資金回収ができなくなったので、危ない金融機関に資金が出されなくなってしまった。それが、資金をとれなくなった北海道拓殖銀行と山一証券の経営破綻につながったからである。
　日本では、1998年までまたなければならなかった巨額の公的資金の投入が、すぐに可能となったことがきわめて重要である。ただし、本来であれば、公的資金は、不良債権の買い取りに投入されるべきであるが、実際には、金融機関への資本注入につかわれた。
　欧米の中央銀行は、日本銀行が平成大不況の末期に、いやいやおこなった実質ゼロ金利や量的（信用）緩和をただちに実施した。大規模な流動性の供給の宣言、企業のCPの購入、証券化商品や長期国債の購入などをおこなった。おかげで、アメリカの中央銀行FRBは、それまでの1兆ドル弱の資産

規模からわずか半年で2兆ドル以上にまで膨れ上がった。

とくに、東西ヨーロッパでの住宅バブルが崩壊したことによって、深刻なヨーロッパの金融危機の勃発が懸念されている。

西欧諸国の金融機関は、アメリカと西欧の住宅バブルの崩壊で深刻な打撃をうけているうえに、住宅バブルが崩壊した東欧諸国では、西欧諸国の景気の低迷によって、さらに景気の低迷が懸念されているからである。もし、東欧諸国で深刻な経済・金融危機が発生すれば、東欧諸国に資金を提供したオーストリアやスウェーデンなどの金融機関が深刻な経営危機におちいる。そうすると西欧諸国の金融機関も深刻な経営危機にみまわれる可能性が高い。

こうした世界経済・金融危機は、それまでの世界の政治・経済の工業国主導から新興諸国・資源国主導に大転換させた。G7からG20（金融サミット）への移行がそれである。G20は、秩序ある国際金融市場の形成のため、投機資本の規制、過度の自由化の見直し、投資家保護や監督体制などの金融規制を強化していくことで協調していくことになった。


## むすび

第二次大戦後の世界経済は、欧米・日本など工業国を中心とする10億人市場であった。アメリカは、第二次大戦で世界中からあつめた「富」を金に「擬制」されたドルとして世界に供給して、需要を喚起し、世界資本主義の高度成長を達成した。欧米・日本など10億人程度の市場を対象とする生産システムであった。それが可能となったのは、資源国から原材料を「収奪」することできたからである。

1990年代初頭に冷戦が終結すると、世界の経済成長が鈍化し、いよいよアメリカの新自由主義が猛威をふるうようになった。その必然的帰結として、資源国・農業国、新興諸国が台頭してきた。工業国から資源国・農業国や新興諸国に、以前とくらべれば、はるかに「適正」な原材料価格・資源価格・賃金で、膨大な資金の「移転」がおこなわれるようになってきている。

いままでは、工業国は、10億人の市場を対象とする経済活動を展開してきた。したがって、工業国は、10億人の消費者向けに、高付加価値の高価格商

品の開発競争にしのぎをけずってきた。

　高機能・高性能・高価格製品の工業国への提供が日本のもの作りの「お家芸」であって、世界にはほとんど競争相手はいなかった。だから、日本は、2008年世界経済・金融危機までは、欧米市場向けの外需拡大型の経済成長が可能だったのである。

　だからこそ、アメリカの住宅バブル期に、日本経済は、内需拡大型経済システムへの転換と資本主義の構造転換、すなわち50億人市場の台頭をしっかりとみすえて、21世紀の世界戦略を構築する必要があった。

　基本的に工業国からの所得移転によって、資源国・農業国や新興諸国の経済が成長するのであれば、一人あたりの経済規模というのは、工業国の数分の一ということになる。とすれば、これからの50億人市場というのは、中機能・低価格製品の提供が主流となる。

　したがって、これからの日本経済にとって絶対に必要なことは、高性能の中機能・低価格製品を提供するということである。低機能・低価格製品は、新興諸国が生産をになうであろう。日本は、高性能で中機能の製品を低価格で世界に提供していくということがもとめられている。もちろん、中国とインドをふくむアジア共同体の結成ということを前提にして。

　日本経済がこれからも生き延びていくとすれば、この50億人市場を対象としたいいもの作りに徹しなければならない。日本は、もの作りの哲学を大転換しなければならない。もちろん、安全でいいもの作りの哲学はけっして捨ててはならないが、地球環境と調和した高性能・中機能・低価格製品の製造に、生産システムを急速に転換しなければならない。

　問題は、世界には、工業国の10億人、新興諸国・資源国の50億人、そして1日1ドルや2ドルで生活しているひとびとが10億人いるということである。これからは、工業国の責任で、この10億人のひとびとの生活水準の向上をはかっていかなければならない。おなじ地球上の人間として。

　中国は猛烈なスピードで経済成長してきた。うらやましいかぎりであるが、この「高度成長」が大問題なのである。社会主義市場経済という市場経済を導入して経済を成長しようというものなので、地球環境に配慮して経済成長をすすめてくれ、ということ自体に無理があるからである。

したがって、日本は中国に環境保護装置の無償援助、砂漠の緑化など環境保護のために全面的に協力する必要がある。それだけだとたんなるおせっかいである。共同体を構築することによって、日本経済もある程度は発展できるので、共同体結成にすすむべきなのである。

日本、中国、インドを中心とするアジア共同体（AU）結成の必要性は、三カ国の牽制（アジアにおける天下三分の計）である。中国だけだと日本の政治家では、とうてい太刀打ち不能である。

世界史の現段階において、中国だけでなくインドにも参加してもらう意義は、地球環境の保全のためである。日本の経済力・資金力・技術力をつかって環境保護装置を設置するなど、日本の世界最先端の環境保護装置がどうしても必要だからである。もしそうでなければ、世界だけでなく日本が甚大な被害をうけることになる。

アジア共同体は、アジアの平和と諸国民の生活水準の向上を目標とするものである。

通貨統合の実現したヨーロッパでは、いずれ欧州連邦が結成されると思う。ギリシャ・ショックは、政治統合のない通貨統合の弱点を白日のもとにさらしたからである。すでにEUでおこなわれているが、この欧州連邦は、主要国とそうでない国の間で富の移転がさらに徹底しておこなわれ、相対的におくれた国の生活水準が上昇する。

これもEUがすでに積極的におこなっているが、地球環境保全についても十分に配慮されるであろう。地球環境保全というのは、ある程度、経済力が強化されてから真剣に取り組まれるので、経済力の向上は、環境保護の大前提である。この欧州連邦には、いずれ東欧やアフリカがはいり、ヨーロッパ・アフリカ連邦となるかもしれない。

アジアでは、アジア共同体から通貨統合、そして、アジア連邦の方向に、アメリカは、南北アメリカ連邦という方向ですすめば、結局、世界は三大連邦に集約される。こうして、三大連邦が構成されて、それぞれの勢力が均衡していくことが重要である。

そうすると、経済規模・経済力、大企業の国際競争力、軍事力、軍事技術や科学・技術などの点で、三大連邦間で熾烈な競争が展開されるからである。

その結果、冷戦以降、あらゆる面で一人勝ちの様相を呈し、傍若無人にふるまってきたアメリカのような行動はゆるされなくなる。
　この三つの連邦が国際間の平和と安全、地球的規模での環境保全、企業間の健全な競争による地球的規模での経済成長と経済の効率化をはかる。連邦内での紛争は連邦が可能なかぎり平和裏に解決する。
　かくして、21世紀には、平和でほんとうに豊かな、そして環境が保全された世界が人類史上はじめて地球上に登場するかもしれない。

# 第Ⅰ部

世界経済危機下の世界経済

# 第1章　冷戦体制と戦後のアメリカ経済

## はじめに

　戦後の冷戦下でアメリカは、最先端の軍需産業に特化し、限定的ではあるが金の裏付けをあたえられたアメリカ・ドル「紙幣」で世界から消費財を買うことができたので、アメリカは、消費財産業の発展に本腰をいれることはなかった。したがって、アメリカは、日本や中国をはじめ世界中から消費財を購入した結果、いまや貿易赤字が膨大なものとなっている。世界はいずれアメリカへは、「紙」のドルでは消費財を売らなくなってしまう。

　そこで、アメリカは、1991年に冷戦が終結し、同年末にEU（欧州連合）がユーロ導入を決定すると金融セクター主導の経済成長をもくろんだ。それが株式バブルであり住宅バブルであった。それが可能であったのは、アメリカは、冷戦下で軍事技術やIT（情報技術）などの最先端技術の開発に専念してきたので、その成果を金融的術策の「高度化」にいかんなく発揮することができたからである。

　新自由主義的経済政策は金融業にもっとも適合的である。というのは、金融業というのは数字の増減を追求する世界であって、量の変化だけが行動原理を支配するので、金融規制は、金儲けの邪魔にしかならないからである。

　世界金融危機は、まさに金融的術策と膨大なリスクをとって金儲けするアメリカ型資本主義の崩壊をつげるものであるが、金融危機にとどまらないところに事態の深刻さがある。株式バブルにつづいて生じた住宅バブルで、ひとびとは住宅投機をけしかけられ、巨額の投機利益の多くを浪費したので、空前の好景気がおとずれたものの、サブプライム危機の顕在化で投機に失敗すると、消費が激減していったからである。

　アメリカのGDPの7割を超えた個人消費が冷え込めば、すさまじい景気の後退にみまわれる。そこで膨大な財政出動をせまられているのである。

# 1 戦前・戦後のアメリカ経済

## （1）戦前のアメリカ経済

　アメリカは、19世紀末にドイツとともに重化学工業の母国として、世界史の表舞台に登場した。鉄鋼、化学、電機、自動車など世界一流の重化学工業を確立した。しかしながら、アメリカは、広大なフロンティア、国内市場があったので、ドイツとちがって、市場分割のための世界戦争にくわわる必要はなかった。

　第一次大戦後には、フォード・システムのフル稼働により、自動車産業が爆発的な発展をとげた。最新鋭の重化学工業を駆使し、大量生産・大量消費による空前の繁栄を謳歌した。もしかしたら、アメリカにおけるもの作りが全面開花した最後かもしれない。フロリダでは土地バブルも発生した。株価も暴騰していった。その帰結は、1929年世界大恐慌であった。

　世界恐慌からの回復のために、ニューディール政策という形で公共投資がおこなわれた。しかし、この政策が成功することはなかった。もちろん、ある程度は、恐慌の痛手から経済システムをすくうことに役立ったであろうが、本格的に経済が回復するのは、第二次世界大戦に突入してからのことである。

　ヨーロッパ戦線で第二次大戦がはじまっても、アメリカは参戦しなかった。当初は、ナチス・ドイツは、破竹の勢いでヨーロッパ戦線を拡大したので、イギリスからアメリカへの参戦のもとめがあっても、アメリカは参戦できなかった。アメリカの世論は、どうしてよその国の戦争に参戦して、アメリカの若者が血を流さなければならないかというものだったからである。当然のことである。アメリカは、大戦への参戦の大義名分と国民を納得させる方法を必死にもとめていた。

　そうこうするうちに、アメリカによる経済封鎖などで窮地におちいっていた日本が、1941年12月に真珠湾攻撃をおこなった。しかも、日本大使館の不手際で、アメリカ政府への宣戦布告がおこなわれたころには、日本海軍が真珠湾ですでに攻撃を開始していた。当然のことながら、アメリカ国民は激怒した。だまし討ちだと。「リメンバー・パールハーバー」がアメリカ国民の

合言葉になり、ついにアメリカは第二次大戦に参戦することができた。

　唯一、戦場にならなかったアメリカは、連合国の「生産工場」となり、重化学工業がとことんまで発展した。第二次大戦において、戦後、あらたに経済成長を主導するハイテク産業の萌芽が生まれた。

　大砲を撃つときの弾道計算や核開発に不可欠であったコンピュータが戦時中に開発された。レーダーもイギリスで開発され、実戦配備された。

　アメリカは、膨大な人材と資金を投入して、核開発をおこなったので、あっという間に核兵器が完成した。悲しいことに、戦争が科学・技術を飛躍的に「発展」させるという典型的な事例であった。兵器は、実験をおこなったとしても、実戦使用しなければ、その性能の検証ができない。核兵器が広島、長崎に投下されたのはそのためである。

　負け戦だったのであるから、日本がすみやかに降伏すれば、東京大空襲も、広島・長崎の悲劇も回避されたことであろう。

## （2）資本主義の盟主アメリカ

　第二次大戦で旧ソ連のスターリンは、東欧諸国をヒトラー・ファシズムの支配から解放した。東欧諸国は、自然の流れとして、あまり深く考えずに、旧ソ連とおなじ「社会主義」体制に移行したように思われる。じきに、ヒトラーはひどかったけれども、スターリンの支配はもっとひどいことに気付かされた。だが、ときすでにおそかった。「原状復帰」するのに、じつに40年あまりの歳月を必要としたのである。

　中国も日本軍との戦いに勝利した後、国民党軍を追い出した中国共産党が支配するようになり、「社会主義国」化した。

　こうした第二次大戦後の「社会主義」化の動きは、アジア、アフリカ、南アメリカなどでの革命運動をいちじるしく高揚させた。

　アメリカは、資本主義の盟主として、共産勢力との戦いを率先してはじめなければならなかった。イギリスとフランスは、第二次大戦で勝利をおさめたものの、直接の戦場になったので、経済的には疲弊した。ドイツと日本は、枢軸国として連合国と戦って敗北したので、「廃墟」からの復興を成し遂げなければならなかった。「社会主義」勢力と戦えるのは、第二次大戦で勝利

をおさめるとともに、超絶的な経済力を有するにいたったアメリカしかいなかったのである。

　資本主義の盟主となったアメリカは、共産主義勢力と戦う同盟国や反共産軍を支援するために、米ドルをどこでも受け取ってもらえるように信用貨幣に擬制して、ドルで武器・弾薬・食料など必要なものを手に入れられるようにした。そのシステムがIMF体制であった。アメリカは、外国通貨当局にたいしてのみ、金１オンス＝35ドルで交換（「兌換」）することを約束したのである。米ドルが限定的であるとしても、金の裏付けをもったのである。

　アメリカは、旧ソ連との戦争にそなえて、国家の総力をあげて、軍事産業、IT産業、航空・宇宙産業、原子力産業などの最先端の科学・技術開発をおこなった。資本主義陣営に消費財を提供したのは、アジアの日本とヨーロッパのドイツであった。人工衛星の打ち上げで旧ソ連に先を越されたアメリカは、国家の威信をかけたプロジェクトであるアポロ計画に全力を投入した。1969年に人類がはじめて月に下り立ったといわれているが、これは、まさに軍事技術開発の成果そのものであった。

　アメリカは、共産主義の脅威を封じ込めるために、フランスにかわって、ベトナム戦争の泥沼にはまり込んだ。こうして、アメリカは、膨大なドルを世界でつかったので、ドル危機が深刻化していった。

　とうとう1971年になると対外国通貨当局であったとしても、金１オンス＝35ドルで交換（「兌換」）することを停止した。戦後初期には、世界の公的金準備の８割をアメリカが保有していたのに、激減していったからである。

　金とのつながりをたたれ、貿易赤字も多いアメリカのドルが、世界中で支払い・決済で受け取ってもらえるという基軸通貨の役割を終えるはずであった。しかしながら、旧ソ連の経済は、かなり疲弊していたとはいうものの、まだそれなりに健在であったので、資本主義諸国は、米ドルの受け取りを拒否することはできなかった。冷戦の継続が、ドルを金の裏付けのある「信用貨幣」と同等の地位にとどまらせたのである。

　戦後のアメリカは、軍需産業をはじめとするハイテク産業の技術水準はきわめて高かったものの、消費財産業の国際競争力はかなり低かったので、アメリカ経済は長い間、疲弊した。軍需企業の収益性はかなり高いが、庶民に

は無縁のものなので、広範な需要は望めない。したがって、いくらこの分野が強いとしても、経済波及効果はあまりない。戦争がおこってはじめて軍需品の「消費」が拡大する。消費財は、ドイツ、とりわけ日本から輸入しなければならないので、景気はよくないのに、貿易赤字だけが激増する。

結局、アメリカ経済を活性化させるには、金融業くらいしかのこされていなかった。

## 2 マネーゲームと銀行危機

### （1）マネーゲームの横行

1970年代初頭に、外国為替相場がそれまでの固定相場制から変動相場制に移行すると、信用リスクや金利変動リスク、価格変動リスクなどの金融リスクにあらたに為替変動リスクが付け加わった。そうすると、この為替変動リスクをどのようにしてヘッジ（回避）したらいいかということが検討された。

そこで、編み出されたのが、日本の江戸時代に大阪の堂島でおこなわれていた米の先物取引、いわゆる帳合米取引の手法を取り入れた為替先物取引である。こうして、1970年代初頭から、金融取引にあらたな金融取引分野としてのデリバティブ（金融派生商品）取引がくわわったのである。リスクの商品化としてのデリバティブ取引が、その後、興隆していく前提が構築された。その結果、アメリカ金融業の「質的」転換がはかられたのである。

そして、1975年5月にアメリカで証券取引の売買委託手数料が自由化された。5月におこなわれたので、メーデーとよばれている。これがアメリカにおける事実上の金融ビックバンであった。メーデーによって、証券業の競争が激化するとともに、情報を提供しないかわりに、売買委託手数料を割り引くディスカウント・ブローカーが登場した。手数料が自由化されると、資産運用サービスが金融業務の主流となっていった。そうすると、金融機関は、顧客の金融収益拡大のために、資産運用の手法を「高度化」していった。

1980年代にはいるとアメリカでは、M&A（企業の合併・買収）が活発化したが、とりわけマネーゲーム型のM&Aが横行するようになった。

特徴的なことは、低格付けのジャンクボンド（ハイリスク・ハイリターン債

を発行すると大量の資金を調達できるようになったことである。買収資金がない場合には、レバレッジドバイアウト（LBO）という手法がつかわれた。LBOというのは、買収先の資産を担保にして資金を調達し、買収が成功したら、調達資金を返済するというものである。

　ジャンクボンドの発行やレバレッジドバイアウトなどよって、簡単に大量の資金を調達することができるようになったので、M&Aがあちこちでおこなわれるようになった。

　M&Aというのは、本来、企業経営の効率化・合理化、高い収益性の実現のためにおこなわれるものであって、そのことによって、経済の質的に高い成長が可能となる。アメリカにおいても、このようなM&Aが主流であったが、1980年代にアメリカで横行したのは、マネーゲームのようなM&Aであった。

　企業の株式を買占めて、相手を脅し、当該企業あるいは救済にはいった第三者に高値で引き取らせて金儲けするとか、純資産や内部留保の多い企業の株式を買占めて、それらを吐き出させて株価を引き上げ、売り払って金儲けするようなケースである。

　1980年代には、マネーゲーム型M&Aが横行したので、世論の痛烈な批判をあびた。そこで、ジャンクボンドを開発した投資銀行ドレクセル・バーナムのミルケンがインサイダー取引で逮捕され、この証券会社が倒産した80年代末になると急速に終息していった。

## （2）銀行の経営危機

　1980年代から90年代初頭にかけて、多くの銀行が経営危機にみまわれた。
　住宅ローンなどを提供していた貯蓄貸付組合（S&L）は、1980年代に深刻な経営危機におちいった。低金利のときに、長期資金を固定金利で預かったが、金利が上昇すると逆鞘におちいった。低い金利で貸して、高い預金金利を支払うのであるから、経営危機におちいるのは、当然のことである。そこで、アメリカ政府は、公的資金を投入してS&L危機に対応した。
　商業銀行は、発展途上国貸付、レバレッジドバイアウト（LBO）貸付、不動産貸付などをおこなっていたが、途上国の累積債務問題の深刻化、LBO

貸し付けの焦げ付き、不動産不況などで、多くの銀行が経営危機におちいった。S&Lは純粋な民間銀行とはいえないので、公的資金が投入されたが、民間銀行の経営の失敗にたいしては、公的資金の投入はおこなわれなかった。

当時のアメリカのマスコミや学会の論調は、「銀行業は衰退産業か」というものであった。したがって、銀行は、なにがなんでも自力で経営危機を乗り切らなければならなかった。もちろん、政府は日本とちがって、銀行の経営危機離脱のために、税制面などで支援した。たとえば、政府は、過去に支払った税金の払い戻しや、減税などをおこなったのである。

銀行業界は、大量の不良債権処理や破綻処理をおこなうのに必要な資金を確保するために、預金保険料の大幅な引き上げを断行した。経営が圧迫されるとして、反対も強かったが、政府の支援を期待できない以上、そうせざるをえなかった。銀行は、膨大な預金保険料負担に対応すべく、血のにじむような経営の効率化・合理化を断行した。同時にあたらしいビジネス・モデルを構築し、収益源を模索した。そうしないと、資本の増強、増資に応じてくれる投資家などいないからである。

アメリカの銀行は、このときには、政府の直接的支援をうけず、業界が自力で危機を克服した。預金保険料負担にたえられるような経営体質を構築するとともに、あたらしいビジネス・モデルも構築した。こうして、IT革命を旗印に、1990年代にアメリカ経済が「復活」する金融システム上のきっかけが作られたのである。(1)

## 3　冷戦の崩壊と新自由主義

### (1) 冷戦体制の崩壊

旧東ドイツ市民の力で1989年11月、「ベルリンの壁」がくずれ、翌90年10月についに東西ドイツは統一された。東欧でも市場経済の導入がはかられ、旧ソ連でも1991年8月の旧ソ連邦の崩壊、各共和国の独立、市場経済の導入という方向にすすんだ。「社会主義」を標榜する北朝鮮やキューバなどが存在しているが、中国は、社会主義市場経済という形で事実上、市場経済を導入している。

第1章　冷戦体制と戦後のアメリカ経済

　1975年にアメリカとの戦争で勝利したベトナムでもドイモイ（自由化）という名のもとに市場経済が導入された。
　したがって、1991年の旧ソ連邦の崩壊によって第二次大戦戦後の世界の政治・経済・社会を根本から転換した冷戦が終結したということができる。冷戦の崩壊によって、人類は、核戦争の恐怖から解放された。多くのひとびとは、ようやく世界が平和になる時代が到来したと喜んだ。
　しからば、はたして本当に資本主義が勝利したのであろうか。世界経済・金融危機の顕在化で資本主義の諸問題が露呈している現在、社会主義という政治・経済システムよりも資本主義というものがすばらしいものなのか。そうではないだろう。冷戦終結時は、資本主義側の盟主であるアメリカは、すでに超大国の地位から滑り落ちていた。ドイツや日本が戦後いちじるしい成長をとげてアメリカをささえてきただけのことである。
　ただ、どういうわけか、冷戦が終了したら、突如としてアメリカ経済は「復活」し、1990年代から2008年9月にかけて史上まれにみる経済の繁栄を謳歌した。しかし、それは、アメリカが冷戦期に構築した強大な軍事技術と軍事力を背景としたドルを国際基軸通貨（「ドル本位制」）の地位に祭り上げ、世界から資金を吸収し、その資金を株式市場と住宅市場に投入させることによって構築した「幻想的」経済成長にすぎなかったのである。
　冷戦期におけるアメリカの科学・技術の発展は、軍事技術はもちろん、航空・宇宙技術、原子力技術、そして、最先端の情報・通信技術（IT）とバイオ・ナノテクノロジーなどのハイテク産業に特徴的にあらわれている。冷戦が終結するとこれらの技術の一部が民間に開放され、IT革命という形で1990年代にアメリカで「花開」いた。
　情報・通信技術の発展は、軍事産業だけでなく、金融業をもいちじるしく「発展」させた。アメリカは、これらの国際競争力のある産業で21世紀の世界市場を制覇しようという野望をいだいた。
　アメリカは、2001年9月11日に同時多発テロに遭遇し、テロ撲滅「戦争」を宣言した。地球温暖化防止京都議定書の批准を拒否して、資本の論理を貫徹している。バイオテクノロジーの「発展」で「神」の領域にはいりつつある。

## （2）ドル高政策とドルの信認

　アメリカでは、1980年代から90年代初頭にかけて、銀行が不良債権問題を自主的に解決して、金融システム危機が克服された。冷戦の終結と相前後して、80年代からつづいていた不況も克服し、景気の高揚局面に突入した。

　しかしながら、アメリカは、すでに金の裏付けを欠いていた米ドルが、冷戦終結によって、ほんとうに「木の葉っぱ」になってしまうのではないかという恐怖におそわれた。さらに、冷戦下でアメリカは、膨大なドル資金を世界に投入したので、つねにドル危機がつきまとっていたが、運悪く、冷戦終結とおなじ年の1991年にEU（欧州連合）が99年に単一通貨ユーロを導入することで合意してしまった。

　アメリカは、それまで強大な経済力・軍事力を背景にした米ドルに対抗しうるだけの国際通貨が存在しなかったので、仕方なくドルを受け取っていた世界の国々が、ドルを見捨ててしまうのではないかという恐怖感におそわれた。

　もし、そうなれば、米ドルはローカル通貨になってしまい、世界は、「紙」切れのドルではアメリカに消費財を売ってくれなくなる。そこで、アメリカは、超絶的軍事力はすでにそなわっていたので、あとは、世界の経済成長の牽引役になり、アメリカに投資を引き付ければいいという戦略を構築した。そうすれば、黙っていても米ドル投資が激増し、ドルの信認を確保することができるからである。

　そのための策略は、ひとつは「新産業革命」としてのIT革命の国家的推進であり、1993年のインターネットの民間開放であった。そもそも、インターネットは、世界に展開するアメリカ軍をネットでつなぐという軍事的な要請で開発されたものである。インターネットの普及というのは、ほとんどのひとがつかうようになるので、きわめてわかりやすい。かつて、産業革命の進展によって、手作りよりもはるかに安く、品質も遜色のない繊維製品が大量に手に入るようになったので、庶民は、あたらしい時代の到来を実感することができたとおなじである。

　インターネットの普及によって、あらゆる情報が瞬時に入手できるように

なったので、ひとびとの生活が大変便利になった。とくに、流通の分野は、インターネットをつかっての商品の売買などがすすみ、飛躍的に便利になった。こうして、ひとびとは「新産業革命」を実感することができた。実体経済の「産業革命」が進展しているのであるから、株価が上昇するのは、当然のことであるという経済的前提を構築したのである。

　もうひとつは、株式市場の高揚を演出して、アメリカの好景搗を実現することである。そのために、アメリカがとった経済政策がドル高政策である。この政策によって、平成大不況下の日本とユーロ導入をめざすヨーロッパから大量の投資資金がアメリカの株式市場に流入した。その結果、株価が暴騰し、株式バブルが発生した。ニューヨーク証券取引所のダウ平均株価は、2000年1月14日に1万1722.98ドルとそれまでの最高値をつけた。しかしながら、この日を境に株価が下落し、株式バブルが崩壊した。

　ドルの信認を確保するためにおこなった株価引き上げが終結すると、日本のバブルつぶしの失敗の教訓を学んでいたアメリカの中央銀行である連邦準備制度理事会（FRB）は、ただちに利下げをおこない、バブル崩壊不況を軽微なものにしようとした。そうこうするうちに、9.11同時多発テロが発生した。ダウ平均は7800ドル台まで暴落したので、FRBは利下げをつづけ、政府は所得税減税などによって景気のテコ入れをおこなった。

　ドルの信任確保のためにおこなった株価引き上げが終焉し、同時多発テロによってアメリカ本土が歴史上はじめて攻撃され、アメリカの威信がいちじるしく傷ついたので、ドルの信認は地に落ちるはずであった。だがそれは、アメリカにとっては、絶対にゆるされないことであった。

　そこでとられたのが、住宅価格の上昇によるアメリカ景気の高揚政策である。アメリカの国債はもちろん、従来は、健全な借り手にたいする住宅ローン（プライムローン）を証券化した金融商品は優良証券なので、諸外国にとって優良な投資証券であった。諸外国の投資家、企業や金融機関、政府などがどんどん購入してくれていたので、長期金利はかなり低いものであった。FRBも政策金利を断続的に引き下げたので、住宅需要が拡大し、住宅価格が上昇するような経済的条件はととのっていた。

　同時多発テロの痛手から立ち直り、ドルの威信を維持するには、住宅価格

の引き上げが不可欠となった。じきに、住宅ローン会社、銀行と投資銀行、格付け会社、信用保証をおこなう保険会社などが結束して、住宅価格上昇のためのビジネスを展開した。アメリカ政府は、規制緩和・撤廃によって住宅価格上昇を支援した。そうすると、2004年から05年ころには住宅バブルの様相を呈してきた。本来であれば、FBBが大幅な金融の引き締めをおこなわなければならなかった。

　だが、利上げも小幅なものであった。グリーンスパン前FRB議長のいうように、証券化商品市場があそこまで拡大するとは予測できなかったからかもしれないし、イラク戦争が泥沼化していたので、好景気に水を差すことはできないという判断がはたらいていたのかもしれない。

　超絶的軍事力を背景に、「紙」切れの米ドルを世界にむりやり受け取らせようとしてはじめたイラク侵攻が敗北に終われば、ドルの信認など地に落ちてしまう。だれも、米ドルなど受け取らなくなるかもしれない。だから、金融関係者はともかく、政府関係者は、いずれバブルは崩壊する、危ないと思っても、それを止めることはできなかったのであろう。

　ここに、歴史上最悪の世界経済・金融危機をもたらしたアメリカの住宅バブル形成のメカニズムと根本的本質があったと考えられる。

## （3）新自由主義と株主資本主義

　国際競争力を有する消費財産業があまりないアメリカやイギリスは、1980年代に政府の関与を減らし、競争原理を徹底させる新自由主義的な経済政策（市場原理主義）を遂行した。90年代にはいるとアメリカでは、「会社は株主だけのものである」という理念にもとづいて経済・経営運営をおこなうという株主資本主義が確立した。

　サブプライム危機・世界金融危機をもたらした経済政策上の根拠は、新自由主義（市場原理主義）と株主資本主義の経済理念にあると考えられる。

　国際競争力のある消費財産業がないので、アメリカやイギリスは金融セクター主導の経済成長をもくろんだ。だからこそ、市場のことは市場にまかせ、「小さな政府」を実現し、国家は経済にほとんど介入しないとか、規制を最大限緩和・撤廃し、企業の利潤機会を拡大することで経済が成長するという

経済理念である新自由主義を導入することができたのである。

　「会社は株主だけのものである」という理念にもとづく株主資本主義は、非金融部門を「食いもの」にする考え方であり、金融取引で高利潤を追求しようとする傾向が強い。「会社は株主だけのもの」であるとすると、法さえ犯さなければ、どんな手段をつかっても利益をあげて、その利益を株主に配当せよということになる。金融業であれば、住宅バブル前までは、それでもまだよかったのかもしれない。

　サブプライム危機をもたらした住宅バブルも、おそくとも2005年には、危険だという論調は、アメリカでも出ていたはずである。日本の不動産バブルのときも、銀行は、おなじような行動をとったので、偉そうなことはいえないが、どうして、たとえ一人でも住宅バブルだから、わが社は、サブプライム関連金融商品の組成と販売、購入を止めるという経営者がいなかったのだろうか。

　いたかもしれないが、もし、いたとしても、くだんの経営者は、即刻、株主総会で解任されたことであろう。役員報酬はもちろん、もしかしたらストック・オプションの行使も拒否されたかもしれない。これが、資本主義（株主資本主義ではなく資本主義一般）なのである。

　だから、国家が、それを止めなければならないのだが、新自由主義的経済政策は、グリーンスパン前FRB議長のいうように、資本の暴走を止めるのではなく、逆にそれを促進してしまった。その後始末を庶民の血税でおこなうというのは、おかしなものである。

　もちろん新自由主義的経済政策で規制緩和がすすめば、さまざまなコストが削減され、価格低下など消費者にメリットがあるし、株主資本主義的経済政策で放漫経営の企業経営者が放逐されるとか、企業のコーポレート・ガバナンスが徹底するなどのメリットはある。しかし、それ以上の弊害があるので、消費者へのメリットの提供、経営者の規律やコーポレート・ガバナンスの徹底などは、別途しっかりと対処し、新自由主義的な経済政策は拒否する必要がある。[2]

## むすび

　2010年6月25日～27日、カナダでG8、G20サミットが開催された。ここで、13年までに少なくとも財政赤字を半減させ、16年までに政府債務残高のGDP比を安定ないし低下させることになった。

　アメリカは、数値目標をかかげて財政赤字削減に取り組むことに反対した。というのは、金融危機は、巨額の財政出動と中央銀行（FRB）の流動性供給でとりあえず抑え込んだものの、FRBによる住宅ローン証券化商品の買い取りや住宅ローン減税が終了したので、住宅市場が変調をきたしているし、商業用不動産価格の下落で地銀の破綻が増加し、景気対策もいずれ終了することもあり、景気の低迷から抜け切れていないからである。

　G20では金融規制改革について、①自己資本比率に、証券化商品やトレーディング項目などのリスクの反映、②ヘッジファンド、格付け会社、店頭デリバティブの透明性確保、③金融機関の破綻処理スキームの策定、④国際的な規制・監督体制の強化などついて検討することになった。

　アメリカでは、銀行の高リスク取引の制限などを柱とする「金融規制法案」が可決され、ヨーロッパでは、ヘッジファンド規制や銀行税などが検討されている。しかし、G20では、金融機関の破綻処理に必要な資金を事前に金融機関から徴収する銀行税は合意されなかった。トービン・タックスとよばれる金融取引課税は、議論の対象にもならなかった。

　アメリカでは、きびしい金融規制は市場の効率性を阻害するとして、銀行本体からデリバティブ取引を完全に分離することは見送られた。相対のデリバティブ取引の決済を清算機関でおこなうということは評価できるが、デリバティブ取引そのものの規制は不十分であろう。G20が抜本的な金融規制改革で合意でき、改革を断行していけるかが、これからの世界経済と国際金融市場の健全な発展にとってきわめて重要である。

〈注〉
（1）相沢幸悦・西尾夏雄「金融コングロマリットと邦銀の再生」財経詳報社、2005年、参照。
（2）相沢幸悦「世界経済危機をどう見るか」時潮社、2010年、参照。

# 第2章　世界金融危機とアメリカの金融規制

## はじめに

　本章では、いわゆるサブプライム・ローン問題から生じた世界的な金融危機をきっかけに、アメリカにおいて金融規制と監督体制が再び強化される方向となったことについて、この20年ほどの間におきた規制の変遷（規制強化と規制緩和）を検証し、今後導入されるあらたな規制強化の意義と金融セクターへの含意について考察している。

　本章の構成は以下のとおりである。まず1980年代から90年代初頭にかけて生じたアメリカにおける金融危機をうけて制定された「連邦預金保険公社改善法（FDICIA）」について考察し、つぎに、FDICIAにもとづく規制環境および監督体制が15年ほどの歳月をへて直面した限界について検証する。そして、今回の金融危機をうけてふたたび選択されたアメリカにおける「金融の再規制」について、時系列的に整理し、その意義やのこされた課題を分析する。

　結論を先取りしていえば、今後導入される金融規制強化策は、これまでアメリカの金融当局と立法府がややあいまいな形で放置してきた「too big to fail: TBTF（大きすぎてつぶせない）」金融機関監督行政とその破綻処理のあり方について、より踏み込んだ施策を講じることになり、米金融セクターの非常に重要な転換点をもたらすことになるだろうということである。

　ただし、具体的な規制が導入されるさいに、個々の金融機関や金融セクター全体にどのような影響をあたえるかは不透明である。また、金融システムに影響をおよぼすとされる大規模かつ複雑化した金融機関が万が一経営不安におちいったさいに、当局によって適切に監督され、必要とあれば「秩序ある」破綻処理が導かれるか否かもふくめて重大な課題としてのころう。

　なお、本章では、今回の危機時における中央銀行によるマネタリーな金融政策や国際的な規制強化策についての分析は最少限なものとし、直接には米

金融機関に影響をあたえる金融規制および監督行政について焦点をおいて考察する。ただし、金融セクターにおけるバブルを防ぐための手段としての金融政策のあり方や、国際的な枠組みでの規制のあり方についての議論が政策当局や学会でも活発におこなわれていることはいうまでもない。

## 1 連邦預金保険公社改善法体制とその限界

### (1) 90年代初頭にかけての金融危機と連邦預金保険公社改善法の制定

2007年からアメリカにおいていわゆるサブプライム・ローン問題が表面化し、08年から09年にかけて世界規模の深刻な金融危機と信用収縮が生じたが、それまで15年ほどのアメリカ経済と金融セクターは（アジア経済危機やITバブルの崩壊などの数度の短い混乱期をのぞけば）安定的に拡大していた。

金融機関の収益性は飛躍的に向上し、一方で銀行の破綻件数は急速に減少したが、その間の金融規制や当局による監督体制は91年に制定された「連邦預金保険公社改善法（Federal Deposit Insurance Corporation Improvement Act of 1991：FDICIA）」をもとにしていたので、「FDICIA 体制」[1]とよぶことができよう。

FDICIAは、1930年代以来の抜本的な金融制度改革法であり、70年代からつづいていた金融セクターにおける規制緩和への傾向を「再規制（reregulation）」へともどすものであった。そのような再規制への動きは、やはり今回のサブプライム危機と同様に、アメリカにおける深刻な金融セクター危機をうけて導入されたものであった。

1930年代の銀行危機は、アメリカの金融セクターを「規制型資本主義」に移行させ、一連の規制のなかでもとくに重要な「1933年銀行法（グラス・スティーガル法）」は、連邦預金保険制度を導入することでセイフティ・ネットを整備し、銀行と証券の業態分離や預金金利を規制するなど競争制限的な枠組みを形成した。

しかし、1970年代の高金利・高インフレーション時代がいわゆる「脱仲介機関化現象」を引き起こし、商業銀行や貯蓄金融機関の一種であるS&Lの

経営を圧迫するようになると、金融機関は規制緩和を要求した。金融当局もまた、80年の預金上限金利の撤廃や82年のS&Lの業務拡大と自己資本要件の緩和など、各種の自由化策をつうじて金融機関の経営基盤を強化することを模索していた。

しかし、プルーデンス規制が確立されていないなかでの規制緩和策と預金保険の拡充などのセイフティ・ネットの拡大は、金融機関のリスク・テイキングを助長した。自由化をうけてあらたな競争に直面した金融機関は、こぞって途上国（LDC）向けの融資や、不動産（Land）融資、企業買収資金融資（LBO）などの分野でリスク志向の行動をとったが、その後の景気後退は、多数のS&Lや商業銀行の破綻をもたらした。いわゆる「3つのL」の不良債権問題である。

この間は、金融監督行政の面でも裁量的な対応がおおいにのこり、たとえば84年のコンチネンタル・イリノイ銀行を救済することで、「大きすぎてつぶせない（TBTF）」銀行は当局によって救済されるとの認識が市場参加者に広まった。(2) 当局も規制の猶予策や健全行による問題銀行の吸収合併の促進など、問題先送り型の施策を採択していたことがうかがわれる。

このように「裁量的な」面がのこっていたアメリカの金融行政が、よりルール重視かつ「説明責任のつく」ものへと変わるきっかけとなったのは、S&Lの破綻処理や不良資産買い取りを促進した89年の「金融機関改革救済執行法（FIRREA）」であり、91年末に成立したFDICIAである。

FDICIAは、商業銀行の相次ぐ破綻と預金保険財源の枯渇に対応するために、金融当局が策定し、アメリカ議会でのはげしい審議をへて成立した「金融制度改革法」である。深刻な金融危機が金融機関による放漫経営だけでなく監督当局の不適切な規制と規制緩和によってもたらされたと考えた議会は、米財務省など当局によって提唱された規制緩和策をことごとく拒否し、規制強化を前面に押し出した。

金融システムにたいする信認および安定性の回復を目的として導入された自己資本比率規制にもとづく早期是正措置（prompt corrective action: PCA）や、銀行破綻処理における最小コスト原則の確立、政府機関による破綻処理の検証などの仕組みは、金融行政の透明性向上に貢献し、また金融機関にお

ける健全化のための努力をうながす仕組みとなった。

アメリカの金融監督は、1978年から金融機関の健全指標として「統一金融機関格付システム」、いわゆるCAMEL基準を導入していたが(3)、そのCAMEL基準にくわえて、金融機関への監督を強化するため年1回の検査を義務付け、各銀行の自己資本比率におうじてPCAを導入することになった。PCAは、レバレッジ比率やリスクウェイト・ベースの自己資本比率により銀行を分類した。

そして、自己資本不足におちいった銀行にたいしては、配当の禁止など資本回復計画の策定や資産拡大策の抑制などの是正命令を発し、必要であれば管財人の派遣など早期の破綻処理をおこなう仕組みとなった。

逆に、自己資本の充実度が最高位にランクされた銀行には、ブローカー預金の受け入れについての当局による事前承諾が不要になるなど業務上の自由度が広がり、預金保険料負担や当局検査の頻度が軽くなるなど、銀行経営者には自己資本充実へのインセンティブをあたえた。自己資本比率規制は、客観的な尺度にもとづく規制であるからこそ透明性が高いといえるが、このように、まずクリアカットなルールが確立されたことで、監督機関による規制の猶予などといった選択は排除されることになった。

FDICIAはまた、「問題機関の処理が預金保険基金にとってなるべく最小のコストにすること」(4)をその目的として明確に規定し、預金保険制度や納税者にとってコスト高となるような規制の猶予といったものを可能なかぎりなくすことにした。一方で、金融システムに影響をおよぼしかねないような伝染・外部性の問題が生じるおそれがあるときには、最小コスト原則以外での金融機関の救済、いわゆる「open bank assistance」をゆるすことにした。

しかし、そのような判断をするにあたっては、FDICと米連邦準備理事会(FRB)役員の3分の2以上が同意し、さらに財務省が大統領と相談のうえで合意することが必要とされた。このように、コンチネンタル・イリノイ銀行の救済などによって論争を巻き起こすことになったTBTFは、原則として否定され、安易な救済策は発動されにくくなったのである。

また、FDICIAは、比較的規模の大きい損失が預金保険基金に生じた場合は、その破綻した金融機関を監督していた当局が破綻処理後6ヶ月以内に事

後報告をまとめることを義務付けた。その報告書については内容が公開され、政府機関であるGAOによる事後審査がおこなわれる。行政官には、破綻処理について明確な説明責任がもとめられており、報告義務は安易な規制の猶予など、不透明・非効率な裁量的判断をおこなうような誘引を減らす効果があった。

このような措置が具体的にどの程度の実効力をもったかについては、定量的判断は困難なものの、一般・小口預金者は、かれらにかわって銀行を監督すべき行政官によるモラルハザードの防止と適切なモニタリングが期待できたといえよう。

このようにFDICIAは、監督当局による裁量や規制の猶予といったものを可能なかぎりなくすようにする一方で、金融システム保全のために必要ならば銀行経営への介入と大規模なセイフティ・ネットの発動を可能にした現実的な法制度であった。

### （2）連邦預金保険公社改善法体制の限界

1990年代初頭の深刻な景気後退を脱したのち、米金融セクターは驚異的な回復をみせた。FRBの低金利政策は、商業銀行に大幅な利ざやを生じさせ

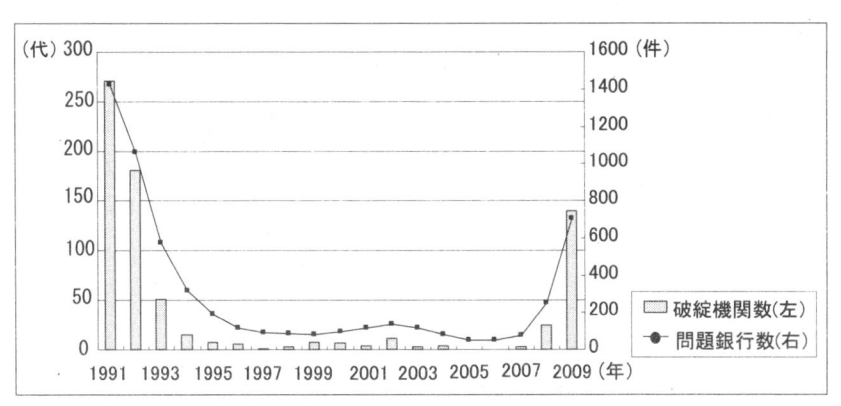

図表2－1　アメリカにおける破綻金融機関数と問題銀行数の推移

（注）銀行と貯蓄金融機関の合計
（出所）FDIC: Quarterly Review

ることで不良債権処理の原資を生み、不良債権の証券化と売買が民間のファンドなどの間で活発になることで米銀の不良債権処理は急速にすすんだ。

その後もアメリカ経済の持続的な成長は15年以上つづき、金融機関の業績は力強く向上した。いわゆる「問題銀行」の数は90年の1492行から減少し、05年には、1933年の預金保険制度成立以来、年間をつうじてはじめて金融機関が破綻せず、07年2月に小規模の貯蓄銀行が破綻するまで3年弱の期間、破綻機関数はゼロであった（図表2－1、参照）。

このように「FDICIA体制」は有効に機能しているようにみえたが、その施行から15年以上の歳月がたつと、その限界があきらかになった。

その背景には、①デリバティブなどの金融商品が複雑化し急速に規模が拡大したこと、②金融機関が巨大化し、景気拡大や規制緩和をうけてリスク・テイキングを拡大させたこと、③変化する金融環境にたいして当局の監督体制が対応できなかったこと、などが指摘できる。このような問題が2007年からの世界的な金融危機によってあきらかになったが、それはFDICIAの導入後は試されてこなかった「TBTF」の問題に帰結するのである。

まず、金融工学の発展をうけて金融商品は急速に複雑化した。米金融機関は、過去の経営危機の教訓にもとづきリスク・マネジメント能力を向上し、証券化やデリバティブの開発などをつうじて、みずからの経営改善努力をはかるようになった。そこに一定の効果もみとめられてはいたが、リスク管理を目的としたデリバティブの開発がいつしか短期的な収益源としてとらえられ、結果として金融機関と買い手の双方のリスク管理をあまくさせていた。

たとえば、サブプライム・ローンを裏付けとして証券化した資産担保証券（ABS）やABSをさらに二次証券化商品としてパッケージ化した債務担保証券であるCDO（Collateralized Debt Obligation）などは、高リスクの見返りに高い利回りがえられるとして年金基金やヘッジファンドなどの間で需要が急速に高まった。[5]アメリカの商業銀行や投資銀行が積極的に住宅ローンを購入し、証券化して世界中の投資家に販売するなど、金融工学にもとづいたじつに複雑な証券化市場が急速に拡大していたのである。

信用リスクを取引し、分散化させる効果があるとされたクレジット・デフォルト・スワップ（CDS）は、2000年代にはいって急速に拡大し、その想定

元本は、2001年末に1兆ドルたらずだったものが、07年末までに62兆ドルの規模に急増した。
(6)

しかし、銀行にとっては、与信リスクを分散化する効果がみとめられる一方で、CDSでは、最終的なリスクの負担の所在があきらかでなくなった。つまり、分散化され、銀行システムの外側に移転されたはずのリスクが買い手であるヘッジファンドなどの投資家に集中し、その投資家が決済不能などにおちいるなどして、金融システムをゆるがす危険性が高まったのである。

この問題については、すでに2005年の9月にニューヨーク連銀が欧米の金融大手などにたいして、決済処理の厳格化、迅速化をうながしていたが、抜本的な制度の改善がされないまま市場は拡大していた。

金融機関の巨大化と複雑化も急激であった。アメリカでは、1980年代の金融危機以後に合従連衡がすすみ、大規模な金融機関同士の合併が相次いだ。とくに、1999年の「グラム・リーチ・ブライリー法」は、米金融機関のコングロマリット化を促進し、シティコープとトラベラーズがシティグループを形成し銀行・証券・保険の融合を実現したほか、商業銀行と投資銀行間の合併や、商業銀行とクレジットカード会社との合併、また商業銀行と貯蓄金融機関の合併などももたらした。

FDICIA成立前の1991年4月に破綻した大手行バンク・オブ・ニューイングランドの総資産が200億ドル強であり、また総資産が100億ドルをこえる破綻処理事例が過去に6件しかなかったのにたいし、2000年代後半までには、総資産量100億ドルの米金融機関が100以上存在し、FDIC加盟金融機関全体の資産の75％以上をしめるようになった。

このような金融機関の巨大化がもたらす潜在的、連鎖的な危険性は否定できるものではなく、監督当局は「巨大化し、複雑化した金融機関（Large and Complex Financial Institutions: LCFI）」のリスク管理態勢・能力やコーポレート・ガバナンスのあり方について監視強化の動きをみせていたが、これもまた具体的にアクションがとられることはなかった。

一方で、アメリカにおいては、1990年代後半から投資銀行やヘッジファンドなどノンバンク金融機関による資金仲介が急速に拡大した。商業銀行のように強い規制をうけてこなかったノンバンク金融機関は、企業による資金調

達やM&A資金の提供、個人への不動産融資など幅広い分野で商業銀行による資金仲介を凌駕するようになった。いわゆる「影の銀行システム（shadow banking system）」の拡大である。

このように急速に変貌をとげる金融セクターや金融機関にたいして、金融規制・監督は適応できなかった。FDICIA体制においては、商業銀行の監督や破綻処理方法についてはある程度確立されていたものの、サブプライム危機で大きな問題となったような、投資銀行が流動性危機や経営破綻に直面したさいの監督態勢は未整備であった。ヘッジファンドへの規制も、それまで何度も提唱されていたにもかかわらず、実現しなかった。

また、アメリカでは、銀行免許のちがいによって連邦政府と州政府の監督権限がことなり、銀行・証券・保険など業態ごとに監督当局が存在するなど、「ばらばら（fragmented）」な金融監督体制が維持され、監督行政の一元化については手付かずのままであった。

その結果、中央銀行（FRB）が銀行持株会社を監督できる一方で、その傘下のノンバンク金融機関については、実際にそれらを監督する規制当局（たとえばSEC）に依存することになるなど、金融システムに大きな影響をあたえかねない金融機関を一元的に監督することができなかったのである。

一方で、アメリカの景気拡大がつづいた1990年代後半からは、各種の規制緩和策が推進されることになり、金融機関のリスク・テイキングを助長した。その顕著な例が、前述の「グラム・リーチ・ブライリー法」による米金融機関のコングロマリット化であり、2004年導入のCSE（Consolidated Supervised Entity）プログラムをうけた投資銀行のレバレッジの拡大である。

ヨーロッパの総合的なユニバーサル・バンク規制に対応する意味も込め、SECが2004年に導入したCSEプログラムは、米大手投資銀行における自主的な経営管理をうながすことを意図したが、自己資本50億ドル以上の投資銀行には、レバレッジを大幅に引き上げることを可能とした。このレバレッジ規制緩和を機に、大手投資銀行は、こぞってその資産・負債を拡大し、2007年のピーク時までにレバレッジ比率は30倍をこえる水準にいたった。(7)

これまでのように、個々の金融機関が適切に経営され、監督されることがひいては金融システム全体の安定に結び付くとされた「ミクロプルーデンス」

の考え方は、急速にグローバル化し、各金融機関が複雑に絡み合い、たがいに多大な影響をおよぼしうるようになったあたらしい金融システムにはそぐわなくなっていたのである。

FDICIAが成立してからの15年間には、金融行政のあり方について学会や監督機関内部からもさまざまな異論や批判が出ていたことも事実である。

たとえば、ミネアポリス連銀総裁のスターン（Stern）は、金融監督当局がとる「建設的曖昧さ」の原則や金融システム安定のための例外的な救済措置にたいして批判し、TBTFととらえられる銀行の破綻においては預金者や債権者が一定の損失をこうむる可能性があることを認識させなければいけないとした。[8] また、カウフマン（Kaufman (1995)）なども、銀行の破綻処理ルールは完全に明確でなければいけないと主張していた。

これらの論者は、大規模金融機関の破綻においては、むしろそのような事態が金融システム全体に影響をあたえないように決済システムを整備すること、預金保険がカバーしない部分の預金の再保険制度などを整備すること、銀行自身における内部管理体制とディスクロージャーの充実をうながすことなどを提唱していたわけである。[9] しかし、これらの措置が具体的にとられることはなかった。

## 2　サブプライム・ローン問題と世界金融危機

### （1）アメリカ発の世界金融危機

2007年からのアメリカのサブプライム危機は、上述したような金融規制・監督の不備をついたものであった。

アメリカは、1990年代半ばから15年超にわたって底堅い経済成長を享受し、とくにITバブル崩壊後の傷も癒えた2003年ごろから06年ごろまでは、低インフレ下の景気拡大についての楽観論が広がっていた。とくに、不動産市場は力強く拡大し、不動産価格の値上がりによる家計の信用力の向上がGDPの3分の2以上をしめる個人消費を拡大させるという好循環をもたらしていた。

不動産証券化市場の拡大とモーゲージ・レンダー間の貸し出し競争なども

あり、とくにサブプライム・ローンとよばれた信用力の低い個人向け住宅融資の市場は急拡大した。

住宅与信の拡大は、金融機関のリスク管理体勢をあまくさせた。銀行間のはげしい融資合戦の結果として、当初数年は、住宅ローンの金利部分を払えばいいという融資など、住宅価格の上昇とその後の保有資産の転売をもくろむ個人にはうまみのある金融商品が多く開発された。

サムプライム・ローン市場の異常な拡大と融資の焦げ付きへの懸念はすでに2002年－03年ごろから指摘されていたが、サブプライム・ローンは、約10兆ドルの規模にたっしていたアメリカの証券化された住宅ローン市場のわずか10分の1をしめる程度で、同ローンの焦げ付きがアメリカの不動産市況および経済全体におよぼす影響は軽微という楽観論が支配的であった。

しかし、2006年後半からこの証券化市場に異変が生じた。ヘッジファンドの一部が、ABSを二次証券化商品として組み直したCDOの主要インデックスであるABX指数の空売りをはじめると、こうした証券化商品の値崩れが引き起こされた。

さらに、2007年半ばにいたり米投資銀行のベアー・スターンズやフランスのBNPパリバが証券化市場の値崩れで多大の損失をかかえた傘下のファンドを救済することを発表したが、実際に、ヘッジファンドの破綻が増加すると、その影響は、証券化商品市場のみならず、世界の金融市場における信用逼迫へとつながった。

米FRBと欧州中央銀行、日本銀行などは、金融市場への多額の流動性供給をよぎなくされたが、社債やCDSのスプレッドが急速に拡大したほか、それまで数年にわたって急拡大をしていた商業用不動産融資やM&Aにおけるレバレッジ融資では、資金の出し手が事実上いなくなるなど、影響はまたたくまに広がったのである。

金融機関の業績への影響も深刻なものであった。米大手金融機関の多くは、資産担保コマーシャルペーパー（ABCP）を発行して短期資金を調達し、証券化商品に投資することで利益をかせぐ運用会社（一般にはStructured Investment Vehicle：SIVとよばれた）をオフバランスでかかえていた。こうした運用会社が短期資金を調達できなくなって流動性リスクを負うと、時価会

計制度の厳格な運用もあり、証券化商品は、強制的な処分売りの対象となり、格付けの高さに関係なく値崩れがおこった。

それは、証券化商品を積極的に購入していたヘッジファンドや金融機関にも影響したほか、そのような商品を組成・販売していた投資銀行などにも多大な損失をもたらした。オフバランスでSIVを活用していた金融機関への批判は高まり、SIVが連結決算の対象に組み入れられることになると、大手商業銀行や投資銀行は、自己資本比率の低下をおそれ、さらなるリスクアセットの削減にはしった。

サブプライム問題を契機とした世界金融危機による世界の金融機関の関連損失は、2010年5月時点で1兆7700億ドルにたっしたと推計され、IMFでは、10年末までに2兆3000億ドルにたっすると推計している。[10]健全であったはずの米金融セクターでは、08年には25の、09年には140の金融機関が破綻し、「問題銀行」数は、06年末の50から09年末には702に膨れ上がった（前掲の図表2-1、参照）。

金融機関の格付けシステムのCAMELS基準のなかでも、資産（Asset）の質に疑念が生じた金融機関にたいしては、業績（Earnings）の悪化のみならず資本（Capital）の充足度についての不安が生じた。それはまた、ヘッジファンドなどの大口顧客からの資金流出のみならず、短期金融市場でのカウンターパーティー・リスク懸念を背景とした金融機関同士の相互不信につながり、資金繰りに窮した比較的体力が弱い金融機関は、流動性（Liquidity）の問題に直面したのである。

その結果、アメリカの5つの大手投資銀行のうち、2008年3月にベアー・スターンズが経営危機におちいりニューヨーク連銀とJPモルガンによって救済された。その後、08年秋に信用危機がピークにたっし、リーマン・ブラザーズが破綻にいたり、メリルリンチがバンク・オブ・アメリカによって救済された。のこされたふたつの投資銀行であったゴールドマン・サックスとモルガン・スタンレーも銀行持株会社に業態転換することになった。

また、シティグループなどの商業銀行や、ワシントン・ミューチュアルなどの貯蓄貸付組合、保険会社のAIG、政府系金融機関であるファニーメイやフレディマックまでも経営危機におちいり、公的な救済や破綻処理をうけた

ことは周知のとおりである。

### (2) ブッシュ政権による金融危機対応

　アメリカにおける金融危機がピークにたっした2008年に米政権を担当していたのが、第43代大統領のジョージ W. ブッシュである（80年代末から90年代初頭の金融危機時に政権を担当し、FDICIA法案にも署名したのが父ジョージ H. W. ブッシュだったという事実は歴史の皮肉である）。

　アラン・グリーンスパン前FRB議長によって「100年に1度の危機」とも評されたこの未曾有の金融危機へのブッシュ政権の対応は、「場当たり的 (ad hoc)」なものに終始したことは否めない。

　サブプライム・ローン問題が深刻化するにもかかわらず、ブッシュ政権は、減税などの景気刺激策はおこなったものの、住宅ローンの借り手の救済や借り換え支援、金融機関からの不良債権の買い取りなど政治的なリスクをともなう施策にはなかなか踏み出さなかった。これらの財政措置が検討されたのは、ベアー・スターンズの救済がおこなわれてからである。

　むしろ金融危機の当初は、ベン・バーナンキ議長ひきいる FRB が大幅な利下げや流動性供給策などの金融面でのサポートで主導的な役割をはたした。金融危機の根底にあった深刻な流動性の枯渇にたいして FRB は、TAF (Term Auction Facility) をつうじて窓口貸出（公定歩合貸出）を長期化し、PDCF (Primary Dealer Credit Facility) を導入することで窓口貸出の対象を証券会社であるプライマリー・ディーラーにまで拡大した。

　また、2009年にはいってTALF (Term Security Lending Facility) をつうじて米国債貸出のための適格担保の範囲の拡大にうごいた。とりわけPDCFは、「1930年代以来の非預金取り扱い金融機関への連銀貸出」であった。また、上述したように、FRBは、ドル資金の枯渇に直面していたヨーロッパの金融機関への支援策として、ECB（欧州中央銀行）との流動性供給のための協調もおこなっている。

　深刻な経営危機にみまわれたにもかかわらず、「投資銀行」であるため、その救済（もしくは破綻処理）スキームが未整備であったベアー・スターンズにたいしては、ニューヨーク連銀による290億ドルの特融とJPモルガンに

よる10億ドルの出資という形での救済がおこなわれた。これは、事実上のニューヨーク連銀による公的資金注入であり、これをきっかけに、それまで金融機関への公的資金の注入にたいして否定的であった共和党政権や米議会の認識が変化することになった。

2008年7月には、銀行持株会社を監督するFRBと投資銀行を監督するSECが、それぞれ管轄する金融機関の財務状況などにかんする情報を共有し、経営監視で協力を強めるための覚書をかわしている。

2008年3月末には、ヘンリー・ポールソン財務長官が中心となり、「金融規制体系の現代化にむけた青写真（Blueprint for A Modernized Financial Regulatory Structure）」が発表されている。[11]この包括的な規制改革案は、短期的な取り組みとして、金融危機への対応、投資家保護、FRBの監督機能の拡大、金融市場変革についての作業部会の機能強化などを提言し、中長期的な取り組みとして、SECと商品先物取引委員会（CFTC）の統合、貯蓄機関監督庁（OTS）の廃止と通貨監督庁（OCC）への業務の引継ぎ、州政府が中心に手がけている保険業の監督について連邦政府が関与する、などの監督体制の抜本的な変革を提言した。

また、ポールソン財務長官とバーナンキFRB議長は、投資銀行などノンバンク金融機関の破綻処理スキームが必要であると主張した。これらの提言は、その後のオバマ政権や米議会による規制改革に引き継がれているものの、金融危機対応に追われたブッシュ政権下で法制化されることはなかった。

リーマン・ブラザーズの破綻や他の大手投資銀行の救済ならびに業態変換など、金融危機がピークにたっした過程では、財務省やFRBが個別金融機関の経営にたいしてかなり深く介入していたことが、ポールソンみずからの著書（Paulson（2010））やソーキン（Sorkin（2009））などから知ることができる。[12]また、金融危機対応のための法制度の制定においてもあきらかに「場当たり的」な対応であったことが観察される。

公的資金をつかって金融機関からの不良資産の買い取りをおこない、FDICの預金保険限度額を10万ドルから25万ドルに引き上げるなどの措置がさだめられた「緊急経済安定化法（Emergency Economic Stabilization Act of 2008）」は、金融機関の救済にたいして嫌悪感をしめす国民感情の高まり

を背景に、大統領・議会選挙をひかえた下院議員の多くの反対をうけ、一度否決されている。

その後、上院による法案の修正などをうけ、10月初旬には法案が可決されたものの、一連の法案制定をめぐる混乱は、世界の金融市場に多大な影響をあたえた。

「金融経済安定化法」の目玉であった「不良資産救済プログラム（Troubled Asset Relief Program (TARP)」は、市場での取引がほとんどされないために取引価値がつかず不良資産化してしまった証券化商品などを金融機関から7000億ドルの公的資金枠で買い取ることで、金融機能を活性化することが目的であった。

しかし、TARPの目的は、大幅に修正され個別金融機関（のちにはGMやクライスラーなど自動車メーカーまでもふくめる）の優先株とワラントを購入する形での公的資金の投入が決定され、実行された。

結果として、JPモルガンやシティグループなど大手商業銀行にはそれぞれ250億ドル、ゴールドマン・サックスやモルガン・スタンレーなど投資銀行にはそれぞれ100億ドル、合計で大手9金融機関にたいして1250億ドルがいっせいに注入された。

銀行破綻処理における最小コスト原則の例外であるOBA (open bank assistance) は、1992年から93年にかけてその規定がより厳格にされたこともあり92年以来、一度も採用されたことはなかった。しかし、2008年9月にFDICがワコビア銀行をシティグループに買収させる形でOBAが発動されることになった（なお、ワコビア銀行は、ウェルズ・ファーゴ銀行によって救済されることになり、このOBAは取り消された）。

その後、2008年11月に経営不安が深刻化したシティグループの銀行子会社にたいして、システミック・リスクに対応するための例外としてOBAが発動され、公的資金が再注入され、シティの不良資産への政府保証が発表された。[13]

以上のように、「小さな政府」を模索し、政府による経済活動や個別企業への介入をこのまない共和党政権における金融危機対応は、がいして「場当たり的」なものに終始した。TARPによる公的資金の一斉注入などで金融セ

クターはいくらか安定したものの、2008年11月の大統領・議会選挙がひかえていたこともあり、金融規制改革における抜本的な施策は実施されなかった。同年の米大統領・上下院議会選挙では民主党が大幅に躍進した。

### (3) オバマ政権による金融危機対応

バラク・オバマ大統領が2009年1月に就任したあとも金融危機の余波はつづき、マクロ経済における信用収縮と景気後退はより深刻なものとなった。オバマ政権においては、ティモシー・ガイトナー前ニューヨーク連銀総裁が財務長官に就任し、バーナンキFRB議長と連携して危機対応にあたることになった。

一連の危機対応策で、金融市場そのものはやや落ち着きを取り戻していたものの、金融機関のバランスシートにたいする疑念はのこり、大手金融機関に公的資金が再注入されるなど、金融セクターはまだ不安定な状況にあった。

2009年2月10日にガイトナー財務長官は「金融安定化プラン（Financial Stability Plan）」を発表した。その主たる目的は、金融機関のバランスシートを抜本的に改善し、銀行による消費者や中小企業への融資を活性化させることであった。

具体的には、①大規模金融機関にたいして包括的なストレステストを実施することで各金融機関のバランスシートの透明性の向上をはかり、それぞれ必要な資本の額をあきらかにすること、②不良資産の買い取りのために官民で投資ファンド（Public-Private Investment Program）を設定することで、不良資産を金融機関のバランスシートから切り離すことなどの施策が提言された。

FRBなどの金融監督当局が主導して、資産規模1000億ドル超の大手19金融機関にたいしておこなったストレステスト（正式にはSupervisory Capital Assessment Program）は、各種の景気シナリオごとに金融機関がどれだけのコア・ティア1（Tier 1）資本が必要となるかをはかったものである。

ストレステストの結果についての懸念が3月にかけて高まったが、その結果が5月に広く発表されると、アメリカの金融システムにたいする信認は急速に回復した。景気シナリオの前提があまいとの批判があったものの、19金

融機関のうち9つの金融機関が資本を十分に有していると判断され、また、資本不足と判断された10金融機関も直後に必要資本額を市場から調達したことで、一定の安心感が生じたのである。

　2009年6月には、JPモルガン、ゴールドマン・サックス、モルガン・スタンレーなど大手10金融機関は、優先株を財務省から買い戻す形でいっせいに公的資金を返済した。公的資金が投入されてからわずか8ヶ月での返済であった。TARP資本受け入れの条件として発行したワラントも買い戻しや市場での売却にかけることで、健全性を取り戻していた多くの金融機関が経営の自由度を取り戻したのである。

　もっとも、商業銀行においては、アメリカの景気の後退にともなって、とくにリテール分野での不良債権の増加がつづき、米金融機関の間でも業績の二極化の模様を呈した。その後、2010年にはいり、公的資金の返済がおくれていたシティグループやバンク・オブ・アメリカなどの金融機関でも一部もしくは全額の返済がすすんだ。

## 3　アメリカにおける金融の再規制

### （1）オバマ政権と議会下院による規制改革案

　一般的に、経済活動にたいして積極的に介入する傾向がある民主党が政権を獲得し、また、金融危機をもたらした金融機関に批判的であったオバマ大統領が就任したことで、規制改革においては、より規制色が強い内容が打ち出されることになった。

　2009年6月17日にオバマ政権は、「大恐慌以来の大規模な改革」と銘打った包括的な「金融規制改革案（White Paper：Financial Regulatory Reform）」を発表した。

　リスク・テイキングにはしった金融機関を強く非難する一方で、金融の業態ごとに監督当局がことなるなど、各規制当局が連携を欠いていたこともみとめ、監督体制を抜本的に見直すことになった。もっともオバマ大統領は、規制強化にあたって、それまでのアメリカ経済の象徴であった「自由な市場」とのバランスを慎重に維持し、金融セクターにおけるイノベーションがうし

なわれないようにするとのべた。

　より具体的には、FRBを「システミックリスク・レギュレーター」としてその監督権限を強化することで、銀行のみならず投資銀行や保険会社をふくむすべての「金融システムにおいて重要な大手金融機関」を監督することを提唱した。また、「金融サービス監督協議会」を創設することで、金融監督当局間の連携を強化することになった。

　さらに、サブプライム・ローン市場の拡大過程においてモーゲージ・レンダーによる詐欺的かつ略奪的貸付けが問題になったことや、不透明な金融商品が売買されていた問題にたいしては、あらたな独立機関としての「金融消費者保護庁」の創設を提唱し、消費者保護を徹底するとのべた（図表2−2、参照）。

　その後、オバマ政権と議会下院による調整ならびに下院での審議がつづき、2009年12月11日に下院は「金融規制改革法案」を可決した。しかし、採決では、賛成223にたいし反対票が202にたっした。なかでも共和党議員は、全員

**図表2−2：オバマ政権による改革案と下院によって可決された金融規制改革法案**

| オバマ政権による金融規制改革案（2009年6月17日） | ● FRBの権限強化：証券、保険を含む金融システムにおいて重要な大手金融機関を監督<br>● OTSを廃止し、OCCに統合：預金金融機関（銀行、S&L）を監督する新機関を創設<br>● 証券化商品や、CDSなどの店頭デリバティブの規制強化<br>● 金融消費者保護庁の創設：金融商品の利用者を保護<br>● 金融サービス監督協議会の創設：規制当局間の連携強化 |
|---|---|
| 米国議会下院によって可決された金融規制改革法案（2009年12月11日） | ● 金融サービス監督協議会を創立：財務省、FRBなどの規制当局間の連携強化。証券・保険などを監視対象に<br>● 当局主導の破綻処理制度を創設し、民間金融機関が財源を負担<br>● 店頭デリバティブに清算機関での決済導入<br>● ヘッジファンドなどに登録制<br>● 金融消費者保護庁を創設<br>● FRBの監査を拡大 |

（注）邦訳は『日本経済新聞』（2009年6月18日、12月12日）を参考
（出所）White House (2009)、House Committee on Financial Services (2009)

が反対にまわり、民主党議員でも27名が反対票を投じた。このように僅差で可決されたこの法案は、審議をつうじて当初案から多くの箇所が修正された。

たとえば、金融システムにリスクをあたえかねない事由についての監督・監視は、あらたに財務省、FRB、ほかの監督当局などをメンバーとして創設する省庁横断型の「金融サービス監督協議会」がになうことになった。

FRBを「システミックリスク・レギュレーター」とする当初の案からの大きな変更であり、FRBの金融政策が議会の監査対象ともされた。一方で、米政府が改革の柱として強く主張してきた「消費者金融保護庁」の創設については当初案どおり可決され、CDSなど店頭デリバティブに関する規制を強化するなどの改革案もみとめられた。(図表2-2、参照)

### (2) 議会上院の規制改革案とボルカー・ルール

しかし、オバマ政権と与党民主党が過半数をおおきくこえて議席を確保している議会下院が「金融規制改革法案」を可決したものの、与野党の力関係が拮抗している上院での審議は難航をきわめた。そして、それは金融機関による活発なロビー活動や、2010年の中間選挙へむけての政権や各議員の思惑なども複雑にからみ、改革案の行方を不透明なものとした。

民主党のクリストファー・ドッドを委員長とする上院銀行・住宅・都市委員会（以下、「上院銀行委員会」）は、下院が規制改革案を可決させる1ヶ月前に独自の改革法案の概要を発表した。

上院銀行委員会メンバーは、FRBが今回の金融危機を防止できなかったことについてとくに批判的であり、危機をきっかけにFRBの権限を拡大することに否定的であった。同委員会は、むしろFRBから金融機関の監督機能を切り離し、金融政策に専念すべきとし、金融監督をひとつの「金融機関監督機構」に統合し、金融安定化を目的としたルールを作成する独立機関の創設を提言した。

これにたいして、バーナンキFRB議長は、議会でのたびたびの証言や書簡の送付をつうじて、FRBによる金融機関の監督権限の重要性を訴えた。FRBは、約5000の銀行持株会社などを監督しているが、大規模かつ複雑化した金融機関をFRBが監督することが金融システムの健全性と安定性を維

持するのに必要であることにくわえ、すべての規模の銀行を監督することが中央銀行としての役割をはたすうえで重要だという考えであった。(14)

「金融規制改革法案」が成立するためには、下院がすでに可決したものとはことなる内容を上院が可決したさいに、両議院で調整し一本化したものを再度可決することが必要である。さらに、規制強化策が骨抜きになることを懸念していたオバマ大統領が署名を拒否すれば法案は成立しなくなる。

1930年代以来の抜本的な改革となる金融法案の調整はなかなかすすまなかったが、さらに事態を複雑にしたのがいわゆる「ボルカー・ルール」である。

2010年1月21日にオバマ大統領は、あらたな規制強化策を発表し、銀行やS&L、銀行持株会社などにたいし、ヘッジファンドやプライベート・エクイティ・ファンドへの出資や所有をしないこと、顧客サービスと関係のない自己勘定でのトレーディングを禁止すること、金融機関の連結負債シェアが10%をこえないこと、などを提唱した。

オバマ政権における経済財政諮問会議の議長としてふたたび表舞台に登場したポール・ボルカー元FRB議長による一連の提案は、元議長が有識者グループ（Group of 30）ですでに提言をおこなっていたものであったが、現実に米政権の正式な規制案として提案されたことで、アメリカのみならず世界中の金融セクターに衝撃をあたえた。すでに下院が可決していた金融規制法案の修正をうながすだけでなく、大手金融機関の存在やビジネスモデルを否定することにもなりかねないからである。

その直前の週末の上院補欠選挙でよもやの敗北に直面し、民主党が安定多数をうしなった直後に発表したことで、中間選挙をみすえた政権によるポピュリズムな政策との批判もあった。

ボルカーによる議会証言などをへて、2010年3月にドッド上院銀行委員長は、「金融規制改革案」の修正案を発表した。民主党が上院での安定多数をうしなったことでより共和党の主張を取り入れた内容になったものの、オバマ大統領が提案する消費者保護の担当機関をFRB内に創立することや金融機関の監督・規制を大幅に強化する枠組みそのものは維持することになった。

ボルカー・ルールについては、その概念を反映させた一方で、具体的な中身については新設の監督協議会が研究し、決定することにした。上院銀行委

員会は3月下旬に同修正案を可決したが、数週間における交渉にもかかわらず共和党議員からの賛成票は一票もえることができなかった。「金融改革法案」は、同時期にすすんでいた「医療改革法案」とおなじく、民主党と共和党が政治的な主義や思惑にそって行動する「党派的な（partisan）」様相を呈した。

## （3）法案成立への動きと残された課題

しかし、このように上院で法案可決への調整が難航していたものの、金融規制を強化する方向ですすめる必要があるという認識は米政権および議会議員の間に広く共有されており、各種世論調査などでも改革の必要性そのものは圧倒的に支持されていた。

金融業界による法案修正へのロビー活動や上院共和党による法律制定への抵抗がつづくことにたいして、オバマ大統領は強く牽制した。4月下旬にはニューヨークでの演説でウォール街関係者を強く批判し、「金融改革法案」の審議にすみやかに着手するようにうながした。

4月中旬には、SECが金融大手ゴールドマン・サックスを証券詐欺罪の疑いで訴追したこともあり、上院では、法案の審議・採択への機運が高まった。民主党は、上院本会議で審議妨害を阻止できる安定多数である60議席に1議席たりなかったため、本会議での「金融改革法案」の審議開始の是非についての採択は三度否決されたが、上院与野党指導部による調整をうけて4月末にようやく法案審議入りすることが合意された。

金融システムに影響をおよぼしかねない大規模かつ複雑化した金融機関についての監督強化と破綻処理方法の整備については、上下院でその提案内容の内容に差はあれど、ほぼ方向性は一致していた。

すなわち、①潤沢な流動性供給や公的資金注入などによって救われた「大きすぎてつぶせない（TBTF）」金融機関を生み出さないために、金融システム上重要な金融機関にたいしては厳格な資本・流動性規制をかし、その監督を強化する、②そのような大手金融機関が経営危機に直面したさいには、迅速かつ整然と破綻処理をする仕組みを作る、③破綻処理のさいには、納税者負担が生じる可能性がある公的資金による処理ではなく、民間金融機関によ

り費用を負担させることでカバーする、などであった。

翁（2010）が指摘するように、金融システム上重要な金融機関の監督にさいしては、①そうした金融機関の存在を前提に監督体制や破綻処理方式を強化・工夫する、もしくは②原則として、特別に当局が配慮すべき金融機関を作らないことを目的に業務規制や規模の規制をかける、というふたつの方向性があろう。

改革案が提言された当初は前者が志向されていたが、今回の危機を引き起こした金融機関とその報酬制度などへの批判が高まるなか、オバマ政権や議会指導部は、後者をより重視することになる。とくにボルカー・ルールは、基本的に大規模金融機関の存在を否定し、システミック・リスクをおこしかねない銀行や金融機関の存在を許容しないものであった。[15]

5月下旬に議会上院は、下院で可決されたものより厳格な内容の改革法案を可決し、その後、両院協議会で法案の一本化作業がおこなわれた。2300ページをこえる「金融規制改革法案」の一本化作業は約2週間かけておこなわれ、大詰めをむかえた6月24日から25日早朝にかけては20時間におけるマラソン協議をつづけた末、最終的な合意にいたった。

あたらしい「金融規制改革法案」は、金融システム全体のリスクを監視する「金融安定監督協議会（Financial Stability Oversight Council：FSOC）」を設置することにした。規制当局者などで構成するFSOCは、金融システム上重要な金融機関にたいして厳格な資本規制やレバレッジ規制、流動性規制などを導入することをFRBに推薦することができ、また、ある特定の大規模金融機関が金融システムに深刻な脅威をあたえかねない状況であると判断されたさいには、FRBがその金融機関にたいして一部業務の分離をもとめることを承認することができる。このように、新設のFSOCがリスク監視の面で重大な役割をはたす一方で、システム上重要な金融機関にたいするFRBの監督権限は強化されることになった。

ボルカー・ルールについては、銀行による自己勘定取引やヘッジファンドやプライベート・エクイティファンドへの投資を大幅に制限することにしたが、妥協点として中核的資本の3％を上限にファンドへの投資はみとめられることになった。デリバティブ取引については、銀行が本業のリスク回避の

ためにつかう金利スワップや通貨スワップなどは本体にのこすことはみとめられたが、これまで相対で取引されていた大半の取引が、原則として取引所やクリアリングハウスをつうじて決済されることになった。

金融機関の破綻処理制度については、大規模金融機関にあらかじめ万が一のさいのみずからの破綻処理手計画（いわゆる「葬儀計画」）を定期的に当局に提出することも盛り込まれた。システム上重要な金融機関が実際に破綻の危機に直面したさいには、FDICによって「整然と」破綻処理がおこなわれ、株主や無担保債権の保有者が損失をこうむる仕組みになる。また、FRBが個別の金融機関の救済のために緊急融資を容易に提供できなくなり、そのような緊急融資は、あくまでもシステム全体の安定化のためにおこなわれ、財務長官の承認が必要となることとなった。

なお、監督当局による法令整備の作業や規制の段階的な導入を考慮すると、金融規制改革の完全実施には数年間かかる見込みである。[16]

このようにあらたな金融規制改革法案は、FDICIAがあいまいなまま放置していたTBTF問題についてあらたな解決への糸口をあたえうるものである。これまで金融セクターにおける市場規律を最優先させてきたアメリカの金融監督体制が、1930年代に導入されたような業務制限的な監督・規制体系にもどるということでもあり、収益の拡大を追求してきた金融機関にあらためて「公共的な」存在にもどることをもとめているようにもみられる。

一方で、金融規制改革にはのこされた課題も多い。

アメリカにおけるあたらしい金融規制改革が将来にわたって金融危機の芽を事前につむことができるかは不明である。これまでも多くの国において金融セクターは実体経済の動向とともにバブル的な拡大もしてきたし、急速な縮小も経験してきたからである。この点については、中央銀行による予防的な金融引き締めのあり方や金融監督当局によるプルーデンス規制のあり方が議論されているが、はたして好況時にバブルの芽をつむような機動的な金融政策や監督政策がとられるかは不透明である。

また、TBTF問題についてひとつの解答をしめしたものの、もし金融システム上重要な金融機関が経営危機におちいったさいに、FRBによる流動性の供給や政府による公的資金の注入が限定的にしかおこなわれずに、「秩序

だった破綻処理」といったものが実現できるのかという問題ものころう。

あまりにも「理想的な」解答をならべたばかりに、つぎのシステム危機に直面してしまったさいに、監督当局の自由度をうばうことにならないであろうか。機動的な危機対応を当局からうばうことでいわゆる「リーマン・ショック」のような世界規模の動揺が生じたり、アメリカ政府やドルにたいしての信任を奪うことにならないだろうか。

さらに、国際的な金融規制との整合性についての問題もある。

金融システムが現在のようにグローバル化し、金融ビジネスが国境をこえて日々おこなわれている環境下では、各国間の金融規制・監督の仕組みは同等であるべきである。あるひとつの国の金融規制および監督体制が他国にたいしてきびしすぎる、あるいはゆるすぎれば、その国の金融機関の国際競争力に大きく影響をあたえてしまう。いわゆるイコール・フッティング（equal-footing）の原則がまもられなければならない。

アメリカであらたに導入されようとしている業務規制などは、ヨーロッパなどで検討されている改革案よりもきびしいとされている。これがどのようにアメリカの金融機関の収益性や業務展開に影響をあたえるかは不明である。

一方で、アメリカもふくめたG20やバーゼル銀行監督委員会などでの議論がすすみ、金融機関の監督・規制についての国際的な協調が進展しつつあることも事実である。G20やIMFなどの国際会議では、大手金融機関についての各国間での協調監視が提言されている。

また、バーゼル銀行監督委員会では、国際的な枠組みとして金融機関の自己資本比率と流動性についての新規制が導入されることになっている。2010年末までにその詳細がまとめられる予定の新バーゼル規制では、自己資本比率規制において自己資本の中身や最低必要基準があらたに設定されるが、とくに、コア・ティア1（Tier 1）とよばれる普通株式を基本とした正味の自己資本がより重要される。

個別の金融機関への影響もはかりしれない。サブプライム・ローン危機にいたるまでの金融機関の行動について猛省がもとめられたのは事実であり、リスク志向的な経営をゆるすことになった規制・監督の枠組みに抜本的な改革がなされるべきであろう。

その一方で、金融業務や資産規模などについての性急かつ強制的な規制の導入がこれまでの金融イノベーションのすべてを否定するとなると、健全な金融仲介の役割までも抑制するおそれもある。それはひいては金融界（ウォール・ストリート）だけでなく、実体経済（メイン・ストリート）における経済活動にも影響をあたえかねない。

たとえば、金融危機をへて資産を急速に圧縮し、バランスシートをつかった取引を大幅に削減した結果、米大手投資銀行のレバレッジ比率は、すでにかつての30倍超から10倍台にまで急速に低下した。

商業銀行セクターでの金融危機が遠のいたあとも、クレジットカードや住宅ローンなど個人部門での不良債権が高止まりするなか、銀行の融資基準はきびしく、貸し出しは伸び悩みをつづけている。あらたに導入される業務抑制的な規制や自己資本比率規制の強化などは、米金融機関の経営や業績のみならず、金融機関の信用創造に影響をあたえる可能性がある。

## むすび

1980年代後半から90年代初頭にかけての金融危機は、91年のFDICIAの導入をうながし、早期是正措置や破綻処理における最小コスト原則の導入など、プルーデンス規制の確立に一定の効果を発揮した。

しかし、15年以上の年月をへてふたたび直面した金融危機時においては、「FDICIA体制」下で曖昧なまま放置されていた業態別の規制・監督体制の不備が露呈され、投資銀行や保険会社など商業銀行以外の大手金融機関の破綻処理スキームが未整備であったことなどが深刻な問題を生じた。

FDICIAが成立した直後の1993年に"Too Big to Fail after FDICIA"を執筆したアトランタ連銀のエコノミストであるWall (2010) は、最小コスト原則の導入などによってそれまでの預金の事実上の全額保護を排除した点で、ある一定の成功であったとする。問題はやはり、実際に大規模な金融機関が経営危機におちいりTBTF問題に直面したさいの明確な政策を計画してこなかったことであると、指摘している。[17]

立ち返ってみれば、商業銀行を中心とする金融業は、その経済のインフラストラクチャーとしての特殊な性格から公的なセイフティ・ネットが整備さ

れる必要がある一方で、金融セクター全体の安定性を維持し金融システムの効率性の向上のために、当局による適切な監督とプルーデンス規制が期待されてきた。繰り返し起こる金融バブルのような「市場の失敗」が生じたさいには、それを排除もしくは補正することがもとめられてきたのである。

アメリカではじまったサブプライム・ローン危機は、すでにグローバル化していた金融セクターに多大な影響をあたえ、急速な信用収縮をつうじて各国の実体経済にも多大な影響をあたえた。

それゆえに、「1930年代以来の抜本的な改革」である金融規制改革法案は、2010年7月21日、大統領の署名をへて成立したが、これから実際に導入される規制がどのようにアメリカの経済や金融機関に影響をあたえ、世界の金融システムや実体経済に影響をおよぼすか注視する必要があろう。金融セクターを中心としてきたアメリカの資本主義経済が転換点にあることは間違いない。

〈注〉
（1）アメリカでは91年制定のFDICIAにもとづいた規制・監督体制を検証する論文が多数あるが、日本においてそれを「FDICIA体制」と参照している論文は少ない。しかし、圓佛（2000）により「FDICIA体制の理想と現実」という題目の論文があり、西尾（2007, 2008）もFDICIAにもとづく金融規制の検証をおこなっており、本章でも91年から15年ほどつづいた金融規制・監督体制を「FDICIA体制」とした。
（2）総資産430億ドルと1984年当時全米第7位の規模を有していたコンチネンタル・イリノイ銀行はエネルギー産出国向け融資で大きな焦げ付きが発生したため営業赤字におちいると発表し、取り付け騒ぎにみまわれた。当局は、コンチネンタルが破綻すれば金融市場を混乱させ、銀行システムにたいする信頼をゆるがすおそれがあると考え、連邦準備制度理事会（FRB）にたいし拡大信用の供与をもとめた。同年8月までに70億ドル以上の資金がFRBからコンチネンタルへ注ぎ込まれ、FRBとFDICはすべての預金と一般債権者を保証するむねの計画を発表し、それを実施した。アメリカではすでにペイオフ制度があり、銀行が破産しても預金の10万ドル以下の部分のみが保護されるにすぎないはずだったが、コンチネンタルの救済劇は、大規模銀行の破綻における当局の役割についての市場の認識をかえた。すなわち、政府は、大銀行を破綻させないし、保険がついているかどうかにかかわらず大銀行に預けた預金は安全である、

と市場は考えたのである。そして、このTBTFの是非は、1988年におけるテキサス州の二大銀行の経営危機のさいにも試されたが、このときも当局は社債権者をのぞくすべての債権者を保護することにした。
(3) CAMELとはすなわち、資本の適正 (capital adequacy)、資産の質 (asset quality)、経営効率 (management efficiency)、収益性 (earnings)、流動性ポジション (liquidity position) であるが、その後、市場リスクに対する感応度 (sensitivity to market risk) が96年にくわえられCAMELSとなっている。
(4) Federal Deposit Insurance Act の第38項。この項目がFDICIAで追加されることで、早期是正措置という方針が確立された
(5) 具体的な例をとれば、住宅ローンをプール化した単純な証券化商品の最上級の格付け (AAA) のものでは一般的に0.25%ほどの利回りしかえられていなかったが、ややリスクが高いBBB格の証券化商品をABS・CDOとして再パッケージ化すると理論上はリスク確率が減少するので、AAA格の商品が組成でき、さらに投資家は利回りで1.00%ほどのものを期待できた。
(6) International Swaps and Derivatives Association; http://www.isda.org/statistics/pdf/ISDA-Market-Survey-historical-data.pdf
(7) SECの監査役である SEC Inspector General は2008年9月にまとめたレポートで、SECがベアー・スターンズの破綻にいたるまでに同投資銀行にレバレッジ比率を下げるようにうながさなかったこと、モーゲージ証券への傾斜についての警鐘をならさなかったことなど、結果として投資銀行の「自主的な経営管理」にもとづくCSEプログラムが失敗であったと報告している。ベアー・スターンズなど一連の投資銀行の破綻や経営危機をうけ、その主たる監督機関であったSECへの批判は強まり、CSEプログラムも終了された。U.S. SEC (2008); Congressional Documents and Publications (2008).
(8) Stern (2000) http://www.minneapolisfed.org/pubs/region/00-09/top9.cfm また、カンザスシティ連銀総裁Hoenigの講演 (http://www.kc.frb.org/spch&bio/finanreg.htm) やミネアポリス連銀のスタッフによる "Fixing FDICIA" なども参照。コリガンなど当時の金融当局者が繰り返し言及した「建設的あいまいさ (constructive ambiguity)」という行政方針は、銀行の破綻処理や中央銀行による流動性の供与がおこなわれるさいの基準やルールを確立させた上で、銀行経営者側にモラルハザードを生じさせないために最後まで当局のアクションをあえてあいまいにするというものである。
(9) Kaufman, George G., "Bank Failures, Systemic Risk, and Bank Regulation", Cato Journal Vol. 16 No.1, 1995

(10) Rodney and Pierson, Bloomberg, および International Monetary Fund (2010)
(11) U.S. Treasury Department (2008)
(12) Paulson, Henry (2010), Sorkin, Andrew Ross (2009). 研究者にとって1990年代初頭の金融危機時と今般の金融危機が大きくことなることのひとつに、開示された情報量の多さにある。それまでは金融機関にたいする当局のアクションや財務状況についての情報は非常にかぎられたものであったが、情報公開を促進しているオバマ政権において財務省が積極的に資料などを公開している。財務省のwww.financialstability.govがメインのウェブサイトである。
(13) Quarterly Banking Profile, FDIC; Bovenzi John F., "Major Bank Transactions in 2008 Involving the FDIC", February 26, 2009
(14) Bernanke, Ben S., "The Federal Reserve's Role in Bank Supervision", Testimony before the Committee on Financial Services, U.S. House of Representatives, March 17, 2010
(15) 翁 (2010)
(16) 金融規制改革法案では、消費者保護機関をFRBに設置すること、FRBの窓口貸出などについての情報開示義務、ヘッジファンドやプライベート・エクイティファンドの登録義務付けと情報提供義務、OTSの廃止とOCCへの統合、預金保険限度額の25万ドルへの引き上げを恒久化すること、などもきまっている。
(17) Wall, Larry D., "Too Big to Fail after FDICIA", Economic Review, Federal Reserve Bank of Atlant, Volume 95, Number 1, 2010

〈参考文献〉

Bernanke, Ben S., "The Federal Reserve's Role in Bank Supervision", Testimony before the Committee on Financial Services, U.S. House of Representatives, March 17, 2010

Bovenzi John F., "Major Bank Transactions in 2008 Involving the FDIC", February 26, 2009

Congressional Documents and Publications, "SEC inspector general reports on investment banks", September 26, 2008.

FDIC, *Resolutions Handbook,* http://www.fdic.gov/bank/historical/reshandbook/

Feldman, Ron J. and Arthur J. Rolnick, "Fixing FDICIA: A Plan to Address the Too-Big-To-Fail Problem", 1997 Annual Report, Federal Reserve Bank of Minneapolis, 1997

House Committee on Financial Services (2009)

International Monetary Fund, *Global Financial Stability Report*, April 2010, Washington DC
Stern, Gary H., "Top of the Ninth: Thoughts on Designing Credible Policies after Financial Modernization: Addressing too-big-to-fail and moral hazard", Federal Reserve Bank of Minneapolis, 2000
Paulson, Henry M. Jr., *On the Brink, Inside the Race to Stop the Collapse of the Global Financial System*, Hachette Book Group, 2010
Senate Committee on Banking, Housing and Urban Affairs (2009)
Sorkin, Andrew Ross, Too Big To Fail: The Inside Story of How Wall Street and Washington Fought to Save the Financial System from Crisis - and Themselves, Viking Penguin, 2009
U.S. Securities and Exchange Commission, "Chairman Cox Announces End of Consolidated Supervised Entities Program", September 26, 2008
U.S. Treasury Department, "Blueprint for A Modernized Financial Regulatory Structure", March 2008
U.S. Treasury Department, "Financial Regulatory Reform: A New Foundation: Rebuilding Financial Supervision and Regulation", June 2009
Wall, Larry D., "Too Big to Fail after FDICIA", *Economic Review*, Federal Reserve Bank of Atlant, Volume 95, Number 1, 2010
Walter, John R., "Closing Troubled Banks; How the Process Works", *Economic Quarterly*, Federal Reserve Bank of Richmond, Volume 90/1 Winter 2004
Yap, Rodney and Dave Pierson, "Subprime Mortgage-Related Losses Tops $1.74 Trillion", Bloomberg, May 12, 2010.
圓佛孝史「FDICIA体制の理想と現実 ～米国の預金保険制度を巡る最近の動向～」第一勧銀総研レビュー』2000年4号
圓佛孝史・新形敦「一層の充実が図られる米国の預金保険制度」『みずほ総研.論集』Ⅱ号 2006年Ⅱ号
翁百合「経済教室：米金融規制改革案と監督体制」日本経済新聞、2010年3月25日
西尾夏雄「米国金融行政とアカウンタビリティについての考察」 『証券経済研究』 第58号 日本証券経済研究所 2007年6月
西尾夏雄「米国シティコープの経営危機と再建策の検証 ～銀行規制の変化と銀行経営改革～」 博士論文 埼玉大学、2008年3月
西川珠子「米国の金融安定化対策と財政負担～不良資産救済プログラム

（TARP）を中心に〜」 『みずほ米州インサイト』、2009年6月29日
淵田康之 「ボルカー・ルールの衝撃」『エコノミスト』、2010年4月13日号

# 第3章　アメリカの地域社会再投資法(CRA)

## はじめに

　アメリカの金融規制諸制度のなかで、人種偏見にもとづく融資差別の解消という目的をうたったという点で異彩をはなつ"CRA"とは、正式には Community Reinvestment Act（地域社会再投資法／合衆国法典　第12編　銀行及び銀行業務　第30章　地域社会再投資）(1)という。

　しかしながら、CRA制定の背景と過程、さらにその沿革をみていくと、たんなる融資差別解消のための金融規制という面だけではない多様で複雑な諸相があらわれてくる。それは、アメリカの住宅・都市問題と、その対策となる連邦政府の住宅・都市開発政策との関係、そして、連邦政府の取り組み度合いの変化に関係してくるものだからである。

　それらをあきらかにするには、CRA制定の背景を多面的にみていく必要がある。

## 1　融資差別と消費者運動

### （1）レッドライニング

　そもそもCRAの出発点は、特定マイノリティにたいする融資差別を緩和するということにあった。

　融資差別はさまざまあるが、同法の立法目的としてとくに想定されていたのは「レッドライニング（Redlining）」とよばれる慣行である。これは、金融機関が、住民に非白人が多い地域を内部資料において赤線でかこみ、住宅融資の申し込みの受付自体を拒否したり、そのような地域から店舗を廃止するなどの差別をおこなったことからついた名称である。

　また、赤線でかこった地域に住む特定マイノリティを差別したのではなく、当該地域に住むすべての住民を差別したことにその特徴がある。

レッドライニングは、1960年代からアメリカ国内で議論が活発化し、そもそものような差別はないという議論もふくめ、金融機関側の事情分析に力点をおいて分析された。

　福光寛教授によれば、1957年のBeckerによる「差別嗜好論」からはじまり、70年代初頭のArrowとPhelpsによる「統計的差別論」へ、そして80年代のStiglitzとWeissによる「文化的同一性論」へと発展した。90年代になると、法改正により、融資データを大量に処理し活用することが可能となったため、大量のデータを駆使した融資差別に関する実証的研究が出てくる。そして、Munnellの1992年および96年の論文で、人種による融資差別の存在がほぼ確定された。(2)

　実証研究としては90年代にはいってから存在が確定した融資差別であるが、現実社会では40年以上前から、その存在が(感覚的なものであるにせよ)認識されていた。そして、その差別は、たんに融資差別というせまい範囲だけでなく、人種分離や結婚、教育、社会参加、参政権といった広い範囲の差別にたいする反発として噴出した。それが、1955年のモンゴメリー・バス・ボイコット事件にはじまる公民権運動である。その国民的な運動は、「1964年公民権法（Civil Rights Act of 1964）」に結実する。

## （2）公民権法とアファーマティブ・アクション諸法

　「1964年公民権法」の制定によって政府は、アファーマティブ・アクション（Affirmative action）とよばれる、積極的な差別是正措置をとる政策をすすめることになる。そして、アファーマティブ・アクション政策は、住宅融資の分野にも波及し、「1968年公平住宅供給法（Fair Housing Act of 1968）」が成立した。(3)

　同法では、住宅の売却・賃貸・金融などにおいて、買い手や借り手の人種などによって差別することを禁止するだけでなく、買い手などの近隣地域の人種などによっても差別することを禁じている。しかし、同法は、民事訴訟と司法による摘発に問題の解決をゆだね、行政上の救済権限の所在を規定しなかったため、依然として融資申込みにおける特定マイノリティの公平機会は侵害されたままであった。

「1974年信用機会均等法 (Equal Credit Opportunity Act of 1974)」では、人種・肌の色・宗教などによって借入申込みを差別することが禁止された。

そして、「1975年住宅抵当貸付開示法 (Home Mortgage Disclosure act of 1975)」では、都市部に所在する銀行は、住宅抵当貸付および住宅改善貸付についての申込・実行・拒否案件などの件数および金額のデータを、監督当局に提出し公表するようもとめられている。

同法も、銀行に大量の文書作成義務をかしただけで融資差別にたいしては効果がなかったという評価が大勢であるが、その一方でこのデータ集計結果の一部が連邦議会に報告され、CRAに関する議論に資することになった。(4)

このような立法の大きな流れが、やがてCRAに結実していく。

### (3) 消費者運動

さらにアメリカでは、公民権運動と同時期に、広範で強力な消費者運動の流れがあった。この運動の進展で消費者保護の機運が高まり、それは、商品のみならずさまざまなサービスにも波及し、金融サービスもまた例外ではなかった。つまり、そこには、中低所得者は、住宅ローンなどの金融サービスに関する知識・情報がとぼしく、交渉力にも欠けるので、金融サービスにたいする消費者保護立法が必要であるという問題意識があった。

その結果、つぎのように、金融機関にたいするさまざまな消費者保護法が成立したのである。

* 「1968年誠実貸付法 (Truth in Lending Act of 1968)」
* 「1970年公正信用報告法 (Fair Credit Reporting Act of 1970)」
* 「1974年不動産決済手続法 (Real Estate Settlement Procedure Act of 1974)」
* 「1976年消費者リース法 (Consumer Leasing Act of 1976)」
* 「1977年公正債務取立手続法 (Fair Debt Collection Practices Act of 1977)」
* 「1975年連邦取引委員会改正法 (1975 Federal Trade Commission Improvement Act)」

これら諸立法もまた、CRAの成立に大きな影響をあたえたといわれており、さらにCRA制定後も「1978年金融秘匿権利法 (Right to Financial Privacy Act of 1978)」、「1978年電子的資金振替法 (Electronic Fund Transfer Act of

1978)」といった金融サービスにたいする消費者保護法が成立している(5)。

## 2　住宅・都市問題と住宅・都市開発政策

### (1) 住宅問題・インナーシティ問題

　CRAは、人種的な融資差別対策という面だけでなく、連邦政府の住宅・都市政策の一部であるという側面もあわせもっている。そこで、アメリカの住宅・都市問題についてもみていきたい。

　アメリカ連邦政府の住宅政策は、つねに持家所有の促進が中心であった。それは、持家所有がアメリカ人にとって"アメリカン・ドリーム"の重要な構成要素であるということだけでなく、国民一人ひとりがオーナーになるというオーナー社会幻想の柱でもあった。

　連邦政府は、1930年代における大恐慌対策の時代から70年代まで、一貫して持家所有の促進をはかる政策を拡大してきたため、その間、アメリカの持家率は上昇をつづけた。しかし、80年代にはいると逆に持家率は減少に転じる。

　これは、モーゲージ・ローンの金利上昇、持家価格の上昇、頭金必要額の引き上げなどにより、持家取得の総コストが上昇し、若年の一次取得層や、低所得層の持家取得が困難になったためであるといわれている。

　そのため、すでに持家所有の世帯は資産価値が増大し、持家なしの世帯は持家取得が困難化するという状況におちいり、双方の格差がより拡大するという事態がうまれた(6)。

　その一方で、持家取得の困難化により民間の借家の家賃は高騰し、低家賃住宅は大幅に減少した。そして平均家賃負担率が低所得層の方が高くなるという逆転現象により、家賃負担が貧困層に重くのしかかった。

　さらに、1960年代から70年代にかけて、大都市では、低家賃住宅の「放棄」という現象が拡大していく。もともとアメリカの都市部では、第二次大戦後から、豊かになった中間層が都市中心部から郊外に流出し、中心部（インナーシティ）には低所得層が集中して住むようになった。

　そのため、インナーシティでは、住民の家賃負担能力が低下し、貸家経営・

維持費の増大、近隣の荒廃により、家主の負担が増加し、また、金融機関も融資を拒否する傾向がうまれ、かといって買い手がつかないため売却もできないという事態におちいった。かくして、低家賃住宅を"放棄"する家主が続出し、さらに都市中心部が荒廃するという悪循環がすすんだ。いわゆる「インナーシティ問題」である。[7]

### （2）住宅政策・都市開発政策の揺れ動き

このようなアメリカの住宅問題・インナーシティ問題にたいして、連邦政府の対策は、民主・共和両党の政権交代によって大きく揺れ動いた。

広義の住宅政策には、直接的な住宅の建設・維持にかかわる狭義の住宅政策と、住宅の周辺環境の整備もふくめた都市開発政策が包含される。そして、狭義の住宅政策は、住宅税制、住宅金融政策、住宅補助政策といった施策に細分化できる。そして、歴代の政権は、これらの政策のいずれかに重点をおいてきたのである。[8]

ニューディール期から第二次大戦後のアイゼンハワー政権までの住宅政策は、住宅税制の軽減とモーゲージシステムの整備という、持家取得の促進が政策の中心であった。それが大きく変わるのがケネディ政権とそれにつづくジョンソン政権である。

とくに、ジョンソン政権は、「偉大な社会」を目標にかかげ、「貧困との戦い」の開始を宣言して中低所得層にたいする住宅政策を強化した。その中心にすえたのが公共住宅の供給戸数の増強である。もともとアメリカでは、政府が供給する公共住宅は社会主義であるとか、住宅の供給は市場にまかせるべきだという考えが強く、公共住宅の建設はすすまなかった。しかし、ジョンソン政権は、低所得層の住宅問題を解決するためには公共住宅の増加こそが必要だとし、実際に建設戸数は、それ以前の4倍以上に増加した。[9]

つづくニクソン政権にかわると、公共住宅の建設は大きく減少し、かわって家賃補助が住宅政策の中心となった。さらに、都市開発のための連邦補助金が、カテゴリー・グラントからブロック・グラントとなり、州政府の裁量が拡大した。そのため、都市開発の主体が連邦政府から州政府となり、中低所得層の住宅改善やインナーシティ問題の解決といった従来の都市開発の目

標がうすれていくことになった。カーター政権も基本的にはニクソン政権の流れをうけた住宅政策を展開する。そのなかでCRAも制定されたのである[10]。

1980年代にはいりレーガン政権が登場すると、住宅政策だけでなく、内政上のすべての分野で連邦政府の役割を縮小させた。とくに、公共住宅にははげしい攻撃をくわえた。

小さな政府を標榜するレーガン政権は、公共住宅は市場原理の対極にあるとみなし、公共住宅の新規供給を大幅に削減し、既存住宅の維持管理費への補助を削減し、入居資格をきびしくして低所得層のなかでも極貧層しか入居できないようにするとともに、家賃負担率を25％から30％に引き上げた。さらに、イギリスのサッチャー政権の真似をして、公共住宅の売却をすすめたのである[11]。

つぎのブッシュ政権もクリントン政権も、住宅政策の基本はレーガン政権とかわらなかったが、都市開発については、レーガン政権よりもインナーシティ問題への取り組みをふかめた。

とくに、レーガン政権によって都市開発にたいする政府の取り組みが後退したため、政府にかわり、民間で非営利の地域再生団体が増加して、あらたな都市開発の担い手となった。これら、CDC（Community Development Corporation：地域社会開発法人）[12]とよばれる非営利団体に、銀行などの民間資金を融通するため、ブッシュ政権とクリントン政権においてそれぞれ一度ずつ、CRAの運用が改正・強化されるのである。

## 3　CRAの成立と制度拡充

### （1）CRAの成立

これまでみてきたように、CRAには融資差別対策や消費者保護とともに、住宅問題・インナーシティ問題への対策という大きな流れがあった。

持家取得と地域社会の繁栄は、アメリカン・ドリームの必須要件であるにもかかわらず、特定マイノリティやインナーシティ住民がそれをめざしても、銀行がその公平機会をうばうのは不公平だという意識が高まった。

つまり、住宅融資の申込書を受け付け、審査したうえで、借り入れ予定者の返済能力などを理由に融資をことわるのは正当な行為であるとしても、（レッドライニングにより）住んでいる場所だけを理由にして申込書さえ受け付けてもらえず「門前払い」されることは、アメリカ国民が大事にする公平機会をうばう不当行為ではないのかということである。

そのような意識の高まりとともに、前述したとおり「1975年住宅抵当貸付開示法」によって、住宅抵当貸付や住宅改善貸付についての申込・実行・拒否案件などの件数および金額のデータ集計結果の一部が連邦議会にあつまってくると、議員たちの一部も関心をよせるようになった。[13]

そして、上院銀行・住宅・都市委員会のプロクシマイヤー委員長（民主党・ウィスコンシン州選出）を中心にCRAの法案が作成され、審議がはじまったのである。

CRAに賛成したおもな勢力は、消費者運動家、労働組合、州政府銀行局、住宅都市開発省（Department of Housing and Urban Development：HUD）、小規模銀行経営者、一部の貯蓄貸付組合（S&L）経営者などであった。かれらのおもな主張は、銀行が地域貢献義務を負うのは当然であり、地域再生のためには、インナーシティに金融機関が積極的に投資する仕組みが必要だ、というものであった。[14]

それにたいして、反対派は、大手銀行の経営者、FRB（連邦準備制度理事会）、FDIC（連邦預金保険公社）、OCC（通貨監督庁）および一部のS&Lであり、そのおもな主張は、従来の銀行行政でも金融機関が地域の信用需要をみたすよう努力しており、信用割り当てを意図するような規制は、逆に自由な資金の移動をさまたげ、資金効率を減少させるというものである。[15]

賛成派は、現行のCRAよりもより過激な制度をもとめ、反対派は過剰な規制に反発していた。このためプロクシマイヤー委員長のCRA案は、そうした両派の主張の妥協の産物であった。[16]

しかも、実際の審議では、多くの議員が地域社会再生一括補助金（Community Development Block Grant）の配分を、地元選挙区により多く配分してもらうことの方に関心をよせたため、CRAの諸条項については、大きな議論を巻き起こすことなく議会を通過した。[17]

そして、カーター大統領の署名により、CRAは、「1977年住宅および地域社会再興法（Housing and Community Development Act of 1977)」の一部として産声をあげたのである。

## （2）CRAとは

　CRAは、付保預金金融機関にたいし、人種などによる融資差別を解消するよう義務付けるとともに、特定マイノリティへの融資申請・実行・拒否件数などを監督当局に報告することになっていた。そして、そこでの評価が悪いと、支店の新規開設や銀行同士の合併の審査のさいに影響が出る（却下される可能性がある）というのが建前であった。

　しかしながら、CRAは、融資差別解消の積極的な措置を金融機関にもとめると同時に、それはあくまで「安全かつ健全な営業をおこないながら」[18]という前提をつけている。また、監督当局に提出された資料の公開義務もなかった。

　さらに、CRAはうまれて間もないころから、長く不遇の時代をむかえる。民主党のカーターから政権を奪取したレーガン大統領は、政府による規制の大幅緩和をすすめた。金融規制も例外ではなく、もともとCRAを重要とみなしていなかった金融監督当局は、CRAにたいする消極姿勢を強めることになった。そのため、もし金融機関にCRAに関する問題があったとしても、改善プログラムを提出して将来の努力を約束すれば、ほぼ全面的に認可されていたのが実態だったという。[19]

　CRAの運用に変化が生じるのは、G・H・W・ブッシュ政権に交代してからの1989年であった。

## （3）第一の画期・1989年

### コンチネンタル・イリノイ銀行による買収申請却下事件

　コンチネンタル・イリノイ銀行は、イリノイ州で第2位の資産をもつ巨大銀行持株会社であった。同行がアリゾナ州の小規模州法銀行「グランドキャニオン・ステイトバンク」の議決権付株式を100％買収しようとFRBに申請

したところ、FRBはCRAを根拠に、1989年2月15日、申請を却下した。

CRAを根拠とした合併申請の却下はこれがはじめてであり、銀行業界に大きな波紋を広げた。とくに、1980年代中ごろから90年代にかけて、アメリカの銀行界は合併により巨大化、寡占化がすすんでおり、もしCRAを理由に合併がみとめられないことが多発すれば、合併による巨大化競争に敗れるかもしれないという心理が大銀行の経営陣にはたらいたからである。

そのため、レーガン政権の時代よりもCRAの影響力が強まり、またFRBなどの監督当局もそれを利用して、CRAの運用強化をめざした。[20]

### S&Lの救済

ふたつ目の原因は、1980年代に続発した貯蓄貸付組合（Savings and Loan Association；S&L）の経営破綻である。またときをおなじくしてS&L同士の合併もすすみ、その数が激減した。[21]そして、1987年には、9740億ドルあったS&L業界全体の資産が、89年には7560億ドルと大きく減少している。[22]

このように、これまで住宅ローンの貸し手として存在感の大きかったS&Lの退潮ぶりが顕著になると、多くの住民にとって住宅ローンをえられる機会が減少してしまう。さらに、S&Lの側も、資産の不良化により、中低所得層への貸出にたいして慎重な態度をとらざるをえなくなった。[23]

そのため、政府も対策をせまられ、S&Lの破綻を救済するために「1989年金融機関改革・再建・規制実施法（Financial Institutions Reform, Recovery and Enforcement Act of 1989；FIRREA）」を制定、そして同法のなかでCRAの改正もおこなったのである。

この改正により、CRAの対象となる金融機関は、とくに中低所得層にたいする信用ニーズにどのようにこたえたかという報告書を作成し、それを一般に公開することとなった。さらに監督当局は、それを4段階に格付けして評価し、それも公開することにしたのである。[24]すなわち連邦政府は、S&Lの減少によって生じた住宅ローンの供給不足を、銀行による住宅ローンの増加でおぎなうことを意図したのであった。

この制度改正と、さきにのべた監督当局の運用強化により、CRAの影響力は大幅に拡大された。

## （4）第二の画期・1995年

　CRAがふたたび改正・強化されるのは、クリントン政権になってからである。

　クリントン大統領は、インナーシティ問題の解決については前の2政権よりは積極的であった。しかしながら、前の政権からは膨大な財政赤字も引き継いでおり、問題解決のために莫大な財政出動をおこなう余地はなかった。

　そのために活用したのがCRAである。クリントン政権は、CRAを運用面で大きく改革した。それまで個別銀行の評価基準となっていた12項目にかえて、融資部門、投資部門、サービス部門の三つの分野での実績にもとづく評価基準を導入し、格付けも5段階に精密化した。[25]

　いままでのCRAは、住宅ローン貸付に関する実績のみが重視されてきたが、この改正により、地域開発についての実績も重視されるようになった。いわば、政府がおこなえない公共投資を、銀行の資金をつかって、民間非営利のCDCがおこなうという構図がえがかれたのである。

　この改正により、インナーシティ問題の解消を目的とした地域再開発事業にたいする銀行からの資金融通が強化された。[26]

## むすび

　以上みてきたようにCRAは、融資差別の解消と住宅・都市問題の解決というふたつの大きな流れのなかで、しだいに成長してきた制度だということがわかる。

　そして、成立当初はまるで無視されていたかのようなCRAであったが、二度の大改正をへて、融資差別と住宅・都市問題の対策として大きな役割をはたす制度になっていったのである。

　本章では、おもにCRAの背景を中心にみたが、さらにその政策効果の程度についても今後検討する必要があると思われる。[27]

〈注〉
（1） http://www.law.cornell.edu/uscode/html/uscode12/usc_sup_01_12_10_30.html
（2） 福光寛［2001］『金融排除論　阻害される消費者の権利と金融倫理の確立』（同文舘出版）29～51頁
（3） 以下については、福光寛［1993］「CRA（地域社会再投資法）について」（『立命館経済学』第42巻・第1号（立命館大学経済学会））1～2頁を参照。
（4） 由里宗之［2004］「米国の銀行業界の変化とCRA（地域社会再投資法）―「市場主義」に立つ大手銀行の豊富な資金をインナーシティに「誘導」する対銀行政策メカニズムの生成―」（『中京商学論叢』第51巻第2号（中京大学商学会））66頁
（5） 以上の消費者運動にかかる背景については、柴田武男［1997］『地域再投資法入門：銀行の公共性と社会性を考える』（日本太平洋資料ネットワーク）11～12頁を参照。
（6） 平山洋介［1993］『コミュニティ・ベースト・ハウジング　―現代アメリカの近隣再生』（ドメス出版）12～19頁
（7） 平山［1993］19～26頁
（8） 岡田徹太郎［2006］「アメリカ住宅政策と低所得層への住宅保障」（渋谷博史　C.ウェザーズ編『アメリカの貧困と福祉』（日本経済評論社））197～198頁。
（9） 1961年に約2万戸であった公共住宅の実際の建設戸数は、1971年には約9万戸を超え、過去最高となった。
　　　平山洋介［1999］「アメリカの住宅政策」（小玉徹　大場茂明　檜谷美恵子　平山洋介『欧米の住宅政策―イギリス・ドイツ・フランス・アメリカ―』（ミネルヴァ書房））281頁
（10） 平山［1999］266～293頁
　　　松田岳［2004］「米国の地域コミュニティ金融　―円滑化策とそれが機能するための諸条件―」（金融研究研修センター　ディスカッションペーパー）11頁
（11） 平山［1993］41～51頁
（12） CDCについては、平山［1993］または松田［2004］13～17頁を参照。
（13） 由里［2004］66頁
（14） 木村温人［2004］『現代の地域金融　「分権と自立」に向けての金融システム』（日本評論社）94頁
　　　柴田［1997］15頁
（15） 木村［2004］94頁　柴田［1997］16頁
（16） 福光［1993］4頁

(17) 由里［2004］67頁
(18) 原文では consistent with the safe and sound operation（第2901条（b））
(19) 木村［2004］95頁
(20) 由里［2004］70〜73頁
(21) 1970年に全国で5,669組合あったものが、1989年には2,271組合と半分以下に減少している。柴田［1997］21頁。
(22) 柴田［1997］21頁。
(23) 柴田［1997］21頁。
(24) 木村［2004］95〜96頁。
(25) 木村［2004］98〜100頁。
(26) 由里［2004］80〜85頁。
(27) たとえば、小倉将志郎［2008］「米国地域再投資法を巡る諸議論の検討と展望」（『一橋研究』第32巻第4号（一橋研究編集委員会）35〜55頁）では、CRAは金融機関にとっても、そのコストよりも便益の方が大きいと論じている。

**〈参考文献〉**

小倉将志郎［2008］「米国地域再投資法を巡る諸議論の検討と展望」（『一橋研究』第32巻第4号（一橋研究編集委員会））

木村温人［2004］『現代の地域金融 「分権と自立」に向けての金融システム』（日本評論社）

柴田武男［1997］『地域再投資法入門：銀行の公共性と社会性を考える』（日本太平洋資料ネットワーク）

渋谷博史 C.ウェザーズ編［2006］『アメリカの貧困と福祉』（日本経済評論社）

平山洋介［1993］『コミュニティ・ベースト・ハウジング ―現代アメリカの近隣再生』（ドメス出版）

平山洋介［1999］「アメリカの住宅政策」（小玉徹 大場茂明 檜谷美恵子 平山洋介『欧米の住宅政策―イギリス・ドイツ・フランス・アメリカ―』（ミネルヴァ書房））

福光寛［1993］「CRA（地域社会再投資法）について」（『立命館経済学』第42巻・第1号（立命館大学経済学会））

福光寛［2001］『金融排除論 阻害される消費者の権利と金融倫理の確立』（同文舘出版）

松田岳［2004］「米国の地域コミュニティ金融 ―円滑化策とそれが機能するための諸条件―」（金融研究研修センター ディスカッションペーパー）

由里宗之［2004］「米国の銀行業界の変化とCRA（地域社会再投資法）―「市

場主義」に立つ大手銀行の豊富な資金をインナーシティに「誘導」する対銀行政策メカニズムの生成―」(『中京商学論叢』第51巻第 2 号（中京大学商学会））

# 第4章　アメリカの貧困の罠と高い暗黙の限界税率

## はじめに

　他の先進諸国と比較して、アメリカの福祉国家レジームとしての特徴は、もっとも自由主義的であり、民間主導の市場原理を信奉することにある。自由主義福祉国家レジームに属する国々として、アングロサクソン諸国（イギリスと、かつてイギリスの植民地だった歴史を有する、オーストラリアやニュージーランドなどの英語圏の先進諸国）があげられるが、そのなかでも、アメリカはもっとも典型的な国である。[1]

　年金、医療、住宅など広義の社会政策において、アメリカは、もっとも国家の介入が少ないのである。アメリカ人は元来、個人主義的であり、ときとして暴君になりうる為政者による恣意的な支配をいとい、また国家を維持するための重い税負担をきらい、「小さい国家」を理想としてきたからである。

　市場原理がすべての所得階層で機能すればよいが、現実には市場原理が機能しない「市場の失敗」の部分がのこされてしまう。アメリカの福祉国家としての特徴は、その市場の失敗の部分である貧困層にたいして、ターゲットをしぼって国家が介入する、いわば「残りかす（残余）」を対象として政府が福祉政策を展開するので、アメリカの自由主義福祉国家は「残余主義的」とも表現される。

　福祉政策にどっぷりつかる貧困層と、所得制限により福祉プログラムの資格のないワーキングプアーもふくむ、福祉政策の受益者となれない中間層は市場にゆだねられているという、二重構造になっている。財政的に再配分をうけることができる所得層と、できない所得層の間での利害の対立は、感情的あるいは政治的対立をも生み出す。

　福祉プログラムとして展開されているのは、食料スタンプ、メディケイド（低所得者向け医療保険）、保育費補助、住宅補助、公立学校での無料給食などがある。これらの福祉プログラムには、すべて所得制限があり、一定の所

得以下の貧困層のみが対象となっている。しかも、所得制限は、家族の人数によって枠がことなるので、子どもが複数人を養育するシングルマザー世帯が優先的にこれらの福祉プログラムの受給者となりやすい。

これらの各種の福祉プログラムの受給を金額に換算すると、福祉に依存する貧困世帯が、額に汗をして長時間はたらいて所得が上昇しても、福祉プログラムの受給資格をうしなう経済的損失を加味すると、メリットがなくなり勤労意欲を減退させてしまう効果をもっていると報告されている。

アメリカの子ども世帯の貧困率は、先進諸国のなかでもっとも高い。アメリカはもともと貧富の格差が開いていていた国であったが、1980年代以降、所得格差の拡大傾向がつづいている。

アメリカには最低賃金制度があり、また「貧困ライン」という毎年更新される貧困を定義する所得水準が公表されている。最低賃金ではたらくような低学歴・非熟練の労働者は、その貧困の基準にてらして、福祉プログラムの受給者はなれるのかが決定される。

本章では、貧困層にたいしてのみ選択的に福祉政策の対象として、各種プログラムをとおして財政的支出している残余主義的な福祉国家の特徴をふまえ、「貧困の罠」とよばれる貧困層の勤労意欲を弱体化する制度的欠陥を検討する。

# 1　最低賃金と連邦貧困ライン

### （1）最低賃金

連邦最低賃金は、1997年以来、10年もの長い間、物価は上昇しているのにもかかわらず、5ドル15セントに据え置かれていた。

2006年の中間選挙で勝利をおさめた民主党は、公約どおり議会において最低賃金を引き上げる法案を通過させた。しかし、当初の法案は、イラク撤退のタイムテーブルと抱き合わせで提出された法案だったので、当時のブッシュ大統領は拒否権を発動した。

再度、提出された連邦最低賃金の引き上げ法案は、イラクへの軍事費配分を容認するというブッシュ政権に妥協した法案と抱き合わせで、成立にいた

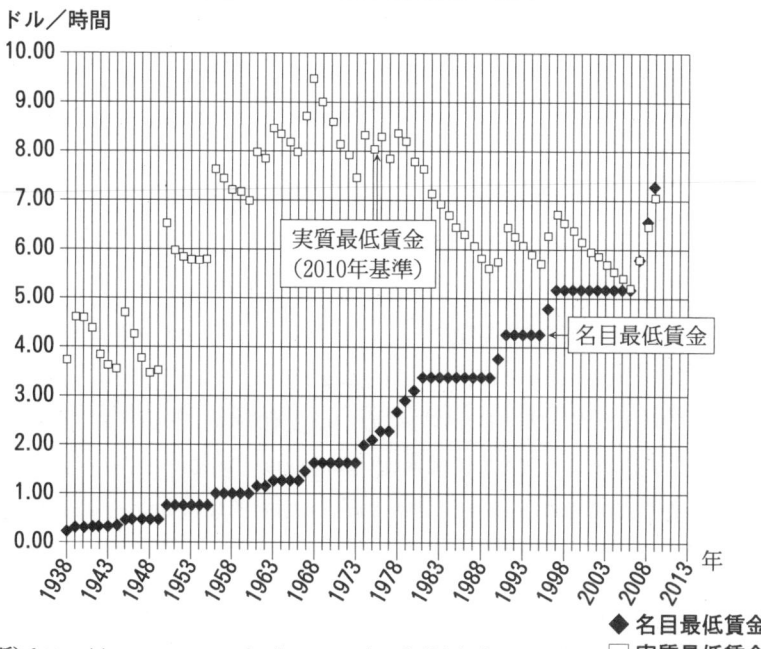

第4章 アメリカの貧困の罠と高い暗黙の限界税率

図表4－1 連邦最低賃金の変動

(出所) http://oregonstate.edu/instruct/anth484/minwage.html

った。この法律によって2007年から3年にわたって段階的に連邦最低賃金は引き上げられた。しかし、インフレ率で調整すると、最低賃金の実質レベルが高かった時代の水準にまでは回復していない（図表4－1、参照）。

しかも、デフレートするための消費者物価指数（CPI）の計算方法が、クリントンが大統領になったばかりの1993年に変更されたことを勘案するとより深刻である。[2]

この変更により、以前よりもCPIが低い値で計算されるようになったことを加味すると、据え置かれ、より実質的に低下している最低賃金レベルは、図4－1の推計された実質値よりもさらに下方に修正されなければならない。

最低賃金ではたらく労働者は、典型的には若い独身者で、女性が多く、しばしば黒人やヒスパニックである。最低賃金ではたらきながら、子どもを養育する若い、低学歴、非熟練労働力のシングルマザーの生活は、より困窮化することになる。

## (2) 連邦貧困ライン

アメリカでは、公的に貧困を定義し、毎年「連邦貧困ライン」とよばれる世帯の年間所得をしめし、そのライン以下を貧困と定義している。貧困ラインは家族人数ごとにことなっている。

大人・子どもなどの年齢構成や、就業者・非就業者にかかわらず、たんに世帯構成人数別に貧困ラインがさだめられている。たとえば、2009年の連邦貧困ラインは、単独世帯1万830ドル、2人世帯1万4570ドル、3人世帯1万8310ドル、4人世帯2万2050ドル、5人世帯2万5790ドルである。

健康福祉省（Department of Health and Human Services）は、各種の連邦政府のプログラムで扶助をうけることができるかの資格を決定するために、行政目的で貧困ガイドライン（poverty guideline）を提示している。

一方、国勢調査局は、毎年「貧困上限（poverty threshold）」を計算し、統計目的でアメリカの貧困人口のデータを公表している。その計算結果にもとづき、福祉省は貧困ガイドラインを提示している。厳密にはちがいがあるが、両者はともに連邦「貧困ライン（poverty line）」として、一般的に通用している。

そのうち、低所得シングルマザー世帯が受給することが多い代表的な所得調査付きプログラムは、連邦貧困ラインを基準として審査されることが多い。多くの連邦プログラムでこの貧困ラインを基準として、健康福祉省の貧困ラインは、世帯所得が貧困ラインの125％とか、150％とかパーセントで表現され、各種の福祉プログラムの受給資格を審査する。

この基準をもちいている政府機関は多岐におよび、健康福祉省、農務省、エネルギー省、財務省、労働省、Corporation for National and Community Service、法務サービスコーポレーションなどの政府（関連）機関の各種プログラムが該当する。[3]

健康福祉省は、連邦貧困ラインを基準として受給資格を審査するプログラムを多数担当している。たとえば、ヘッドスタート（貧困層向け幼児教育プログラム）、低所得世帯エネルギー扶助プログラム（LIHEAP）、メディケイドの約30％、子どもの健康保険プログラム、コミュニティ・健康センターな

どである。

　農務省もまた、連邦貧困ラインを基準に受給資格を審査しているいくつかのプログラムを実施している。たとえば、食糧スタンプ（最近はSupplemental Nutrition Assistance Program [SNAP] とよばれるようになった）、女性、乳児と子どものための特別補助栄養プログラム（WIC）、ナショナル・スクール・ランチ・プログラム、学校朝食プログラムなどである。

　これらは、貧困シングルマザー世帯が受給していることの多い福祉プログラムである。このような貧困層向けの食糧やミルクなどの給付プログラムは、農務省の管轄となっている。

　一方、所得調査付きプログラムでも、連邦貧困ラインを基準としないで、受給資格を審査するプログラムも多数存在する。たとえば、要支援世帯扶助（TANF）、稼得所得税額控除（EITC）、約70％のメディケア、セクション8、低家賃公営住宅などである。

　セクション8の場合、受給資格は地域所得の50％とか、30％とか、の基準がもちいられる。年間所得は、総収入（All earnings）と定義され、雇用所得、公的給付、投資からの利子収入など、年金給付がふくまれる。この世帯の総所得から高齢者、障害者、養育する子ども数によって基準の定額が控除されて、調整済み年間所得（adjusted annual income）が計算される。

　結果として、受給資格をえやすいのが、低所得の高齢者や障害者のほかに、低所得の子どもを養育する一人親世帯となる。つまり、シングルマザー世帯が優先的にセクション8を受給できる選考基準になっているのである。

## （3）最低賃金ではたらくシングルマザー世帯と
　　　夫婦共働き世帯——どちらが得か？

　つぎに、連邦貧困ラインと、連邦最低賃金との関係を検討し、シングルマザー世帯と夫婦共働き世帯とくらべてみよう。最低賃金の7ドル25セントで、1週間40時間、年間50週労働したと仮定すると、年収1万4500ドルとなる。

　母親が一人最低賃金ではたらくと、世帯年収が1万4500ドルとなり、シングルマザー世帯で一人っ子の2人世帯は、貧困ラインの線上をぎりぎり超える。子どもが2人になると貧困ラインを下回り、さらに子どもの数が増える

ほど貧困ラインよりもかなり下回る。

しかし、夫婦とも最低賃金ではたらいていた場合には、世帯収入が年間2万9140ドルとなり、子どもが3人いたとしても貧困ライン以下におさまらない。

つまり、最低賃金で共働きの夫婦は、福祉プログラムの所得制限を上回ってしまって、ほとんどの福祉プログラムを受給する資格がえられない。まじめにはたらいても、ワーキングプアーのままだが、子どもが何人かいるシングルマザー世帯になると、多くの福祉プログラムの恩恵をこうむることができる。シングルマザーがいかに多くの福祉プログラムからの移転収入や現物支給により、経済的に利益をえているかはつぎの節で検討する。

## 2 低所得層にとって高いアメリカの限界税率

### （1）貧困の罠

アメリカの残余主義的な福祉政策のもとでは、福祉プログラムを受給している貧困層が労働時間をのばし、稼得所得を増加しても、現金扶助、食糧スタンプ、住宅補助、メディケイド医療保険などの所得制限のあるプログラムの受給資格をうしなったり、支給される補助金が減少したりすることによって相殺されてしまい、結果として勤労による生計をたてるための実質所得が上昇しないために、貧困層が勤労意欲をうしなってしまうといわれている。

アメリカでは伝統的にAFDCの所得扶助によって、はたらかないシングルマザー世帯が増加してしまったことが長い間、政策的な課題であった。したがって、AFDCを廃止した1996年の福祉改革は、福祉から勤労に移行させることを最大の目的とした。

また、1980年代から90年代にかなり補助金を増大させたEITCも、稼得収入の納税手続きすることによって、負の所得税がえられ、勤労へのインセンティブとなると期待されてきた。しかし、EITCは、税として処理されるので、仕事をしていない貧困層が受給対象からはずれてしまうという問題も指摘されている。

このような勤労を誘導するための制度改革を実施してきたものの、依然と

第4章 アメリカの貧困の罠と高い暗黙の限界税率

して、アメリカの福祉制度は勤労意欲を刺激するよりも、むしろ喪失させる効果の方が強く作用しているといわれている。

一人のシングルマザーの事例を紹介してみよう。あるアメリカ女性は、年収2万5000ドルの職から、年収3万5000ドルの職に転職した。そうすると、たちまち彼女は収支が赤字となり、生活が困難となった。(4)原因をさぐるため、収支をひとつひとつ計算してみると……。

たしかに数百ドルたりないことが判明した。なぜなら、無料の医療保険の資格をうしない、そのかわりに月230ドルの雇用主が提供している医療保険の保険料を支払わなければならなかった。セクション8バウチャー家賃の負担分が、所得が上昇した分の30％増加した。子どもの学童保育のための月280ドルの保育料バウチャーもうしなった。

EITCで年間約1600ドルをうしない、彼女は増えた所得の給与税（Payroll Tax）を支払わなければならなかった。しかも、あたらしい職場はボストンにあり、彼女は郊外に住んでいるので、毎月300ドルのガソリン代と駐車料金がさらに必要となった。収入が上がっても、課税および政府からのさまざまの給付による移転後の所得は低下し、彼女は2万5000ドルの職にもどったほうがよいと後悔した。

「貧困の罠」というのは、じつにいまでもアメリカの真実なのである。ほとんどの女性は、むしろ賃金が上昇することが自分の利益にならないことを知っていて行動をおこさないのである。これが貧困の罠である。

罠に一度とらえられてしまうと、自力ではもはや抜け出せなくなるのである。行政の管轄がわかれているため、それぞれのプログラムが独自の受給資格の所得の上限と、所得の段階的上昇におうじた支給額の低下の表がある。その仕組みがバラバラであり、相互に調整されてはいない。

収入が上昇しても、税金および移転収入後の所得の減少により、メリットがない、ときには損失さえ出てしまうのである。それの仕組みを試算して確認した結果をつぎにのべよう。

## （2）暗黙の限界税率の試算

Thies は、多くの稼得収入がある低所得層にとって、「暗黙の限界税率

81

(implicit marginal tax rate)」が異常に高いことを試算している(5)。勤労による手取りの実質所得の増加額がゼロになり、多くの稼得収入がある低所得層にとって、「暗黙の限界税率（implicit marginal tax rate)」は100％を超えている。

図表4－2は、バージニア州の二人の子どもを扶養する片親世帯のケースで計算した結果である。これは、稼得所得を1万ドル増加させるごとに、暗黙の税額がどうなるか試算したものである。

稼得所得と税引きおよび福祉からの補助を現金に換算した後の差額を試算すると、0から4万ドルまで稼得所得を増やしても、差し引きはほとんど変わらず、平坦のままであることがわかる。稼得所得から社会保障費、連邦および州所得税を差し引き、EITCは（Earned Income Tax Credit：稼得所得税額控除）、食糧スタンプ、メディケイド、セクション8住宅補助などの補助金を加算した額が折れ線でしめされている。なお、稼得所得がない場合、福祉の所得補助とほかの補助金を受給すれば、〇でしめされた額の実質的な所得がえられる。

**図表4－2　稼得所得の増加と実質所得の関係**

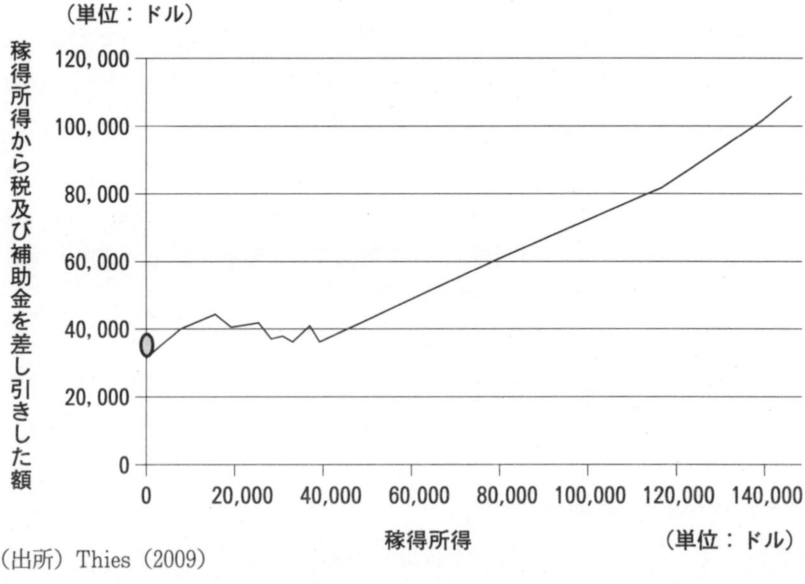

(出所) Thies (2009)

第4章　アメリカの貧困の罠と高い暗黙の限界税率

これを暗黙の限界税率に置き換えて図示すると、図表4－3のようになる。暗黙の限界税率は、分母を稼得所得の増加額、分子を（所得－税＋補助金）の合計の増加額として計算する変化率である。

その結果、最初のポイントで就労せずに福祉にたよった場合とくらべると、1万ドルの稼得収入をえることは、限界税率が50％となる（ポイントA）。限界税率がかなり高いことがわかる。それから稼得収入がやや上昇するとやや限界税率が低下する（ポイントB）。これはEITCのためである。

ポイントBからDまでの間は、暗黙の限界税率がほとんど100％を超えてしまうのでデッド・ゾーンである。100％を超えていれば、1万ドルの稼得所得が増加しても、暗黙の税額が1万ドル以上増えてしまうので、所得を増やすと逆に損をしてしまうのである。それにしてもはげしい変動カーブであることがわかる。

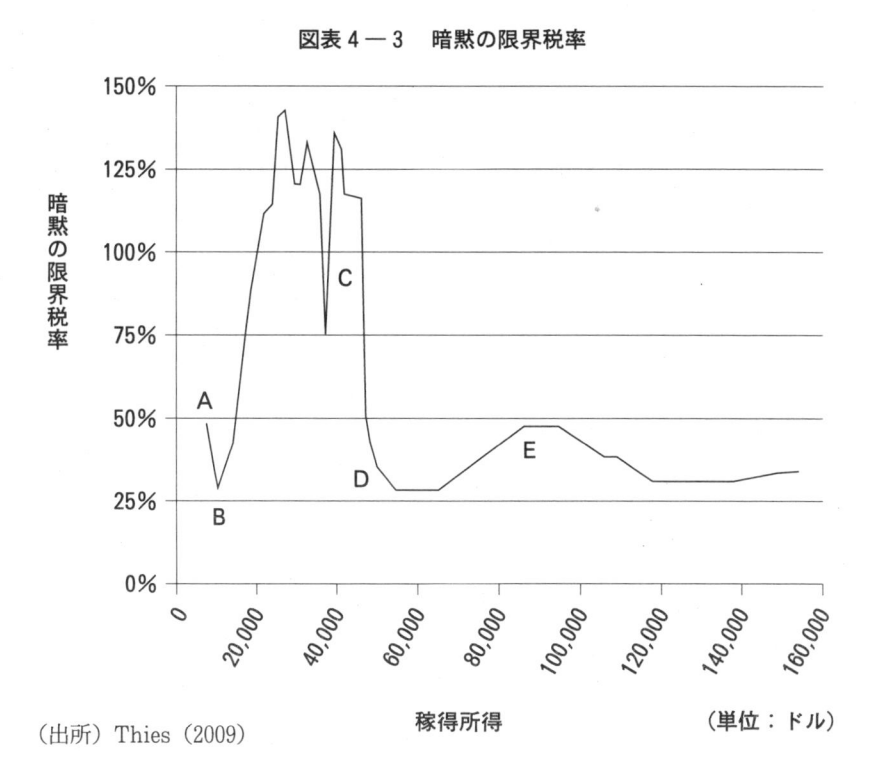

図表4－3　暗黙の限界税率

(出所) Thies (2009)

この計算方法は、以下にしめすように、それぞれの福祉プログラムや税金や税額控除が、稼得所得の上昇によって、どう変化するのか、それぞれのデータを調べて、一部仮定して算出している。

### ＊試算方法の解説－補助金
- 食糧スタンプは、月額最高額が526ドルである。月収が850ドル以上になると、支給額が低下する。
- メディケイドの受給資格は、州によってちがう。ここでは所得が連邦貧困レベルの133％未満を上限とした。メディケイドを受給できると、医療費全額が連邦政府によって支払われる。この費用を9000ドルと仮定した。
- バージニア州で独自に実施しているSCHIPとよばれる医療保険は、連邦政府のメディケイドでカバーされなかった所得層がカバーされる。連邦貧困レベルの200％が所得の上限で、費用は6000ドルとした。
- セクション8は、家賃とガス・電気・水道代の費用の世帯所得の30％を超える部分が補塡されるプログラムである。
- 「要支援世帯一時的扶助（TANF）」は1996年の福祉改革により、AFDCの後にできた制度で、月額395ドルの支給が有資格世帯にたいして現金給付される。

### ＊試算方法の解説－税
- 社会保障税（social security tax）は、所得が10万8000ドルまでは、税率は7.65％である。
- 連邦所得税は、課税対象所得が1万1950ドルまでは、税率が10％、課税対象所得37万2950ドル以上は税率が35％である。
- 所得控除については、一人あたりの控除額を3650ドルとした。標準的な控除は8350とした。
- 子ども税額控除（child tax credit）は、二人の子どものそれぞれの税額控除を1000ドルとした。これは、7万5000ドル～9万5000ドルにかけて税額控除額が低下し、ゼロになる。
- バージニア州の州所得税は、個人所得の5％とした。多様な控除項目は無

視した。
・2009年の連邦所得税のEITCの税額控除は、所得額の増加にともなって台形のパターンで増減する。たとえば、扶養する子ども二人の場合、0ドル～2570ドルの所得（X）区間の税額控除は、Xの40％、1万2570ドル～6420ドルの所得（X）区間の税額控除は一定で、5028ドル、1万6295ドル～4万0295ドルの所得（X）区間の税額控除は、5028ドル － 21.06％ ×（X－1万6420ドル）である。したがって、4万0295ドル以上の所得の場合には税額控除は0ドルとなる。

## （3）試算の結果

　EITCは低所得世帯向けに限定された政策ではない。むしろ稼得所得があまりにも低い階層を刺激して、稼得所得を増加させるインセンティブとなるように、年収が0から2570ドルまでは、税額控除額が漸増する仕組みとなっている。この税額控除だけが単独で作用するならば、たしかに、意図した政策結果が期待されるであろうが、他のさまざまな政策効果を合算した結果は、残念な結果となってしまっている。
　著名な市場原理主義者であるミルトン・フリードマンが、1950年代に「負の所得税」という概念を考え出した。その概念をもとにEITCを連邦政府が導入し、20の州でもEITCを導入している。EITCは、勤労を奨励する効果があると期待されていたであるのである。もともと、フリードマンは、福祉プログラムで支援するより、政府はなにもしないで市場にまかせたほうが、貧乏人は、必死で安い賃金でも仕事をみつけて生きていくから、よいという考えのひとであった。
　このように、さまざまな福祉プログラムが、同時並行的にそれぞれ多様な基準で実施されているので、全体像をとらえることが複雑でむずかしいものの、この試算から推定すると、アメリカの総世帯の40％は福祉に依存していた方が課税や所得移転や現物支給の福祉プログラムを加算すると実質所得が得になる。
　アメリカの国勢調査局からの報告によれば、2004年の世帯所得分布をクォンタイル（五分位数－世帯所得順に下位から上位までならべ、総世帯数を五等分

にグループ分けしたもの）によって区分すると、最低の第1クォンタイルの上限は1万8500ドル、第2クォンタイルの上限は3万4738ドル、第3クォンタイルの上限は5万5331ドル、第4クォンタイルの上限は8万8030ドルとなっている。

したがって、第1および第2のクォンタイルまでの世帯、つまり年収3万4738ドル以下のひとたちは、アメリカの総世帯の40％をしめている。これら40％の世帯は、福祉プログラムの恩恵をうけられたほうが得なひとたちであるが、家族構成などの理由によって資格がえられていない世帯も多い。低所得者の暗黙の限界税率がいちじるしく高いことは、勤労意欲をはなはだしくそいでおり、その影響がおよぶ世帯の割合も潜在的にはかなり高いのである。

## 3 貧困の罠―都市構造との関連で

### （1）住宅政策の特徴

アメリカの住宅政策の基本は、市場原理による持ち家政策の推進であった。サブプライム・ローンの問題が顕現して、本来、住宅ローンを借りる経済力がない貧困層が、住宅を購入すること自体ありえないことであった。逆にいえば、それだけ貧困層向けのてごろな住宅供給が不足していたという住宅政策の貧困にも問題があった。

アメリカの貧困層向けの住宅政策は、国家の介入が少なく、市場にゆだねる傾向が顕著である。

1970年代ごろから、公営住宅を政府が直接建設し、運営することはコスト高であると考えられ、民間賃貸住宅を活用し、セクション8とよばれる住宅補助金制度によって、低所得借家人からは、所得の30％を家賃負担分の上限とし、のこりの家賃を連邦政府が負担するバウチャーが普及するようになる。バウチャーという市場原理の響きが政治家たちからも支持された。

またセクション8を受け入れる住宅を建設するための資金も、民間からの投資によって、民間企業によって建設されている。低所得住宅税額控除（Low Income Housing Tax Credit −LIHTC）とよばれる住宅控除は、IRS（Internal Revenue Service）の税制をつうじて投資家に支払われる一種の補

助金である。プロジェクトが順調に採算があえば、住宅控除は、投資家にとって安定した一種の金利収入とみなされる。

HUDが直接担当する住宅政策ではなく、IRSによる間接的な住宅政策である。2008年の9月のリーマン・ショック前までは、ファニーメイなども積極的にLIHTCに投資していた。LIHTCは貧困を食い物にしたビジネスのように思えるが、さらにきちんと実証する必要がある。

### （2）貧困層向け住宅政策

アメリカの貧困層向けの住宅政策の柱は3本あるといわれている。公営住宅、セクション8、LIHTCの3つである。

しかし、政府が直接提供する公営住宅という方式は、1970年代にはすでに放棄されている。LIHTCは、セクション8のための賃貸住宅を民間の資金で建設すべく、リスクの高い不動産プロジェクトにたいして、税制をとおして、出資者に間接的に政府の補助金を出すものである。したがって、連邦政府の財政的負担は重いが、貧困層にとって直接、住宅補助となっているのは、実質的にセクション8だけである。

現在、セクション8 (Section 8) 制度は、正式には「住宅選択バウチャー (Housing Choice Vouchers)」と称せられるが、セクション8が通称として現在でもつかわれている。住宅都市開発省 (HUD) が低所得世帯にたいして給付する住宅補助制度である。連邦政府は、1998年から2004年まで、住宅バウチャーの予算を60億ドルから160億ドルにまで増大した。全米で210万の世帯がセクション8バウチャーの給付をうけ、公営住宅の入居者は130万世帯となった。

セクション8は、現在ではすべてバウチャーとなっている。バウチャーの利点は、ポータビリティである。バウチャーを発行した地域の住宅局の管轄地域以外の地域へバウチャーを持ち運べるので、貧困層がより社会的経済的な環境のよい地域を選択し移動することが可能となっている。

公営住宅は、インナーシティのスラムの特定の地域に集中的に立地しているという傾向がある。セクション8バウチャーの居住者の分布は、公営住宅よりも分散的ではあるが、やはりインナーシティの貧困層が多い地域に集中

している傾向は否めない。

　貧困地区には低家賃の賃貸住宅が多く、黒人などのマイノリティが多い。かれらはダウンタウンにちかい福祉サービスなどが集中している貧困層が多い地域を選好する。

　貧困率が高い地域では、犯罪率も高い。ドラック、窃盗、暴力、売春などの犯罪の巣になっている。とくに、公営住宅やセクション８住宅は、このような犯罪が多発する。高校をドロップアウトする子ども多い。地域の公立学校の標準テストのスコアーも低い。

　しかも、黒人の子どもの半数以上は、片親世帯で育っている。10代で未婚の母になり、次々に２〜３人の子どもを産みつづける。黒人のシングルマザー世帯が異常に多いインナーシティに、セクション８バウチャーによって家賃補助住宅に住んでいるケースが多い。

　高校をドロップアウトした若い非熟練労働が、所得調査付きの福祉制度の恩恵を各種のプログラムからうけることができる。上述したように、年収４万ドルくらいまでは、はたらいても限界所得税が高すぎ、福祉に依存した方が経済的に有利な生活ができるので、経済的に合理的な選択といえよう。

## むすび

　所得調査付き給付の福祉政策は、マルサスが旧救貧法を貧困層が給付をうけるために、若くして子どもをもとうとする傾向を批判的に論じたように、アメリカの福祉制度も出産奨励的な政策的効果があるようである。

　救貧法の伝統を継承しているイギリスやアメリカの福祉制度では、シングルマザーへの支援が手厚く、たしかにティーンエイジャーの出生率が高いという傾向がある。結婚がないがしろにされ、片親世帯の子どもが、片親世帯の子どもを産んでいく世代間連鎖を生んでいる。家族が崩壊した黒人家庭の子どもたちは、社会的な階梯をのぼることが困難である。

　黒人の男性の刑務所に収容される率が1970年以降上昇しているという。20代の黒人男性では、９人に一人の割合で有罪判決をうけ、刑務所に収監されている。

　70％の黒人の新生児は婚外子である。伝統的家族の崩壊は、黒人をより貧

しく孤独に落し入れている。高校を卒業していない30〜44歳の黒人女性はわずか11％しか、就業する夫をもっていない。1970年から2007年までに、30〜44歳までの黒人既婚女性の割合は、62％から33％に低下した。

　黒人の男性は、かつてアメリカで製造業が興隆していた時代には、自動車工場や製鉄所などではたらく工場労働者として、労働組合にもまもられ、比較的賃金が高く、安定した仕事につくことができた。しかし、1980年代にかけて、ドラスティックに製造業が衰退するとともに、サービス産業化し、黒人男性の比較的よい職場がなくなってしまった。

　低学歴黒人男性の職業的不安定は、黒人女性の家庭生活をゆさぶり、福祉依存をよぎなくさせられた。アメリカの所得調査付き給付という制度的な問題だけでなく、産業構造の大きな変化によって生じた黒人男性の貧困化と犯罪率の上昇は、より問題を複雑にしている。

　公営住宅やセクション8バウチャー利用者の大部分がシングルマザーである。この未婚の母の問題を現行の制度的枠組みのなかで解決をはかるのは困難である。根本的な制度的変革をともなわなければ解決は無理であろう。

　たとえば、未婚の母を一時的に収容して、子育てに関する指導をするとともに子どもの父親と結婚するように仕向けることである。それはたんなる所得移転ではなく、個人的文化的変革を目的とするものである。

　現行法のもとでは、18歳以下になれば、子どものいるティーンエイジャーが、就業経験のない低所得である場合に、セクション8バウチャーを優先的に給付される。助成された貸家に入居すれば、終身そこの居住することが可能になる。シングルマザーが複数の子どもを生んで、高校すら満足に卒業していないことが多い。このようなことを可能にしている現行の福祉政策を抜本的に見直さないかぎり、アメリカの貧困問題が解消しない。


〈注〉
（1）Esping-Andersen G. (1990) The three worlds of welfare capitalism. Polity Press.（岡沢憲英、宮本太郎監訳、2001、『福祉資本主義の三つの世界』ミネルバ書房）
（2）物価上昇率で修正される社会保障の年金支払い額が、本来よりも低い額

に換算されてしまうという損害が生じるなどCPIの推計方法が変更になった影響は大きい。http://www.shadowstats.com/article/consumer_price_index
（3）http://aspe.hhs.gov/poverty/faq.shtml
（4）"Poverty Trap: Is The Man Keep Me Down" http://libertarianhottie.wordpress.com/2009/12/01/the-overty-trap-%E2%80%93-is-the-man-keep-ing-you-down/
（5）Cliford F. Thies（2009）"The Dead Zone: The Implicit Marginal Tax Rate" http://mises.org/daily/3822

# 第5章　人民元の国際化と
　　　　アジアにおける通貨・金融協力

## はじめに

　2010年5月、上海万博が開幕した。1997年のアジア通貨危機でも、人民元を切り下げることなく乗り切った中国は、その後も東アジア域内でトップクラスの成長を実現してきた。その成長の継続性について、2008年の北京オリンピックまで、あるいは2010年の上海万博までなど、これまでさまざまな意見が出された。その成長は、リーマン・ショック以降の世界経済危機の影響も短期間で乗り切り、継続していると評価できる。

　こうした成長過程において、中国は、2005年7月に人民元に関する制度改革を開始した。本章では、国際的にも高い注目をあびた人民元の制度改革内容、その後の制度改革状況および人民元の相場動向を検証する。

　その上で、リーマン・ショック以降、付け加えられた「人民元の国際化」をめざす主要な施策の内容を確認し、その方向性・可能性を検討するとともに、アジア全体での通貨・金融協力のあり方の考察をおこなう。

　1997年のアジア通貨危機以降、域内の金融協力の議論が高まり、チェンマイ・イニシアティブをはじめとして、各国の協力により実現される政策も着実に増加している。そのさい、人民元の動向は、大きな要素となる。また、そうしたマクロの視点の提示とともに、民間企業ベースの視点からも重要な域内為替の安定化への今後の取組に関する展望をしめした。

　なお、本稿の内容・見解は個人的であり、いかなる組織とも無関係である。

## 1　人民元為替制度改革の現状

### (1) 2005年7月の制度改革

　WTO加盟後3年半がすぎた2005年7月21日、中国人民銀行は為替制度改革に踏み出した。背景には、急増する外貨準備や対米経常黒字に関して、米

欧から人民元切り上げ圧力の高まっていた事実もあげられる。制度改革の内容は、「従来の対米ドルペッグ制から、市場の需給にもとづき、通貨バスケットを参考にする管理相場制への移行」である。具体的な実施事項としてしめされたものは、以下の3項目である。

①新制度スタートにあたり、それまでの1ドル＝8.27元から約2％の切り上げをおこない、1ドル＝8.11元とする。

②中国人民銀行は、毎営業日終了後にインターバンク為替市場における取引通貨の人民元レート終値を公表し、それを翌営業日の取引の基準値とする。

③毎営業日の対米ドル人民元レートは、基準値の±0.3％のバンド内で変動する。米ドル以外の通貨のレートも、当該通貨の基準値の±1.5％内で変動する。

当初の切り上げ幅が2％と小幅にとどまったことについては不十分であるとの多くの声が市場関係者などから聞かれたものの、中国経済および世界経済への影響を勘案すれば、評価できるものと考えられた。新制度移行時にあわせて、そのねらいやレート変動見通しなども中国人民銀行は発表した。おもな内容としては、以下のようなものがある。

①実施の主なねらいは、対外貿易不均衡の縮小である。

②通貨バスケットは、数種類の主要通貨から構成される。

③「通貨バスケットを参考にする」とは、外貨間の為替レートの変動が人民元レートに影響をおよぼすという意味であり、人民元レートが「通貨バスケット」に固定されるわけではない。

一般的に通貨バスケットとは、貿易量などの加重平均をもって決定されるが、中国人民銀行は、制度移行にあたり、バスケットを構成する通貨およびその通貨ごとのウェイトをあきらかにしなかった。

2005年8月の上海での講演において、同行の周小川総裁は、バスケット構成に関して、中心的な通貨として米ドル・ユーロ・円・韓国ウォンの4通貨を、その他バスケットにふくまれる通貨として、シンガポールドル・英ポンド・マレーシアリンギ・ロシアルーブル・オーストラリアドル・タイバーツ・カナダドルの7つをあげている。

新制度への移行の時点で、計算上は1日あたり0.3%の変動が可能であり、3ヶ月で約20%の切り上げも可能となる状況となったものの、当初の切り上げ幅を2%にとどめたことと同様、中国は、急激な為替変動を回避する内容で新制度の運用を開始した。また、通貨バスケットの構成に関しても、中国人民銀行により開示されることはないものの、その後の為替レートの推移から、実質的な米ドルペッグからの大きな変化はみられなかった。

## （2）制度改革その後の動きと課題

2005年7月の制度改革は、その後も漸進的ではあるが着実にすすめられてきた。為替取引に関するおもなものは図表5－1のとおりである。こうした動きのなかでは、為替先物取引に関する制度の整備がすすんでいることが注目される。

中国の国際経済および国際金融分野のなかでの動きとしては、1996年12月にIMFの8条国[1]に移行し、経常取引の自由化を宣言したことがある。

その後、2001年末のWTO加盟時に「サービス貿易に関する一般協定（GATS）」に署名したことにより、2006年末までにGATSでコミットしている金融サービス貿易の自由化も完全に実現する責務を負ったが、資本取引の自由化は、当該期限から3年以上すぎた現在でも、限定的なものにとどまっ

**図表5－1　人民元為替制度改革の流れ**

| 年　月 | 内　容 |
|---|---|
| 2005年8月 | ・為替先物取扱を外国銀行へ解放 |
| | ・通貨スワップを解禁 |
| 年9月 | ・米ドル以外との変動幅を3%に拡大 |
| 年11月 | ・スワップ・値付け業者導入 |
| 2006年1月 | ・人民元取引に銀行間の相対取引導入 |
| 年2月 | ・人民元の金利スワップ試験的に解禁 |
| 年4月 | ・人民元為替スワップ銀行間取引を解禁 |
| 年8月 | ・英ポンド－人民元取引開始 |
| 年8月 | ・個人向け人民元業務、外銀は新銀行設立を条件発表 |
| 年10月 | ・外貨取引センター経由の取引時間延長 |
| 2007年5月 | ・米ドルとの変動幅を0.5%に拡大 |

ている。

　2005年7月の人民元の制度改革は、上記のような国際経済・金融分野で自国の存在感を高め、またグローバル競争に参加していくのに必要な措置であったと考えられる。したがって、「為替先物取引関連制度の整備」など、その後の動きも、徐々にではあるが資本取引の自由化をすすめていくうえでの準備であると考えられる。

　対米ドルに関する変動幅を段階的に大きくすることは、中国企業にとって貿易取引・資本取引に関する為替リスクを負うことを意味する。その対応として、銀行・企業が為替リスク管理手法を確立していくことがもとめられる。リスク管理を可能とするために、為替先物取引およびその市場を育てることが必要となる。

　こうした観点でみると、人民元改革のその後の動きには、一貫した方針が読み取れる。資本取引の自由化に関する動きとして、香港での中国本土の銀行による人民元建て債券の発行、アメリカブラックストーンへの出資など、それぞれ注目された。

　漸進的ではあったが着実にすすんでいた人民元改革は、2008年9月のリーマン・ショックおよびその後の世界経済危機により、大きく変化したものと考えられる。世界の基軸通貨であるドルおよびアメリカの相対的な力は低下し、1999年に誕生したユーロも、一時はドルと並ぶ基軸通貨となる可能性を感じさせたものの、現在はギリシャ危機などの影響でその信認は低下した。

　危機対応の枠組みも、従来のG7から中国をはじめとするBRICSなど新興国をふくめたG20へ比重がうつるなど国際金融の構造変化に対応して、中国は、自国の世界経済における重要性が増した環境を認識し、人民元に関しても国際金融におけるステイタスを向上させる方向での制度改革を開始した。

　世界経済危機以降の具体的な中国の政策の特徴は、後述するが、その方向性をしめす動きを振り返ると2009年4月のロンドンでのG20前に発表された中国人民銀行総裁、周小川氏の"Reform the International Monetary System"（中国人民銀行のウェブサイトに掲載）と題する論文にみられる。

　周総裁は、当該論文にてIMF制度のうち、SDR拡充・機能強化やIMF出資比率見直しについて提言しており、現在の国際通貨体制、すなわちドル基

第5章　人民元の国際化とアジアにおける通貨・金融協力

軸通貨体制の限界を指摘した。その後の中国の姿勢は、自国の巨大なドル建て外貨準備の保有もふまえ、当面はドル基軸通貨体制を維持する方向にあり、早急な変化はもとめない態度である。しかし、中国・人民元の国際金融における重要性は確実に増しており、今後もその位置付けは高まる方向にあると認識できる。

## （3）制度改革以降の人民元相場の動向

　ここでは、2005年7月21日の制度改革以降の人民元の対米ドルの相場動向を確認したうえで、同期間の円の対米ドル相場および対人民元相場それぞれの動向を確認する。

　元ドル相場は、制度改革開始から3年弱である2008年6月30日までの間に改革前の1ドル＝8.2765元から08年6月30日現在の1ドル＝6.8591元まで切り上がった（図表5−2（A）、参照）。率にすると17％程度の割合であり、当初の切り上げ幅2％をのぞいても15％の上昇率となっている。当初の2％の切り上げ幅が欧米諸国から不十分との評価はあったものの、中国当局は、着実に人民元の切り上げをはたしてきていたと評価できる。

　また、その動きを加速させたと評価できるのが、2007年5月18日に中国人民銀行が発表した1日あたりの変動幅の拡大である。これは、対米ドルにつき、それまでの1日あたり0.3％から0.5％に拡大するという内容であったが、この日以降の人民元の上昇幅は累計でみると下記のようになり、変動幅の拡大を境に対ドルの上昇幅は拡大している。

```
2005年7月21日：1ドル＝8.2765元
2007年5月18日：1ドル＝7.6804元（制度改革前からの上昇率：7％）
2008年6月30日：1ドル＝6.8591元（制度改革前からの上昇率：17％）
```

　その後、6.82〜6.83レベルまで元高がすすみ、2008年9月のリーマン・ショックをむかえた。その影響で、一時的に6.8009（2008年9月23日）まで元高となった時期はあるものの、その後は、世界経済危機の国内、とくに輸出産業への配慮もあり、6.82〜6.83レベルで現在（2010年3月）まで安定した相場となっている。

つぎに同期間の円ドル相場をみてみよう（図表5－2（B）、参照）。従来から変動相場制のもと、さまざまな要因をふまえ円高局面、円安局面を繰り返してきたが、この期間については、2007年7月までは変動はあるものの円安局面であったものが、その後は一気に円高へむかい、08年3月には、1ドル＝97円と12年ぶりに1ドル100円を割る円高水準にたっした。このタイミングが、人民元が対ドルの上昇幅を拡大させた時期と一致している点は、おさえ

図表5－2　制度改革以降の相場動向

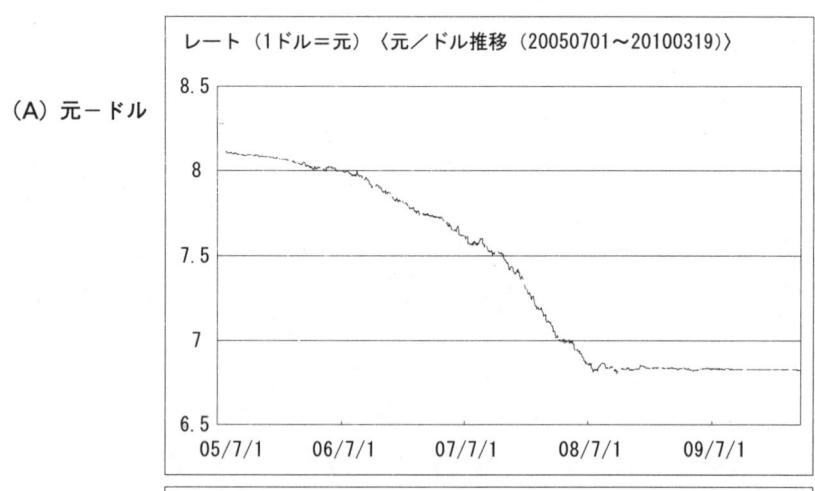

(A) 元－ドル

(B) 円－ドル

(C) 元－円

レート（1元＝円） 〈元／円推移（20050701〜20100319）〉

（出所）IMFデータより筆者作成

ておくべきと考える。

　その後は、ユーロ高ともあいまって、ドルの基軸通貨としての地位のゆらぎにもつながりかねないとの危機感から、アメリカがドル高への国際協調体制をめざす動きが目につく時期であったと考えられる。

　しかし、2008年9月のリーマン・ショックを境にふたたび円高にむかい、今回は1ドル90円を割る水準にいたった。その後、一度はドル高にもどったものの、再度円高にむかった相場は、2009年11月27日には86円をつけるなど、1ドル90円前後のレベルが定着することになった。

　つづいて、人民元－円相場の推移を確認しよう（図表5－2（C）、参照）。人民元－ドル、円－ドルそれぞれの為替レートから、人民元－円の相場は決定されることから、予想されるものではあるが、人民元が対ドルの切り上げ幅を拡大させた2007年5月ごろまでは、人民元－円の動きはドル－円の相対的な動きとほぼおなじであることがみてとれる。

| 為替レート | 2007年5月31日 | 2008年3月17日 | 円の上昇率 |
|---|---|---|---|
| ド　ル－円 | 1ドル＝121.62円 | 1ドル＝97.00円 | 25% |
| 人民元－円 | 1　元＝15.89679円 | 1　元＝13.69766円 | 16% |

しかし、その後の急激な対ドルでの円高局面では、円の対人民元の上昇率は小幅にとどまっており、一時的ではあるが独自性を強めた。

その後、円－元相場が独自の動きを展開することを予想していたものの、リーマン・ショック以降は、ふたたび元が対ドルでの実質的にペッグ相場にもどったため、その後はまた円ドルの動きとおなじになった。

## （4）制度改革への評価と中国側の視点

2005年7月に、米ドルペッグ制からの離脱を宣言し、「通貨バスケットを参考にする管理相場制」へ移行するとした人民元制度改革の内容を実証分析したのが伊藤（2008）である。同論文によれば、制度改革実施後2007年11月7日までのデータ検証で、実際は米ドルのクローリング・ペッグであったことをしめしている。

Frankel and Wei の分析手法にしたがい、米ドル・日本円・ユーロの三大通貨にたいする回帰分析をおこなった結果として、対ドルへの増加率の加速を確認するとともに、ドルのウェイトが非常に高い結果であることを実証している。

この結果を中国側の立場からみても、妥当であることをしめすものとして、小堤（2007）が解説している中国国務院商務部の研究員課題組による論文がある。

「対外経済貿易発展は人民元切上げに如何に対応すべきか（抄訳題）」と題され、人民元改革の実施から約1年半たった2007年1月に発表されたもので、経済・貿易への影響分析とともに、当面の為替政策を提言する内容のものとして注目できる。

この論文では、発表時点で2007年末までの人民元の累計上昇率を9～10％と予想している。実際の上昇率は約12％であり、政府当局の予想あるいは計画にそい、あるいは、それを超えるレベルで現実が動いた点は興味深い。

同論文では、中国が選択すべき為替政策としてあげている内容はつぎの4点である。

①管理変動相場制のもとで対外経済発展に努力する。
②輸出と輸入のバランス、外需と内需関係、対外貿易と国内経済の調和の

## 第5章　人民元の国際化とアジアにおける通貨・金融協力

とれた発展をさらに重視する。
③外貨活用構造を優良化する。
④金融制度と企業経営制度の改革の積極的な推進をはかる。

注目したいのは、①～③がマクロ経済政策運営のあり方を基本に為替政策をどう考えていくかをしめしているのにたいし、④ではさらに、「マクロとミクロの両面からリスクの回避メカニズムを構築・改善し、企業の国際競争力とリスクに耐えられる能力を強化する」とうたっており、為替管理制度の整備の重要性を認識していることをしめすものである。

この点は、企業の為替リスクや金融機関の為替ヘッジ機能といった点にも本文で言及されていることからも、うかがわれる。

政府の立場で書かれた中国国務院商務部の論文にたいして、中国経済学会の人民元切上げに関する見方を論じたものとして李（2007）がある。この時点（2007年7月）で、中国経済学会には、同年の人民元の切上げ幅として、①3％～4％、②4％～5％、③5％以上の三つの意見があった。

こうしたなかで主流をしめたのが約5％の切上げ、2005年7月からの累計で2007年末までに9～10％という見方であり、国務院商務部の意見とおなじレベル感をしめした。

あわせて、人民元制度改革の重要な要因として、長期的なドルペッグがほかの主要通貨にたいする人民元の頻繁かつ大幅な変動をまねき、自国の多角的貿易・投資の安定的な発展に不利であったことをあげている。

したがって、今後の制度改革の方向として「市場需給にもとづき、通貨バスケットを参考とする行動」を提起している。しかし、現状は「ドルへのソフトペッグ」であり、まだ中間的・過渡期的な段階であると評価している。

今後の改革戦略についても、①国内の政策目標から為替制度をきめるべき、②内部均衡を目標としながらも、人民の地位向上に配慮した為替制度、③人民元地域化の過程と関連付けで相互促進する方法、と3通りある。

また、人民元制度改革の方向性としては、「人民元アジア化」とよぶ戦略をとるとしている。その道筋としての議論は、①全面的な金融改革の推進、②さらなる市場開放と人民元のアジアにおける主要決済通貨化、③オフショア金融センター香港の設立・発展、④国際市場における人民元建て債券の発

行、⑤人民元のアジア通貨単位（ACU=Asia Currency Unit）へのペッグによる地域化の促進、⑥地域的通貨協力による人民元のアジア化、の6項目にわけて考えられている。

⑤の議論は、ACU内の人民元のシェアが高く、かつ、人民元とACU間の平価調整もあるため、ACUを借りて人民元の為替制度改革がすすむとともに、ACUペッグをつうじて通貨と当局は、管理可能性の原則を維持しつつ、人民元のアジア化・国際化につながるとみている。

こうした制度改革以降の人民元の動向をふまえ、リスク管理の観点から論じたものに大久保（2007）がある。当該論文において、人民元相場を予測する要素として下記があげられている。

それは、①中国経済のファンダメンタルズ、②アメリカを中心とする外圧の強さ、③中国指導者・当局関係者の発言にふくまれる政策意図の読み取り、の3点である。

1点目のファンダメンタルズについては、現在の中国の経済成長が投資と輸出に大きく依存しており、急激な人民元の切り上げは困難というものである。2点目は、中米の2カ国関係およびG7など国際関係のなかで、海外からの要求・圧力の強さである。以上の2点のバランスをとりながら人民元の制度改革をおこなっている中国の実際の為替政策の運用に関する変化をしめす材料として、3点めの指導者・当局関係者の発言がある。

その基本方針である「中国の独自判断」、「制御可能な対応」、「漸進性」の3点を堅持しつつ、人民元の制度改革がすすめられることをふまえれば、中国経済のファンダメンタルズがもっとも重要なポイントと考えられる。

## 2　人民元国際化の動き

### （1）人民元建て貿易の試験運用

本節では、リーマン・ショック以降、中国が取り組んでいる「人民元の国際化」につながる政策を3点確認する。本項で取上げるのが、貿易での人民元の利用開始である。2008年12月の国務院常務会で、周辺国との国境貿易において人民元建て決済の試行を決定した。

## 第5章　人民元の国際化とアジアにおける通貨・金融協力

　実務的には、2009年7月に上海、広州、深圳など中国本土の一部都市と、東南アジア諸国連合（ASEAN）、香港、マカオとの貿易取引について、元建てでの決済を試験的に解禁した。これによって、従来、ドルなど外貨建てで貿易取引をおこなっていた自国企業が、人民元で直接決済が可能となり、取引コストの大幅な低下を可能とした。

　さらに、自国通貨建てでの取引が可能となれば、企業は、為替リスクからも解放されこととなる。

　試行開始にあたり、テスト参加企業および外資系もふくめた銀行が選定され、2009年7月2日「クロスボーダー貿易人民元決済試行管理弁法」が公布・施行され、同月6日には中国－香港間で人民元建て貿易決済が開始された。

　実際の人民元の銀行間の決済の流れは、つぎのようになる。

　海外で中国企業と人民元建て貿易決済をおこなう企業の取引銀行が、中国国内のエージェント（コルレス）銀行または香港・マカオにあるクリアリング銀行に自行の人民元建て口座を開設し、その口座を使用して取引企業の人民元建て決済資金の受（中国への輸出）・払（中国からの輸入）をおこなうことになる（図表5－3、参照）。

　また、中国側でのテスト参加企業は、実際の人民元の決済に関して各種の記録や報告提出がもとめられている。

　これは、これまで、資本規制を厳格に運用するために、国外への人民元の流出をみとめてこなかった中国として、民間ベースで外国と人民元が流通することに慎重にのぞむ姿勢のあらわれであると考えられる。実際にまだテスト参加企業のみでの試行であり、まだ人民元建て貿易の実績は多くない。しかし、中国は、今後もテスト範囲を拡大する方向であるとみられる。

　中国国内での参加企業を増加させるとともに、貿易相手国・地域についても、当初みとめていたASEAN・香港・マカオにとどまらず、ロシア・ブラジルを相手とした取引も開始されているとのことである。

　また、2010年には、対日本でも実務的にはみとめられ、3月にDIC、4月には丸紅がそれぞれ人民元建て決済をおこなった実績がある。当初発表の貿易相手国から、現実にはすでに対日本をふくめて拡大をはじめており、既成事実化する形で人民元貿易を増加させていく姿勢がうかがわれる。

図表5-3 人民元建て貿易決済スキーム

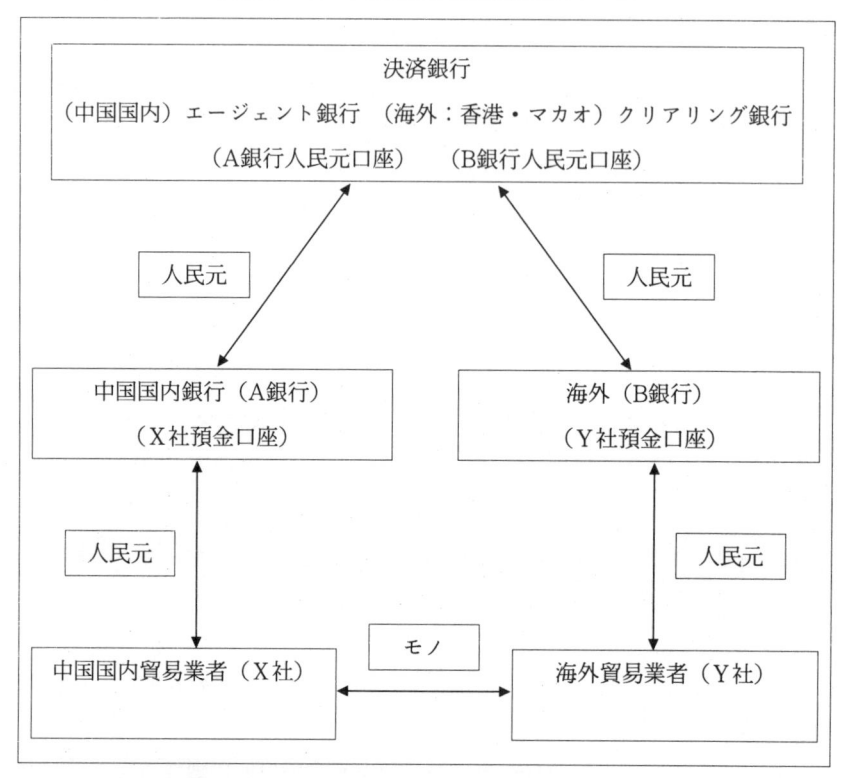

```
┌─────────────────────────────────────────────┐
│              決済銀行                        │
│ （中国国内）エージェント銀行 （海外：香港・マカオ）クリアリング銀行 │
│   （A銀行人民元口座）    （B銀行人民元口座）    │
└─────────────────────────────────────────────┘
        ↑ 人民元              ↑ 人民元
        ↓                    ↓
┌──────────────────┐    ┌──────────────────┐
│ 中国国内銀行（A銀行）│    │  海外（B銀行）    │
│  （X社預金口座）   │    │  （Y社預金口座）   │
└──────────────────┘    └──────────────────┘
        ↑ 人民元              ↑ 人民元
        ↓                    ↓
┌──────────────────┐ モノ ┌──────────────────┐
│中国国内貿易業者（X社）│←→│海外貿易業者（Y社）│
└──────────────────┘    └──────────────────┘
```

（出所）中国人民銀行HPより筆者作成

　こうした動きは、人民元の国際化に資するものであるものの、まだ試行ベースである。上述のとおり、テスト参加企業への諸報告をもとめる背景には、国として資本規制との関係にどう折り合いをつけながら、人民元建て取引の拡大をみとめていくかという大きな課題がある。

　さらに、人民元建て取引をおこなうことにより、自国企業には、為替リスクからの開放や取引コストの低減などメリットは大きいものの、貿易は、海外企業との相対契約であり、取引相手企業には、為替リスクや取引コストは残存する。

　従来、多くおこなわれてきた米ドル建て取引と比較した場合、中国からみて外国である取引相手企業に先物予約などの為替リスクヘッジ手段の不足や

ドル対比で高い取引コストを強いるなどの課題が、ミクロレベルの企業の視点では想定される。

資本規制との関係で考えれば、外国の貿易相手企業は、これまで外国で流通していなかった人民元を中国からの輸入時はどう調達するのか、中国への輸出時はどう運用するのかという問題も存在する。この点については、後述するように、中国政府もそれを念頭においた政策を打ち出しており、つづいてその内容を確認してみよう。

## （2）通貨スワップ協定締結の進展

中国向け輸入代金として人民元の調達に資する施策としておこなわれたのが、二国間での通貨スワップ協定の締結である。中国人民銀行は、2008年12月の韓国（1800億元）をはじめに、09年1月に香港（2000億元）、2月にマレーシア（800億元）、3月にベラルーシ（200億元）・インドネシア（100億元）、4月にアルゼンチン（700億元）と半年の間に6ヶ国の中央銀行または通貨当局との間で人民元と相手国通貨による通貨スワップ協定をむすんだ。

「短期流動性支援」や「投資決済」など、国ごとに締結の目的にふくまれる項目の記載に差はあるもものの、アルゼンチン（目的記載なし）をのぞく5ヶ国との契約の目的にはすべて「貿易決済」がふくまれている点が、注目される。

2009年3月31日に、中国人民銀行から出されたプレスリリースにおいて、一連の通貨スワップの目的・効果などが詳述されている。

具体的には、①スワップ契約が3年間延長可能であること、②スワップ締結先相手国企業が人民元建てで資金調達をおこない、輸入代金支払へ充当可能であること、③その相手となる中国側の輸出企業は、自国通貨である人民元建てで代金回収することにより為替リスクが低減できることなどがあげられている。通貨スワップにより自国通貨を供給し、貿易・投資の促進をはかり、対外取引において人民元の使用をみとめていく姿勢を確認できる。

一方で、従来の資本規制の枠組みを大きく変更するような施策はみられず、人民元の国際化をすすめていく場合も「漸進的」であろう。その背景には、1997年のアジア通貨危機の経験がある。

タイ・インドネシア・マレーシアなどのアジア域内諸国は、海外からの投資受け入れを推進する過程で資本移動の自由化をすすめた結果、自国通貨への投機とその後の通貨価値の暴落をまねき、経済的に大きな打撃をうけた。
　同時期に中国・人民元が、影響を最小限にとどめることができたのは、他国とことなり資本規制を維持していたため、自国通貨への投機をまぬがれた要因が大きい。
　当時の経験もふまえ、中国は、資本規制の緩和には慎重な姿勢を維持している。それを可能としているのは、高成長の継続をベースとして世界2・3番手まできた経済規模、それをささえる外国からの長期の直接投資の継続があり、性急な資本自由化は、これまでは必要とはならなかった。
　しかし、人民元建て貿易開始や国ベースでの通貨スワップ締結の進展にともない、今後は資本分野での規制見直しも必要となるであろう。
　前項でのべた人民元建て貿易のうち、中国からの輸出については、前述の人民銀行のプレスリリースの②・③にあるように、通貨スワップで外国へ提供した人民元を貿易決済でふたたび中国国内へ還流させるスキームとなる。しかし、中国への輸入については、人民元建て決済資金が外国の民間取引先に受渡しされることになる。
　日本の2社のケースを確認すると、DICの場合は、日本サイドで受け取った人民元を即日ドルに交換したため、人民元は、取引銀行が保有する形式であった。一方、丸紅のケースは、同社が取引銀行に開設した人民元建ての口座にそのまま保有する形式をとった。
　後者のケースは、金融機関以外が人民元を実質的に中国国外で保有することになり、今後その金額が増加していけば、運用ニーズも高まることが予想される。そうしたニーズへの対応を想定した施策を次項で確認する。

## （3）人民元建て債券発行の動き

　2005年7月の制度改革以降の、資本取引に関するトピックとして注目されたものにはいくつかある。年代順に確認すると、2005年10月のアジア開発銀行（ADB）と国際金融公社（IFC）の人民元建て債券（いわゆる「パンダ債」）の発行がある。

開発機関とはいえ、外国発行体に人民元建て債券の発行をみとめたものとして、7月の制度改革の開始とならび、人民元国際化のひとつとして注目をあびた。つぎに中国本土外での債券発行として注目されたのが、金融機関による香港での債券発行である。

2007年6月より、国内大陸系金融機関の債券の発行がみとめられ、2009年6月からは、外資系銀行の中国現地法人にも発行がみとめられた。これは、香港での人民元建て運用商品となった。

これにつづき注目されたのが、2009年9月に公表された香港での人民元建て国債の販売である。実際の発行は同年10月27日で、発行金額は60億元、内訳（発行金利）は、2年物30億元（2.25％）、3年物25億元（2.70％）、5年物5億元（3.30％）の3種類である。政府による香港での国債発行が、今後も安定的に継続されれば、大陸外での金利のメルクマールの役割をになうことになるであろう。

また、香港で発行されることから、規制の多い中国本土への投資と比較して、他地域からの投資の自由度が高まり、運用商品としての人民元の国際化をささえることが予想される。中国としても、その役割をになうことを期待していると考えられる。

以上のような人民元のあらたな取組をふまえて、アジアの「人民元圏化」がすすむとの意見もみられるようになった。しかし、それが急激にすすむ可能性は低いと考えられる。次節では、その理由とともに、アジアでの通貨・金融協力の展望について検討してみよう。

## 3　アジアにおける通貨協力の展望

### （1）人民元国際化への課題

上述したように、2005年7月以降、制度改革に取り組んできた人民元は、リーマン・ショック以降、国際的にもその地位が高まってきた。

2010年にも、GDPで日本をぬき世界第2位となることが予想される経済規模からすれば、当然とも考えられる。一方で、アメリカなどからの人民元切り上げ期待への対応は、世界経済危機からの出口戦略が各国・各地域でも

議論がはじまっていることを考えれば、どのような形式・内容でおこなうかが中国国内でも検討されていると想定される。

　市場では、まずは1日の対ドルの変動幅（2010年5月現在は0.5％）の拡大を発表し、実際の切上げは、ゆっくりとおこなうのではないかなどの憶測がたえない。

　この方向性を占なううえで、第2節であげた「中国の独自判断」、「制御可能な対応」、「漸進性」の3点は、維持されるであろうと予想される。したがって、単純な人民元切上げ再開よりも、今後の国際金融における人民元あるいは中国のポジションを考えたうえで、為替制度のあり方、資本規制との関係を国内への影響もふまえて検証して、実際の行動に移すと考えられる。

　人民元の国際化という場合、貿易・投資などで国際的に人民元の利用が広がることがのぞまれる。この点は、2節であげた人民元建て貿易の試験運用や通貨スワップへの取組からも、中国としても前向きと評価できるであろう。

　つぎに、①為替レートの弾力化と②資本取引の自由化の2点が、通貨の国際化にあたり要請されることが想定される。①は、中国の経済成長力をふまえれば、急激な人民元高をまねくおそれがあり、国内輸出産業に大きな打撃をあたえることから、当面は慎重な姿勢を維持すると考えられる。

　また、②についても、短期の国内への自由な資本移動までみとめてしまえば、国内への余剰マネーの流入とそれにともなう制御不能なバブル発生の懸念、一方で、景気悪化時には、アジア通貨危機にASEAN諸国でみられたような資本流出リスクなどの要素をかかえることになることから、段階的な取組となるであろう。

　こうした状況を考えれば、中国も人民元の国際化をすすめることには前向きでも、通貨として国際的に大きな役割をになうことを期待されるポジションにつくことは回避すると予想される。

　2009年3月の周小川人民銀行総裁が論文で国際通貨体制の問題点を指摘したことをふまえれば、人民元が単独で現行の基軸通貨ドルの役割を一部代替することを志向するとは考えづらい。まずは、アジア域内での人民元の地位向上をかためる可能性が高いと思われる。

　こうした方向性に参考となる研究として、李（2009）がある。李は、東ア

ジア通貨金融協力の全体的な設計として4段階のプロセスを提案している。

それは、①危機救助と予防、②為替政策協調と協力、③共通為替メカニズム、④単一通貨の実現の各プロセスを日中が協調・協力してすすめるという考え方であるが、第4段階の単一通貨に関しては「相当に難しくて長い過程である」としている。

注目されるのは、「日中両国とも自国に有利な条件と立場から自国通貨が東アジア域内で影響力を拡大できる経路を模索している」との現状認識をしめしつつ、「現在の『ドル体制』下で、両国とも単独で域内通貨金融協力を主導する力をもっていない」と評価している点である。

アジア全体を「人民元圏化」するのではなく、日中両国をふくめて域内各国が協力して通貨・金融協力をすすめる形で、域内の経済成長を各国での果実とすることのできる仕組の構築に注力するのがこのましいと考えられる。

## （2）通貨・金融協力の経緯

アジア地域での通貨・金融協力の議論がなされたきっかけは、1997年のアジア通貨危機であり、その再発防止をめざした流れをうけた域内の取り組みとして、2000年のチェンマイ・イニシアティブがあげられる。これは、日中韓とASEANにおいて、外貨不足におちいった国への支援策として二国間の通貨スワップ協定を地域として推進するものとして注目された。

また、通貨危機は、「ダブル・ミスマッチ（①短期調達・長期運用による期間のミスマッチと②外貨借入・自国通貨貸出による通貨のミスマッチ）」に起因する部分も大きいという反省にたち、自国通貨建ての資本市場育成の必要性が認識され、ASEAN＋3の当局間による「アジア債券市場育成イニシアティブ」が開始された。

主要な検討課題としては、域内現地通貨建ておよびバスケット通貨建ての債券発行ならびに新金融商品の開発、決済システム、域内格付機関の育成など市場育成のための環境整備に資する活動がなされている。

こうした動きの具体的な成果のひとつとして、2003年6月の東アジア・オセアニア中央銀行役員会議（EMEAP）[3]で公表されたアジア債券基金の創設がある。これは、各国中央銀行からの拠出により設定された総額約10億ドル

の基金で、日本、オーストラリア、ニュージーランドをのぞく8ヶ国の米ドル建て国債などに投資するものであった。

　また、その管理は、国際決済銀行にゆだねられた。これが、ABF1（ABF=Asia Bond Fund）とよばれるのにたいして、現地通貨建ての国債に投資するものとして2004年12月に公表されたのがABF2である。

　ABF2は、汎アジア・インデックス・ファンド（PAIF）とファンド・オブ・ファンズ（FOBF）のふたつの基金（各10億ドル）で構成され、ABF1と同様、東アジア8ヶ国・地域の現地通貨建て国債などに投資される。また、香港市場にも上場され民間からの投資も可能である点が注目される。

　こうした流れのなかで、通貨分野については、2006年5月のASEAN＋3の財務相会合において、①「地域通貨単位」構築の手順を研究、②資産担保型アジア通貨バスケット建て債券を研究、という軸を共同声明でしめすにいたった。また、域内国家間の協力の進展とともに、域内の開発金融機関であるアジア開発銀行（ADB=Asia Development Bank）による活動も注目される。

　地域通貨単位への取り組みについては、上記の5月の財務相会合に先行して、ADBでは、2006年1月に域内各国の通貨を加重平均した数値を随時算出、公表するという方向性を打ち出していた。関係各国の調整が未決着とみられまだ公表はされていないものの、域内の公的金融機関として、今後もにないうる役割は小さくないと思われる。

　アジア域内での前述のような動きのなかで、ASEAN＋3の財務大臣会合が毎年開かれ、協力の方向性・施策を話し合い、会合後に合意事項を発表する体制が構築されていることは、重要であると考えられる。

　2000年に成立したチェンマイ・イニシアティブは、その実効性を高めるために継続的に見直しがくわえられ、2009年5月のインドネシア・バリにおける財務大臣会合では「マルチ化」で合意された。この意義は、大きくわけて2点ある。

　ひとつは、従来の2ヶ国間の通貨スワップ協定は複数かつ重層的に成立しており、それぞれは、あくまで「バイ」の協定であったのにたいして、協定参加国全体のひとつの協定に深化し、地域協力の色彩がより強くなった点で

ある。

　ふたつ目は、参加国全体での協定であることから、参加国間のシェアが決定された点である。具体的には、日中間とASEAN10ヶ国のシェアを8：2とし、日中韓のシェアを2：2：1、うち中国のシェアに香港もふくむという工夫がなされた。[4]

　マルチ化ついては、数年前から議論の俎上にあがっていたものの、日中二ヶ国間のシェアをどう決定するかには時間を要していたと思われる。今回、香港をくわえる形で決着点が見出されたのは、今後の通貨協力の議論をするうえでも、シェアの「叩き台」ができたと考えられ、エポックメイキングであると評価できる。

## （3）バスケット通貨導入の可能性

　こうした金融協力の進展にたいし、通貨に関する協力については、上述の2006年の財務大臣会合での「研究に関する合意」にとどまっているといえる。

　同年に、ADBが域内各国の通貨を加重平均した数値を随時算出、公表するという方向性を出したものの実現にいたらなかった背景には、「加重平均」するさいの各国通貨のシェアをどうするかという問題があったと想定される。その意味で、チェンマイ・イニシアティブのマルチ化合意により、その「叩き台」ができた意義は大きい。

　アジアにおける通貨協力を考える場合、その目的は、1997年のアジア通貨危機までさかのぼるとわかりやすい。

　危機の原因として、「通貨のミスマッチ」、「期間のミスマッチ」の2点が指摘された。アジア債券市場育成イニシアティブは、域内資金の域内還流により「期間のミスマッチ」をうめる目的があると考えられる。通貨協力は、のこる「通貨のミスマッチ」の問題を解決する方向で検討されるべきものであろう。そのひとつの方向性として、アジアにおける「通貨バスケット」（ACU＝Asian Currency Unit）の研究が数多くおこなわれている。

　代表的なものとして、ADBでは未実現の域内通貨の加重平均値の算出・公表を先行して実施している経済産業研究所と一橋大学グローバルCOEの共同でなされているAMU（＝Asian Monetary Unit）の研究がある。[5]

ASEAN＋3の13ヶ国を対象とし、各国通貨のウェイトを購買力平価で測った各国のGDPのシェアと、当該国がサンプルとして抽出された総貿易額のなかにしめる割合の双方の算術平均にもとづいて算出されている。AMUおよび域内通貨のAMUとの乖離指標が日次で公表されており、バスケット通貨指標として、域内通貨間ならびに対ドル・対ユーロとの相場の推移のサーベイランス指標として利用可能となっている。
　ACUにしろAMUにしろ、そのモデルとなっているのはヨーロッパのユーロの前身ともいうべきECU(6)である。
　ECUとACUとを比較した場合、政治的なコンセンサスの有無と域内国経済の発展段階の相違という、ふたつの大きな問題が前提としてある。そのため、アジアでは同様の取組は困難であるとの意見もある。
　しかし、アジアには、当時のヨーロッパとはことなる目的でACU導入をすすめる動機も存在する。たとえば、域内決済通貨をドルに依存しながら、域内分業がすすみ相互依存が高まっていることがあげられる。そのため、民間での使用ニーズもふくめて、域内の為替レートの安定をねらい、アジアでのバスケット通貨を創出する意義は、域内各国には存在すると考えられる。その実現までのプロセスは、つぎのようになるであろう。
　ACUを域内の為替相場安定のためのメルクマールとすることのコンセンサスを醸成する。そのうえでまず、ECUの経験をふまえて公的ACUを域内各国の外貨準備の一部の拠出により創出するとともに、その創出機関をもうける（ステップ1）。
　つづいて、民間ACUの利用の促進のため、民間金融機関の参加・協力もえて、決済システムを構築する（ステップ2）。
　民間使用時のリスクヘッジの基本となる為替先物市場育成、その算出を可能とするACUの短期金利指標の創出をおこなう（ステップ3）。
　また、現状のアジアとECU創出時のヨーロッパとのちがいをふまえて、「アジア版ユーロ」をめざすのではなく、「アジア版ECU」の段階で、長期間存在させることをめざす方がより現実的であると考えられる。

第5章　人民元の国際化とアジアにおける通貨・金融協力

## むすび

　本章では、制度改革からリーマン・ショックをへて現在までの人民元の相場動向、その過程における人民元の国際化への動きを確認した。そのうえで、アジアでの為替相場安定のための域内における通貨協力の方向性をふまえ、そのひとつの選択しとして「バスケット通貨」創出のプロセス案とその意義を検討した。

　経済の大きな潮流から考えた場合は、これまで日本企業をふくめて、アジア域内企業は欧米、なかでもアメリカ向け輸出をてこに成長してきた。しかし、サブプライム・ローン問題、リーマン・ショックを契機として、欧米市場向け輸出主導型の成長に限界が露呈してきたといえる。

　今後の成長の源泉は、中国をはじめとするアジア域内市場の拡大と考えるべきであろう。そうなった場合、従来は、最終消費地であるアメリカ向け製品の輸出代金をドル建でえることにより、域内決済通貨がドルであっても、大きな意味での為替リスクヘッジは効いていたという前提がくずれることになる。最大の消費地が中国・アジア域内となった場合、やはり域内取引は域内通貨でおこなわれることを個別企業も選好することになるであろう。

　そのさい、流動性とリスクヘッジ手段が確保された民間にも使用可能なACUを創出しておく意義は大きいと思われる。

　人民元の国際的な、あるいはアジア域内でのプレゼンスは高まると予想されるなか、中国にもバスケット通貨創出のメリットがある点を具体的にしめし、理解されることが重要である。

　あわせて、ACU創出時の実利用者となる企業の視点で、為替リスク管理にメリットがあること、実際のACU決済の仕組をどう作るかなど実現可能性につながる分野の研究が今後も必要である。


〈注〉
（1）国際通貨基金（IMF）協定第8条で規定された義務を受け入れている国をさす。第8条では、①経常取引における支払にたいする制限の回避、②差別的通貨措置の回避、③他国保有の自国通貨残高の交換性維持を規

定している。
（２）②・③に関して、プレスリリース内の表現では人民元を明示せず、スワップ契約締結双方の国にとっての外貨として説明がなされている。
（３）Executives' Meeting of Asia and Pacific Central Banks
（４）貢献額の総額は1200億ドルで、実際の各国シェアは以下のとおり。
　　　日本32%、中国28.5%、香港3.5%、韓国16%、インドネシア・タイ・マレーシア・シンガポール、フィリピン各3.793%、ベトナム0.833%、カンボジア0.10%、ミャンマー0.05%、ブルネイ・ラオス各0.025%。
（５）名称はことなるが各国のマクロ経済指標のシェアから各通貨のシェアを決定しており、本章でいうACUと概念は同一である。
（６）European Currency Unit。1979年3月に発足したEMS（＝European Monetary System）で導入されたEC域内通貨により組成されたバスケット通貨である。当初は以下の9通貨・割合（%）で構成。ドイツマルク（32.98）、フランスフラン（19.83）、英ポンド（13.34）、オランダギルダー（10.51）、イタリアリラ（9.5）、ベルギーフラン（9.28）、デンマーククローナ（3.06）、アイルランドポンド（1.15）、ルクセンブルグフラン（0.35）。

〈参考文献〉
相沢幸悦『ECの金融統合』東洋経済新報社、1990年
伊藤隆敏「中国の為替政策とアジア通貨」
　　『RIETIディスカッション・ペーパー』2008年4月
伊藤隆敏・小川英治・清水順子
　　『東アジア通貨バスケットの経済分析』東洋経済新報社、2007年
伊藤隆敏・清水順子・鯉渕賢・佐藤清隆　「インボイス通貨の決定要因とアジア共通通貨バスケットの課題」『RIETIディスカッションペーパー』2009年6月
大久保勲「リスク管理の観点からの人民元相場動向分析
　　『福山大学経済学論集』2007年10月
小川英治・財務省総合政策研究所『中国の台頭と東アジアの金融市場』日本評論社、2006年
緒田原涓一『アジアにおける国際金融協力』国立出版、2002年
加藤隆俊『円・ドル・元　為替を動かすのは誰か』東洋経済新報社、2002年
小堤敏郎「中国国務院商務部『対外家財貿易発展は人民元切上げに如何に対応すべきか』」『国際金融』2007年6月1日号
斉　中凌「資本移動に対する中国の為替管理の有効性―人民元の内外金利差による検証」『日本経済研究』2008年1月
宿輪純一『アジア金融システムの経済学』日本経済新聞社,、2006年

田中素香『EMS：欧州通貨制度　欧州通貨統合の焦点』有斐閣、1996年
野村資本研究所「中国の人民元国際化に向けた動き」財務省委託調査2009年12月
村瀬哲司『東アジアの通貨・金融協力』勁草書房, 2007年
李　暁「人民元の切り上げ動向とアジア戦略」
　『国際金融』2007年7月1日号
　──「グローバル金融危機下における東アジア通貨金融協力の経路選択─人民元アジア化の最近の状況と中日協力の道筋模索」『国際金融』2009年10月1日号
ロルフ・H・ハッセ著「EMSからEC中央銀行へ」田中素香・相沢幸悦監訳　同文館出版、1992年
渡辺真吾・小倉将信「アジア通貨単位から通貨同盟までは遠い道か」
　『日本銀行ワーキングペーパー』　2006年11月
Allen, Polly Reynolds "The ECU : Birth of a New Currency" Occasional Papers No.20 Group of Thirty New York 1986
Paul R. Krugman　Currencies and Crises　The MIT Press London 1992
Ogawa, Eiji and Junko Shimizu "A Role of the Japanese yen in a multi-step process toward a common currency in east Asia," Fukino DP Sereies,3,2008
Yosuke Tsuyuguchi and Philip Wooldridge "The evolution of trading activity in Asian foreign exchange markets" BIS Working Papers No 252 May 2008

〈参考ウェブサイト〉
中国外貨取引センター　http://www.chinamoney.com.cn/column/english/index.html
中国人民銀行　http://www.pbc.gov.cn/english/
香港金融管理局　http://www.info.gov.hk/hkma/index.htm
ADB An ASEAN+3 Initiative　http://asianbondsonline.adb.org/regional/regional.php
IMF　http://www.imf.org/external

# 第6章　ヨーロッパの経済統合

## はじめに

　アメリカの住宅バブル期に、ドイツの住宅価格はほとんど上昇しなかった。いいもの作り国家に徹し、地球環境と労働者・庶民に比較的優しい堅実な経済運営をおこなってきたので、住宅バブルが発生することがなかったわけではない。1990年のドイツ統一当時に住宅バブルが発生し、その後始末に手間取っただけのことである。日本でも不良債権処理がおくれて、アメリカの住宅バブルに乗り遅れたといわれるのとおなじである。

　やはり、世界経済・金融危機では、いくつかの金融機関が膨大な損失を計上した。銀行業務と証券業務を兼営するユニバーサル・バンクであるドイツ銀行も巨額の損失を計上した。おなじくユニバーサル・バンクであるスイスの大銀行UBSも巨額の損失を計上し、政府からの資本注入をうけた。この二行は、ユニバーサル・バンクから投資銀行業務に特化したことが失敗の最大の原因であった。

　ヨーロッパ大陸諸国は、おしなべて新自由主義的経済政策には批判的である。アメリカのように、しゃにむに規制緩和・撤廃をしてこなかった。したがって、アイスランドのように、徹底的な規制緩和・撤廃をおこない、金融自由化によって、金融立国をめざした国は、世界経済・金融危機の顕在化で国家破産の危機に直面したが、これは例外中の例外である。

　アメリカ型新自由主義が完全に崩壊した現在、ヨーロッパは、統合の拡大により、平和で、地球環境と労働者・庶民に優しく、いいもの作りに徹し、本当の豊かさをもとめてきた原点にもどるであろう。

第6章　ヨーロッパの経済統合

## 1　ヨーロッパ統合の進展

### (1) ヨーロッパの統合

　二度の大戦でヨーロッパは直接の戦場となった。ナチス・ドイツは、ヨーロッパ諸国を侵略するばかりか、ユダヤ人の「最終処理」という世界史的蛮行をはたらいた。侵略的なナチス・ドイツが1929年世界恐慌の痛手から回復するためにとった「経済政策」が戦争であった。ヒトラーは、ヨーロッパのひとびとが「潜在的」にもっていた「反ユダヤ意識」に付け込んで、ユダヤ人の迫害をおこなった。

　ヒトラーを悲惨な第二次大戦に踏み切らせたのは、イギリスなどが当初、ヒトラーの行動に「寛大」であったからであると思われる。反共産主義というかぎりでは、ヒトラーもイギリスもフランスもおなじであった。民主主義を標榜するイギリスやフランス、アメリカが革命という手段とはいえ、権力を奪取し、国家として成立している旧ソ連を、体制がちがうという理由で、武力でたおすことはゆるされない。もし、ナチスが旧ソ連をたおして、資本主義にもどしてくれれば資本主義は安泰である。

　ところが、ヒトラーの野望は東ローマ帝国、帝政ドイツにつづく、ドイツを中心とする第三番目の帝国、すなわち第三帝国をこの世に作り上げるということにあった。

　オーストリア人のヒトラーの妄想で、西ヨーロッパ戦線にも火の手があがったのである。その戦いは困難をきわめた。アメリカとならぶ一流の重化学工業をもつドイツの軍需産業にたいして、イギリスやフランスでは、とうてい太刀打ちできなかったからである。アメリカが参戦して大戦は終結する。

　第二次大戦で敗北したドイツはもちろん、勝利したはずのイギリスもフランスも、政治的にも経済的にも疲弊していた。気がついたら東欧がのきなみ「社会主義」化していた。

　中世の中心国で誇り高きフランスは、「成り上がり者国家」アメリカの台頭に我慢ができなかった。しかし、フランスは、しょせん、「没落貴族」にすぎなかった。そこで、フランスは、起死回生の一手をうった。

イギリスがのってこないことはわかっていたので、西ヨーロッパ諸国を巻き込んだ。それは、旧西ドイツに二度とヨーロッパを蹂躙させないため兵器製造に不可欠な鉄鋼とエネルギーの根幹である石炭生産の権限をドイツから取り上げるという提案である。それが1951年成立の欧州石炭鉄鋼共同体である。自国の経済の自主性がうばわれるのに、どうして、ドイツがのったのか。
　それは、ひとつは、ドイツ統一には統一条約の調印が必要で、フランスの承認が必要なので、フランスにさからえなかったこと、もうひとつは、東欧の市場と東ドイツ農業地帯をうしなったので、西ヨーロッパに市場を、フランスに農業をもとめざるをえなかったこと、三つめは、大戦の侵略とユダヤ人迫害への反省から、政治的にはひかえめにし、政治はフランスにまかせようとしたことなどである。もちろん、不戦、平和で真に豊かなヨーロッパを作り上げようという崇高な理念を前提としている。
　その後、1958年に欧州経済共同体、欧州原子力共同体が結成され、ヨーロッパの統合が進展していく。67年には、欧州石炭鉄鋼共同体をふくめて三つの機関が統合して、欧州共同体（EC、現EU）が結成された。1968年にEC内で関税を撤廃する関税同盟が完成した。
　同時に共通農業政策が策定・実施された。財政負担がきついと評判の悪い政策であるが、農業は保護しなければならない部門であって、食料自給率は工業国のドイツでも80％程度を維持している。
　1970年代にはいると、EUは、経済統合の行き着く先としての通貨統合をめざした。しかし、それまでの固定相場制から変動相場制に移行し、国際金融市場が混乱をきたしたので、通貨統合は実現しなかった。というよりも、通貨を統合するための経済的前提がまったくととのっていなかったのである。
　そこで、1979年に欧州通貨制度（EMS）が設立され、通貨価値の安定にもとづく、経済成長が可能となったので、1980年代にはいると、経済がある程度成長した。(1)
　1985年にEU域内の「ひと、もの、かね、サービス」の移動の自由化をはかる域内市場統合が提唱された。ところが市場統合は、税制の統一など主権国家の権限を移譲しなければならない項目もふくまれていたので、うまくいかなかった。おそらく、市場統合の実現はできないだろうといわれていた。

事態が一変したのは、1989年11月にベルリンの壁が崩壊したときである。東西ドイツ統一が現実味をおびてくると、ドイツの強大化をおそれる西ヨーロッパ諸国が域内市場統合の実現に真剣に取り組むようになったのである。同時に、冷戦の終結と前後して、EUは、1991年末に減価する米ドルにかわり、安定した国際通貨ユーロを導入することで合意した。1999年に単一通貨ユーロ導入にむけて、EU諸国が財政赤字の削減に取り組むことになった。

## （2）単一通貨ユーロの導入

通貨統合をめざす条約である「マーストリヒト条約」が1993年に発効するのにともなって、それまでのECという名称からEU（欧州連合）に変更された。EUは「ひと、もの、かね、サービス」の移動の自由化をはかることで、国内市場とおなじような市場を構築しようとした。

もちろん、税制など国家主権の根幹にかかわることは調整できなかった。税制以外の移動の自由化はすすみ、単一市場の実現にむけおおきく前進した。金融・証券市場も金融肥大化により実体経済に深刻な影響をあたえず、マネーゲームなどを横行させない範囲で自由化されてきた。

どうして市場統合がすすめられたかというと、EUで社会的市場経済原理にもとづく、経済運営をおこなうためであった。

そもそものこの原理は、ドイツで戦後採用された経済政策理念であるが、経済に徹底的に競争原理を導入し、経済効率を高めるものの、その結果、社会的公正さと公平性がそこなわれるならば、国家が経済に介入してそれを是正するというものである。地球環境保全、格差是正、高賃金・高福祉（ただし高負担）、年金・保険制度など社会保障の充実、社会政策として低所得者向け住宅建設、物価の安定と健全財政、農業保護と食の安全の確保、住みやすい住空間と都市整備などである。(2)

社会的市場経済原理にもとづく経済政策を実行するためには、いいもの作りと農業保護という地に根のはった経済運営が不可欠である。会社は株主だけでなく、役員、従業員、顧客、取引先、銀行、地球環境などすべてのものであるという理念にもとづいて経済運営をおこなうとすれば、利潤追求を規制しなければならない。そうすると、日米企業や金融資本と対等に競争する

ことなどできない。そこで、「ブロック経済」の構築、経済圏の拡大を選択したのである。

　ヨーロッパ諸国は、市場を拡大して、相対的におくれた地域のひとびとの生活水準を向上させることで、経済を成長させるいわば市場拡大型経済成長を実現してきた。ドイツなどのいいもの作り国家の出番である。日米などのようなバブル型経済成長とは質的にことなるものであった。

　そうした経済統合の完結形態が通貨統合である。EU諸国は、インフレがおこらず、強い通貨であったかつてのマルクのように、ユーロを安定した強い通貨とすることを選択したので、通貨統合に参加するには、財政赤字の削減が至上命令となった。1995年あたりから各国は、通貨統合への参加をめざして、財政赤字削減に取り組んだ。それは、ヨーロッパ諸国の福祉水準を引き下げ、企業の労働コストの削減をおこなうことが不可欠だったからである。アメリカで新自由主義が絶好調をむかえていたし、社会的市場経済原理にもとづく経済運営の再検討が必要だといわれてきたからである。

　サブプライム危機が顕在化して、アメリカの新自由主義的経済政策は破綻したが、アメリカ経済と金融・証券市場が絶好調であったときには、やはりヨーロッパ諸国もその方向になびくことになったのであろう。

　とはいえ、少子・高齢化に対応できる財政構造を構築しなければならないということも事実であった。通貨統合を実現すると、広大な単一通貨圏が構築されるが、そうすると、企業や金融機関の間で競争がはげしくなることで、EU諸国の経済が活性化していくことになる。資本主義経済は、競争経済なので、競争原理をはたらかせないと企業はもちろん、経済は活性化しない。

　EUの考え方は、市場原理主義的な行動をとるアメリカの金融資本や企業、がむしゃらにはたらく日本企業などEU以外の金融資本や企業と不必要に競争する必要はないというものである。EUが「世界」であるという考え方で経済政策運営をおこなえば、EU域内で金融資本と企業から税金をとって、EU域内でつかえばいい。そうすれば、ある程度は高い賃金・福祉水準を維持できる。EUのアメリカへの依存度は、日本とはまったくちがっている。ドル暴落にも日本や中国ほどはおそれない。ユーロ導入のもうひとつの理由は、アメリカから基軸通貨特権をうばうためである。

ヨーロッパにとって、米ドルから基軸通貨特権を奪い取ることができれば、巨額の利益を手に入れられる。そうすれば、EU域内のひとびとの生活水準の向上におおいに貢献することになる。

他国の犠牲のうえに、自分たちだけいい生活できればいいのかという批判も出よう。しかし、アメリカは、「紙」切れで平気で世界から消費財を買っているではないか。いいかどうかはべつにして、国家とはそういうものである。だから、資本主義を根本的に変革しなければならないのである。

## （3）ヨーロッパ統合の理念

実現は絶対不可能といわれてきた単一通貨ユーロ導入という世界史的事業がどうして実現したのであろうか。1992年と93年に、欧州通貨制度の危機にみまわれると、日本でも通貨統合などできるわけがない、ヨーロッパは分裂しているではないかという議論が主流となった。どうして見通しを誤ったかというと、日本のエコノミトやジャーナリストがヨーロッパの統合に一貫して懐疑的であるイギリスの情報、とりわけ「フィナンシャルタイムズ」に全面的に依拠しているからである。

ところがヨーロッパ大陸諸国には、平和で本当に豊かなヨーロッパの実現という理念、ヨーロッパ的生活・文化水準を維持するということ、地球環境保護と農業保護の促進という点でコンセンサスがあった。

イギリスは、サッチャー政権ですさまじい財政構造改革、新自由主義的経済政策を実行した。したがって、ユーロ導入ということを「錦の御旗」にして、財政構造改革をおこなう必要がなかったこともあって、地域統合の完成形態にすぎない通貨統合に参加する気もなかったし、参加する必要もなかったのである。

ヨーロッパ大陸諸国の経済理念は、地球環境保全と住環境整備、従業員・庶民への配慮、農業と食の安全確保、整然とした金融システムなどの実現のため国家が経済に介入し、規制緩和・撤廃は、経済・金融システムを混乱させないように慎重におこなうというところに特徴がある。

とくに、地球温暖化防止の取り組みは徹底している。代替エネルギーとして、太陽電池の普及を推進するとともに、風力発電は世界一の発電量を有す

る。環境税を徴収し、環境対策に財政的な支援をおこなっている。自動車会社による燃料電池車や電気自動車の開発もすすんでいる。

　ゴミは出さないということが重視される。

　農業の保護は、高い食料自給率の維持と地球環境保全の一環として明確に位置付けられている。

　ヨーロッパ諸国は、租税負担率や付加価値税率（消費税に相当するが、売り上げが捕捉できるので、脱税がある程度ふせげるので合理的）はかなり高いものの、労働条件や生活水準は相対的に高い。被雇用者は、1ヶ月から6週間程度の長期休暇をとることができ、社会福祉の水準もかなり高い。

　企業を「金融商品」として売買するM&Aについても、加盟国ごとに規制をかけている。EU自体は、敵対的買収防衛策をとるかをきめるのは、買収対象会社の株主であり、取締役会は中立でなければならないし、種類株式の活用による敵対的買収防衛策にたいして厳格な態度をとっているが、このふたつの規定については、EU加盟国の判断による選択的離脱がみとめられている（オプトアウト条項）。すなわち、EU諸国は、敵対的買収にたいしてきびしい対応をとることが可能なのである。

　国際金融市場において借り入れなどによりレバレッジをかけて高い収益性を追求するヘッジファンドの規模が拡大してきていた2006年12月に、欧州中央銀行がレポートを公表した。

　ヘッジファンドのポジションデータを資産タイプ、格付け、為替別などさまざまなカテゴリーで集約した一元的なデータベースを第三者のサービス提供者が構築する方法を提案した。個別データではなく、集約したデータベースを公開することで、ポジションの集中度などシステミックリスクの大きさをはかることができるからである。政府もヘッジファンドなどの投資についての規制をもとめてきた。

　徹底した地球環境保全対策、農業保護と高い食料自給率、比較的良好な労働条件、格差が少なく、庶民の高い生活・福祉水準を維持し、健全な金融システムを構築しながら、アメリカや日本の企業と対等に競争していくことは不可能である。

　したがって、ヨーロッパ諸国は一致協力して、日米の企業と張り合う方向

を選択してきたのである。その手段のひとつがEUという地域統合である。その経済的完成形態こそ、ユーロ導入という通貨統合である。ヨーロッパ諸国は、この通貨統合を外圧にして行財政改革と経済構造改革を断行してきた。

広大な単一通貨圏の成立によるはげしい競争に対処するために、企業や金融機関は、血のにじむような経営の効率化（本来のリストラクチャリング）を断行した。金融機関の統廃合もドラスチックにおこなわれた。東欧をはじめとするヨーロッパやアフリカ、アジアなどからの資金需要にこたえるべく金融・証券市場の整備もすすんでいる。

ヨーロッパはドルに依存するのではなく、経常収支黒字・債権国連合という安定した経済圏を前提にした通貨ユーロを導入した。ヨーロッパは、グローバルな見地から21世紀をしっかりと見据えて行動している。市場拡大型経済成長を追求し、日米のようにバブル（金融肥大）型経済成長をとらなかった。そこに、日米とヨーロッパ諸国の経済政策理念の根本的なちがいがある。

## 2　もの作り国家ドイツ

### （1）もの作りの伝統

中世には統一国家ドイツというのは存在せず、バイエルンとか大小さまざまな国からなる領邦国家であった。中世のドイツは、ギルド制で厳格なもの作りに徹した。いいもの作りをおこなうために、親方制度であるマイスター制度というのがあった。この制度の伝統は、現在でもドイツに脈々と受け継がれている。

親方であるマイスターのもとで修行し職人になる。職人が親方になるには、放浪修行という制度がある。ドイツ全土を歩いてまわり、ひとびとのほどこしをうけ、親方のもとで技をみがくというものである。

こうして、もの作りの哲学とひとのやさしさを学ぶ。そうすると偽装や手抜きなどしない、頑固なまでに、いいもの作りに徹するようになる。放浪職人制度は、現在では、建設業など一部にのこるだけであるが、ドイツのいいもの作りの伝統の原点はここにある。

19世紀中葉に領邦間の貿易で関税をとらない関税同盟が成立して、経済発

展の基盤が形成された。こうして、イギリスから50年ちかくもおくれたがドイツで産業革命が開始された。したがって、ドイツは、自国の繊維産業などをまもるために、保護主義を採用した。そのうえで、国家が総力をあげてドイツの近代化をすすめた。

ドイツでは、イギリスでその完成形態としておこなわれた鉄道建設が産業革命を主導した。ドイツ全土を鉄道網で結び付けることによって、統一的な市場ができあがり、鉄道などを建設するために必要な鉄鋼業、機関車や客車をつくるための機械産業、機関車をはしらせるエネルギーとしての石炭業などが発展していった。

このように、ドイツの産業革命というのは、重工業が発展していく過程でもあった。1871年に、ビスマルクが領邦国家を統一し、ドイツ帝国が成立すると経済が飛躍的に発展していった。

ドイツ統一を前後して、ダイムラーとベンツがそれぞれ自動車会社を、ジーメンスが電機会社をおこし、ディーゼルがディーゼル・エンジンを開発した。電機のAEG、化学のIGファルベンなどが登場し、産業革命期の鉄鋼、石炭、機械などからなる重工業に、これらの産業企業をくわえて、アメリカとともに、重化学工業の母国として世界史の表舞台に躍り出た。この重化学工業が第一次大戦、第二次大戦という世界戦争が戦われる生産力的基盤を構築したのである。

ドイツは、この重化学工業の伝統を第二次大戦後も継承した。敗戦により「廃墟から不死鳥のようによみがえった」というのは正確ではない。

アメリカ軍は、第二次大戦後の旧ソ連の勢力拡張を見越して、戦争末期に爆撃目標を軍事施設・軍需産業から都市にかえたからである。当初は、ドイツに三度世界戦争をさせないように、ドイツから重化学工業を取り上げて、農業国にという「モーゲンソー・プラン」が検討されたが、淡い夢ときえた。さいわいこの理念は、戦後のヨーロッパの統合に引き継がれた。

ドイツも軍需産業を巧妙にかくしたので、第二次大戦終時のドイツの生産力は、ほぼ戦前水準にあったといわれている。したがって、ドイツは、この戦前来の第一級の重化学工業をもう一度つかうことで、敗戦後まもなくして高度成長を達成できたのである。アメリカは、分割されて資本主義側にのこ

った旧西ドイツを対共産主義の防波堤にしようとした。そのため、「マーシャル・プラン」によって、復興援助をおこなったのである。

　農業地帯をうしなった旧西ドイツは、西ヨーロッパの統合に参加し、その「工場」や「生産基地」として生き残る道を選択した。そのために、ドイツは、戦前来の伝統を堅持し、いいもの作りに徹したのである。しかも、第二次大戦中のユダヤ人迫害を深く反省し、政治的には跳ね上がらないという姿勢をつらぬき、ひたすらいいもの作りに徹した。

　いいもの作りのためには、アメリカのように「会社は株主だけのもの」ではなく、みんなのものという考え方が不可欠である。したがって、ドイツの経済理念は、地球環境、従業員・庶民にやさしい経済システムの構築、すなわち社会的市場経済原理である。金融システムも金融収益を独自に追求するというものではなく、あくまでいいもの作りのためのひかえめな仲介者に徹するというものであった。

## （2）社会的市場経済原理

　ドイツにおいて、主として社会的市場経済原理が導入されてきたのは、競争制限の防止、社会福祉、そして庶民金融と住宅政策などの分野であった。

　競争制限防止や社会的不公正をゆるさないという政策はかなり徹底している。ただし、現在では、社会福祉の分野は、財政赤字の拡大や企業負担が高すぎることなどから若干サービスは低下してきている。たとえば、雇用保険の支払い期間が従来の最長32ヶ月から18ヶ月に短縮されたり、福祉予算の削減などがおこなわれている。

　ドイツにおいては、現在でも、住宅政策と住宅金融はかなり政府の関与が強い分野である。というのは、庶民にきちんとした住宅が提供されているということが政治的・社会的安定の大前提だからである。したがって、ドイツでは、庶民重視の住宅政策がとられてきたし、住宅金融は、公的金融機関である貯蓄銀行や建築貯蓄金庫、復興金融公庫などが重点的に手掛けてきた。

　さらに、貯蓄銀行や信用協同組合による中小企業金融も充実している。ようするに、市場原理主義を徹底させていくと、もっとも効率性を発揮する分野が金融システムなので、この分野にかなり社会的市場経済原理が適用され

てきたということなのである。

　とくに、社会的市場経済原理が厳格に適用されたのが、中央銀行の金融政策の分野であった。それは、ハイパー・インフレが生ずると営々として築き上げてきた庶民の預金が目減りしたり、失われたりする一方で、企業の借金が自動的に減ったり、一挙になくなったりするからである。

　政府・金融当局の政策の失敗で庶民が深刻な被害をうけ、企業がインフレ利得を獲得するというのは、典型的な社会的不公平である。庶民にまったく責任がないのに「企業」によって過去の労働が「合法的」に「収奪」されないように、ドイツでは、戦後、一貫して物価安定の金融政策がとられてきた。欧州通貨統合においても、この原理は、欧州中央銀行に厳格に継承され、いままでは、ユーロ安定の金融政策が実行されてきた。

　このように、ドイツが社会的市場経済原理を実行できたのは、戦後ドイツが西ヨーロッパの統合に参加することができたからである。そのことによって、相対的に強力なドイツの重化学工業が高収益をあげることが可能となり、その利益の一部を労働者・従業員や庶民に還元することができたからである。

　この西ヨーロッパ統合参加の大前提は、戦争責任に明確なるけじめをつけ徹底的な謝罪をすることであった。それは、ドイツ人が日本人より誠実だからではない。旧西ドイツは、そうしないと国民経済として存立しえなかったからである。生きていくための、やむにやまれぬ苦渋の選択だったのである。

　それは、第一に、ドイツが戦前の「ドイツ経済圏」であった東ヨーロッパ諸国が根こそぎ「社会主義」国になってしまったこと、第二に、ドイツ帝国の農業地帯が旧東ドイツとしてこれまた「社会主義」国になってしまったこと、第三に、労働者や庶民に配慮した「譲歩型」資本主義として生きていくためには、西ヨーロッパの統合に参加せざるをえなかったからである。

　旧西ドイツは、農業と市場をアメリカにもとめるという選択肢もなかったわけではないが、西ヨーロッパにもとめるのが自然であった。ちょうど「超大国」アメリカに対抗するために、なんとしても旧西ドイツを引っ張り込んで対米巨大経済圏の構築に燃えていたフランスと利害が一致した。

　ヨーロッパの統合は、その後、EEC（欧州経済共同体）の結成、関税同盟の成立、欧州通貨制度（EMS）による為替変動幅の縮小、域内市場統合、そ

して、ついに通貨統合にまで到達した。さらに、加盟国も当初の7カ国から27カ国まで増加した。こうして、ヨーロッパは、市場拡大・深化型経済成長を実現してきた。

　ヨーロッパやドイツが日本やアメリカのようにバブル経済、すなわち資産価格を上昇させて消費を拡大し、それによって景気が高揚するというゆがんだ「バブル型経済成長」の道を歩まずにすんだのは、戦後一貫して市場を拡大するかたちで経済を成長させてきたからである。

　ヨーロッパやドイツは、経済統合の深化とEU加盟国の拡大という形での経済成長を実現し、相対的に発展のおくれた国の経済成長をサポートすることで、工業国の経済が拡大するとともに、ヨーロッパ・ドイツ国民の生活水準の向上をはかってきた。

　もし、ドイツがヨーロッパ統合に参加しなければ、日米との熾烈な競争にさらされて、福祉や環境、労働者重視の経済政策の策定・実行はできなかったであろう。

## 3　EUの拡大と「EU憲法」

### （1）「EU憲法」

　2007年1月、ルーマニアとブルガリアがEUに加盟し、EUはじつに27カ国にまで膨れ上がった。同年1月にスロベニア、08年にキプロスとマルタ、09年にスロバキアがユーロを導入し、ユーロ導入国（ユーロ圏）は16カ国に拡大した。

　2004年10月29日、EU拡大の成果をまとめる「EU憲法条約」の調印式がローマでおこなわれた。

　この「EU憲法」の概要は、次のとおりであった。
①民主主義や人権擁護をすすめることで「多様性のなかの統一」を実現する。
②EU大統領職の新設と外相職の創設による共通外交・安保政策を強化する。
③閣僚理事会の政策決定において、加盟国の55％、EU総人口の65％以上

の賛成を条件とする二重多数決方式による決定分野を拡大する。
④欧州委員の定数削減による政策決定の迅速化・効率化の推進、欧州議会の権限強化をおこなう。
⑤各国議会と市民にたいする一定の政策審査と法案制定の権利を付与する。

　これが「憲法条約」の概要であるが、本条約は、EU加盟国すべての批准によって、2006年11月に発効することをめざすとされたが、05年5月29日にフランスの、6月1日にはオランダの国民投票で条約の批准が拒否された。その結果、「EU憲法条約」は事実上廃案となっていた。

　そうしたなかで、2007年6月、ブリュッセルで開催されたEU首脳会議で、「EU憲法条約」にかわる「新基本条約」を制定することが合意された。「新基本条約」は、それまでの基本条約である「ニース条約」の改正という形をとっているが、重要な部分は「憲法条約」を踏襲している。この条約は、2007年12月にリスボンで調印されたので「リスボン条約」とよばれている。

## （2）新基本条約「リスボン条約」の発効

　新基本条約である「リスボン条約」の批准手続きを終えていないチェコにたいして、2009年10月29日のEU首脳会議で、批准のための特例措置をみとめることで合意した。そこで、11月にチェコ大統領が批准書に署名したことで、全加盟国の批准が終了し、12月1日についに「リスボン条約」が発効した。

　チェコは、第二次大戦後に当時のチェコスロバキアが国外追放したドイツ人から補償請求されるおそれがあるので、「憲法」における欧州市民の財産保有権などの規定の適用除外をもとめていた。そこで首脳会議では、イギリスやポーランドが対象とされている適用除外の議定書にチェコをくわえることを了承した。

　EU加盟国のなかで「リスボン条約」の批准にさいして、国民投票に付したのはアイルランドだけであったが、2008年6月の国民投票において反対53.4％で否決された。

　それは、経済成長の原動力となった低い法人税率や軍事的中立など独自の政策がそこなわれるのではという懸念からだといわれた。そこで、この否決

をうけて、EU首脳会議がアイルランドの軍事的中立を保証した。
　こうして、2009年10月に二度目の国民投票がおこなわれ、圧倒的多数で批准された。その背景には、世界経済危機でアイルランド経済が崩壊寸前までおちいっていることがあった。
　「リスボン条約」の発効にさいして、EUを代表する欧州理事会常任議長（「EU大統領」）のポストが新設されたが、EU外相のポストは、国家主権を重視するイギリスに配慮してEU上級代表とされた。外務省に相当する欧州対外活動庁が新設された。
　行政機関である欧州委員会の簡素化、各国から直接選挙で選出される欧州議会の権限強化もはかられることになった。欧州議会の権限の強化によって、農業と漁業、移民や難民、スポーツや観光などの政策決定に大きく関与するようになった。
　大国に有利という批判のある二重多数決方式の本格的適用は、2014年以降に導入される。EUの政策の立案や意思決定は、全会一致が原則であったが、加盟国が27カ国に膨れ上がった段階では、不都合になった。そこで意思決定を円滑にするために、賛成する加盟国の数と人口にもとづく多数決制度が導入されることになった。
　司法・内務政策の共通化、人権規定をさだめた「欧州基本権憲章」の順守義務化については、強硬に反対するイギリスに「適用除外」がみとめられた。
　「リスボン条約」の発効にともなって、「EU大統領（欧州理事会常任議長、任期2年半）」には、ベルギーのファン・ロンパウ首相が選ばれ、外務大臣（外務・安保政策上級代表、任期5年）には、イギリス出身のキャサリン・アシュトン欧州委員が指名された。ただし、「EU大統領」というのは、主権国家におけるいわゆる大統領とちがって、強力な権限をもたず、調整役程度の役割しかはたさない。
　当初、EU大統領には、イギリスのブレア前首相をおす動きもあったが、アメリカとイラク侵攻をすすめたことやイギリスがユーロを導入していないことなどから、ドイツやフランスが反対し、実現しなかった。

## （3）EUの拡大と経済政策

　EUは、加盟国の拡大という外延的拡大、ユーロ導入という質的拡大をとげてきた。1999年にユーロが導入されると経済的におくれていたスペインやアイルランドがダイナミックな経済成長をとげた。

　EUに新規に加盟することにより、投資や観光客が増えることで経済も成長することが期待される。さまざまな経済援助もおこなわれる。

　他方で、きびしい加盟基準もかせられる。たとえば、厳格な安全基準によって、危険な原発が閉鎖においこまれることもあったし、騒音基準をみたさない航空機がつかえなくなって、肥料や農薬散布にかかわる中小航空会社が閉鎖をよぎなくされたこともある。汚職や組織犯罪、人身売買などの対策や司法改革がすすまなければ、EUからの補助金が一時停止するなどの制裁がかせられることになる。

　したがって、EUの拡大というのは、相対的におくれた国の市民の生活水準の向上、地球環境への配慮、汚職がなく安全な国作りなどにある程度貢献していると評価することができるであろう。

　ヨーロッパでも広がってきた経済・所得格差を是正すべく、弱者の社会参加をうながす「社会的包摂」をすすめることについて、EU首脳レベルですでに合意している。イギリスでは、利潤を追求しつつ、とくに長期失業者や障害者を多く雇用するなどして、社会的貢献も重視する「社会的企業」という考え方が注目されている。

　「はたらかない」元凶とされるフランスの週35時間労働制も、一方では、ある程度効果をあげ、失業率が多少低下するのに寄与したといわれている。

　さらに、労働時間短縮で、女性へのワークシェアリングがすすんだことで、男女の育児分担もおこなわれるようになり、出生率の上昇にある程度貢献したといわれている。週35時間労働制というのは、たんに経済・経営という観点からではなく、少子高齢化対策という社会政策の観点からもみていく必要があると思われる。したがって、フランスの新政権も週35時間労働制の大原則は維持しながら、35時間以上はたらくということもみとめるという個人の自由な選択を広げるという方向にすすんでいるといえよう。

このようにみてくるならば、EU諸国は、失業率の引き下げと景気の拡大のために、日本の経済構造改革のように、アメリカ型の新自由主義経済政策を積極的に導入するという方向にはすすんでいないということがわかるであろう。ドイツにしても、フランスにしても、社会的市場経済原理や福祉国家的な理念を堅持しているからである。そのようなこと可能なのは、EUというアメリカに匹敵する経済共同体、ユーロ圏というこれまた巨大な単一通貨圏を構築してきたからである。

　EUは、平和で真に豊かなヨーロッパ実現のために、加盟国を拡大することにより、市場拡大型経済成長を達成してきたし、EU「市民」の生活水準の向上をある程度はたしてきた。加盟国には、きびしい環境保全基準、安全基準をかしている。

　こうして、平和で安全、地球環境に充分に配慮した真に豊かなヨーロッパをめざしてきたし、これからもその方向にまい進していくであろう。

　われわれは、日本、中国、インドなどをはじめアジア諸国を構成国とするアジア共同体の結成にまい進する必要がある。とりわけ、アジア諸国の経済成長が地球環境に充分に配慮をしたうえですすめなければならないし、庶民の生活水準の向上をはからなければならないからである。その点でEUの統合のいい面というのは、われわれが大いに取り入れる必要があるのではなかろうか。

　こうしたなかで、EU加盟やユーロ導入の動きが目立ってきている。2009年7月にアイスランドが、09年12月に旧ユービスラビアの主要構成国だったセルビアがEUへの加盟申請をおこなった。世界経済危機にさいして、東欧諸国のユーロ導入のうごきが活発化してきている。

## （4）金融危機とEU

　アメリカ発の世界金融危機がEUに波及し経済低迷もかなり深刻な状況である。アメリカは、金儲けのじゃまになる規制を緩和・撤廃した。金融「工学」などをつかってリスクの高い住宅ローン債権をもとにした証券化商品を「安全」な金融商品に生まれ変わらせた。EUの金融資本や投資家をはじめ、世界中に売りまくった。

アメリカの投機資本はEUに大量の資金を投入し、株価や地価高騰に拍車をかけた。金融危機で投機資金が引き揚げられたこともあり軒並み通貨価値が下落した。EUは金融危機にさいして、アメリカよりはやく金融機関などに公的資金を投入した。それは、金融機関や企業が破綻すると経済に甚大な影響をあたえ、雇用の確保ができなくなるからである。
　EUはかねてから新自由主義的経済政策に批判的で、日米のように無理な規制緩和・撤廃をせず、健全な資本主義をめざしてきた。したがって、金融資本やヘッジファンドなど国際投機資本の傍若無人な行動にたいするルールを強化してきた。
　銀行・証券・保険業務をおこなう金融コングロマリットにたいする監督指令も2003年2月に施行された(3)。この指令は、業態別法体系と監督体制を強化し、健全性を確保させるものである。この指令でEUの金融機関は、アメリカの投資銀行のようにリスクをとることはできなかった。
　世界金融危機対応で2008年11月7日にEU緊急首脳会議が開催されたが、金融危機は、アメリカの過度の規制緩和が背景にあるので、整然とした金融市場形成のためのルール強化が議論された。金融機関がしゃにむに借入れなどを増やして金儲けにはしることや金融機関役員への法外な報酬・退職金、時価会計制度の見直しも議論された。
　IMFの強化で国際金融システム安定の主導的役割をはたさせることや、ヘッジファンドなどの投機資本やタックス・ヘイブン（租税回避地）を厳重に監督することも議論された。各国監督当局が金融機関のリスク情報を共有する仕組みも提唱された。アメリカ型資本主義が破綻したのでEU首脳は、その復活をゆるさないために、たとえば世界金融庁などの設置で国際的な金融監督を強化すべきである、と主張してきた。
　2008年11月14・15日、ワシントンで開催された金融サミットに新興諸国、資源国も参加した。EU諸国は、ヘッジファンドへのルール強化を主張してきたが、英米と日本は、民間資本の行動に介入すべきでないとか、国際的取引を活発化させているとして強化に頑強に反対してきた。
　金融サミットでは、こうした規制すべきという声におされて、金融機関に膨大な含み損を計上せる時価会計の見直し、証券化商品の情報開示、格付け

会社の信頼の向上、規制外のCDSの清算機関設立と透明性向上などで合意された。IMFなど国際機関による国際金融システムの監督機能の強化は合意されたが、IMFへの各国金融機関の監督権限の付与は合意できなかった。

　金融サミットは、その後、ロンドン、アメリカのピッツバーグで開催され、金融規制強化の方向にすすんできている。

## むすび

　深刻な財政危機におちいっているギリシャ、住宅バブル崩壊により経済・金融危機にみまわれているスペイン、ポルトガル、アイルランド、などヨーロッパ経済は、深刻な事態をむかえている。

　この事態の本質のひとつはユーロ導入にある。すなわち、欧州中央銀行がユーロ圏(ユーロを導入した国)の金融政策をおこなうものの、財政政策は、国家主権を有するユーロ圏各国が遂行していることにある。もちろん、各国が勝手に財政政策をおこなわないように「安定成長協定(財政赤字の対GDP比3％以内など)」があるが、世界経済危機などのような景気後退にみまわれたときには、適用が除外されている。

　ギリシャのほか、ポルトガルやスペインなどが財政危機におちいると、ユーロの信認が低下してしまう。ドイツやフランスも巨額の財政赤字をかかえており、そう簡単には、ギリシャの救済などに財政資金を導入することができない。

　これを解決するには、政治統合、すなわち欧州連邦の創設しかない。金融政策と財政政策という国家主権の欧州連邦への移譲である。そうしなければ、ユーロは、ヨーロッパでは「国際基軸通貨」の地位を占めたとしても、国際的には、いつまでもアメリカ・ドルの補完的国際通貨の地位に甘んじるしかない。世界経済危機などのようなことが勃発するとドルにたいして、下落してしまうことになる。

　もちろん、国家主権の移譲などそう簡単にできるものではない。そこで、2009年2月11日に開催された非公式首脳会議で、ファン・ロンパウ「EU大統領」は、加盟各国の経済政策の統合をめざす欧州経済省の創設を提案した。ユーロ圏共通債の発行なども提案されている。これらは、国家主権の根本に

かかわるので、そう簡単にすすむということはないだろう。
　とはいえ、平和で本当に豊かなヨーロッパをめざして、欧州連邦の設立という方向にすすむのは、世界史の必然であろう。


　〈注〉
　（1）相沢幸悦「国際金融市場とEU金融改革」ミネルヴァ書房、2008年、参照。
　（2）同「反市場原理主義の経済学」日本評論社、2006年、参照。
　（3）日本証券経済研究所「証券関係法令集　EU」2005年、参照。

# 第7章　ヨーロッパの経済・金融危機

## はじめに

　2008年9月のリーマン・ショックで100年に一度といわれる経済・金融危機が勃発した。この危機の深刻さは、アメリカだけでなく、ヨーロッパも巻き込んでいることである。したがって、ヨーロッパ諸国も膨大な財政資金の投入と中央銀行の資金支援によって、金融危機はとりあえず抑え込んだものの、ギリシャ・ショックによって苦境にたたされている。
　ヨーロッパ諸国は、深刻な金融危機におちいっている。ひとつは、アメリカのサブプライム・ローン関連の金融商品投資で多くの金融機関が巨額の損失をこうむっていること、もうひとつは、西ヨーロッパ諸国の住宅バブルが崩壊し、多くの金融機関が不良債権をかかえていること、三つ目に、東ヨーロッパでも住宅バブルが崩壊し、西ヨーロッパの銀行がここでも膨大な不良債権をかかえていることである。
　こうしたなかで、2010年4月から5月にかけて顕在化したギリシャ・ショックは、膨大な財政赤字をかかえるギリシャが国家破産の危機におちいったということで発生した。
　ギリシャ・ショックは、世界経済・金融危機は財政危機に転化しつつあるということを白日のもとにさらしている。ギリシャをはじめ多くのヨーロッパ諸国が財政破綻するとともに、金融危機が爆発すれば、まさに金融・財政危機として顕在化することになる。そうすれば、単一通貨ユーロの信認がうしなわれ、経済が深刻な打撃をうけることになる。
　そこで、ヨーロッパの経済危機の背景についてみてみることにしよう。

# 1　頻発する経済危機

## （1）ドバイ・ショック

　2009年11月25日、アラブ首長国連邦のドバイ首長国政府は、政府系持株会社がかかえる総額590億ドルの債務の支払いを猶予してもらうように債権者に要請すると発表した。

　このドバイ・ショックで27日には、ニューヨーク証券取引所のダウ工業株30種平均株価が休日前の25日比で一時230ドル超下落した。日経平均株価の終値は前日比で301円72銭下落し、円相場は、同日早朝1ドル＝84円82銭まで一気に上昇した。

　どうしてこうなったのか。アラブ首長国連邦は、石油資源の枯渇を展望して、経済の多角化をすすめてきた。それ自体は間違ってはいない。しかし、その実態は、外資を導入して、金融センター作りと不動産開発をおこなうというものであった。

　おりからの世界的な好景気の波にのって、ドバイの政府系持株会社は、ヤシの木の形をした人工島や高層ビルなどの建設、英豪華客船クイーンエリザベス2号の買収などを積極的に手掛けるばかりか、イスラム教の禁ずるカジノ運営会社などへの出資までおこなった。

　中東にあって、石油を産出しないドバイが、中東の金融センターの地位につくことができれば、旺盛なビル需要があるし、高額所得者が多い金融関係者向けのリゾート開発も必要だろうということで、開発に必要な膨大な資金を借入にたよって開発・投資をすすめてきた。こうして、ドバイは、これからも生き残っていけるはずであった。

　ところが、2008年9月のリーマン・ショックによって、世界のバブル的経済成長が破綻すると、不動産プロジェクトは、その半分以上が中止に追い込まれるとともに、不動産価格は半値にまで下落した。そうすると、返済も思うようにできなくなった。とうとう債権者に債務の支払いを猶予してもらうというデフォルト（債務不履行）におちいったのである。

　このドバイ・ショックで国際金融市場に緊張がはしったのは、このドバイ

の政府系持株会社に多く貸し込んでいるのがヨーロッパの銀行だからである。リーマン・ショック以降のアメリカ政府と中央銀行の緊急措置で金融危機はとりあえず終息の様相をみせていたが、ヨーロッパの金融危機というのは、いつ爆発してもおかしくない状況にあるからである。

　オーストリアやスウェーデンの銀行は、東欧やバルト三国に莫大な資金を貸し込んでいる。その銀行に、イタリアやドイツ、フランスなどの銀行が多額の融資をおこなっている。ドバイ・ショックを契機に、ヨーロッパの金融危機が爆発しかねない状況にあったのである。

　ドバイ・ショックは、石油を産出するアブダビが救済に乗り出すとの報道でとりあえず終息した。きわめて深刻な問題は、この程度のショックで世界中の為替と株価が一喜一憂するような状態にあるということである。アメリカでは、景気の低迷と失業率の高止まりで地方銀行などの破綻が激増し、ヨーロッパの金融危機はいつ爆発してもおかしくないからである。

## （2）アイスランド・ショック

　欧米の住宅バブル期にアイスランドは、金融立国をめざして徹底的な金融規制緩和・撤廃をおこなった。外国から大量の預金をあつめて世界中に投資した。銀行の総資産はなんとGDPの10倍にもたっした。

　おかげて、アイスランドは、空前の好景気を謳歌した。だが、世界経済・金融危機で世界中に投資した資金の回収ができなくなって、事実上の国家破産に状態におちいった。日本が本当に金融ビッグバンをすすめたらこうなったことだろう。

　金融危機の勃発で、事実上の国家破綻におちいったアイスランドの銀行に預金していたイギリスとオランダの預金者を、公的資金で保護するという法案の是非を問うアイスランドの国民投票が2010年3月6日に実施されたが、反対93.2％あまりで圧倒的に否決された。

　アイスランドでは、1944年にデンマークから独立して以降も、通貨はデンマーク・クローネがつかわれていた。三つある銀行は、2000年まですべて国有で中央銀行も存在しなかった。01年になると、ようやくアイスランド・クローネを発行する中央銀行が設立された。03年には、3国有銀行が民営化さ

れるとともに、金融立国をめざし、徹底した金融規制の緩和・撤廃がすすめられてきた。

リーマン・ショックが発生すると3商業銀行は、マーケットから資金調達ができなくなったので、2008年10月6日、アイスランド政府は、非常事態宣言を宣言し、民間銀行を国有化する法律を制定した。21日には、IMFから21億ドルの緊急支援をうけることで暫定合意したと発表した。金融危機ではじめてのIMFの介入となるはずであったが、正式決定にはいたらなかった。

それは、預金保護をめぐって、イギリスやオランダと対立しているからである。

アイスランド政府が、経営破綻した銀行の口座を凍結したので、高金利にひかれて口座を開設したイギリスやオランダの個人や団体が預金を引き出せなくなってしまった。とくに、ランデスバンキは、イギリスとオランダで高金利をうたい文句にインターネット・バンキングを展開し、多額の預金をあつめたが、結局、口座の凍結で50億ドルの預金の払い戻しができなくなってしまった。

イギリスとオランダ政府は、とりあえず預金者への預金の払い戻しをかたがわりし、その全額の返済をアイスランドにもとめていた。

外貨預金というのは、通常は、預金保険の対象外なので、銀行が破綻すれば、全額が預金者の損失となるはずである。しかしながら、預金保険の保証限度額を撤廃したりして、なんとか金融危機を抑え込もうとしている真最中に、預金者が損害をこうむれば、金融システムに動揺がはしる。へたをすれば、イギリスなどでは、ノーザン・ロックにつづいて、取り付け騒ぎが広がる可能性があった。

かくして、2009年6月にアイスランド政府は、50億ドルを2024年までに分割払いすることで両国政府と合意し、議会に「預金返済法案」を提出した。アイスランドにとって50億ドルは、GDPじつに4割にも相当する規模である。議会は、法案を12月に小差で可決したものの、グレムソン大統領は、2010年1月5日に法案に署名しないとして拒否権を宣言した。巨額の負担に国民の反発が強まっていたからである。

法律の発効には大統領の署名が必要である。有権者の4分の1が反対する

署名が大統領に提出されたので、大統領がこれを尊重し国民投票にかけることにしたのである。

アイスランドは、2009年7月にEUへの加盟申請をおこなった。経済・金融危機で通貨が暴落し、経済が大打撃をうけたので、EU加盟とユーロ導入で経済の再生をめざそうとした。しかし、「預金返済法案」が国民投票で否決されたことで、EU加盟はおろか、IMFからの資金援助も頓挫することになる可能性が高くなった。

返済条件の緩和などの交渉がすすむであろうが、もし、返済されなければ、イギリスとオランダ政府は、自国の税金をつかって外貨預金を保護したということになる。あぶない外貨預金に手を出した預金者なのに、どうして税金をつかって救済するのか、というきびしい批判の嵐が巻き起こるであろう。だったら、外国の投資信託で損した投資家も救済せよということにもなって、金融システムの根本がくずれかねない。

## （3）ギリシャ・ショック

2008年9月のリーマン・ショックで100年に一度といわれる経済・金融危機が勃発した。欧米政府の膨大な財政資金の投入と中央銀行の資金支援によって、金融危機はとりあえず抑え込んだものの、ギリシャ・ショックにみまわれて、ユーロがゆらいでいる。

ギリシャ・ショックというのは、世界経済・金融危機が財政危機に転化しつつあるということを白日のもとにさらしている。ギリシャをはじめ多くのヨーロッパ諸国が財政破綻すれば、単一通貨ユーロの信認がうしなわれ、経済が深刻な打撃をうけることになる。ここで、ギリシャ・ショックの深刻さをみてみることにしよう。

ギリシャの2009年の財政赤字比率（GDP比）は13.6％にもおよんでいる。ギリシャ政府が赤字比率をかなり低めに公表していたことが、09年10月にあきらかになり、12月にはギリシャ国債の格付けが引き下げられた。

ギリシャ・ショックが深刻化してきた2010年2月11日、EUは、臨時首脳会議を開催して、ギリシャを支援するということでは合意したが、ここでは、明確な支援策を打ち出せなかった。なぜなら、ユーロ圏（ユーロを導入して

いる国)は国家ではないので、ギリシャを実際に支援するのは、ドイツやフランスなどだからである。どうして他国の救済にわれわれの税金をつかうかという批判が沸き上がるのは当然のことである。

そうこうしているうちに、4月27日、アメリカの格付け会社であるスタンダード・アンド・プァーズ(S&P)が、ギリシャ国債の格付けを一気に三段階引き下げてダブルBプラス、なんと投機的等級まで引き下げた。おなじく財政危機の状況にあるポルトガル国債もシングルAマイナスまで二段階引き下げた。連鎖的な国家破産とユーロ暴落を懸念して、欧米や日本の株式市場が暴落した。

おもにギリシャ国債に投資しているのが、欧州中央銀行(ECB)のほかに、ドイツやフランス、イギリスなどの銀行である。もし、ギリシャが国家破産すれば、銀行が膨大な損失をこうむる。

そこで、EU(欧州連合)は、5月7日に緊急首脳会議を開催し、2010年から12年までの3年間で総額1100億ユーロ(約12兆6500億円)の協調融資をIMF(国際通貨基金)と共同で実施することを決定した。さらに、この首脳会議では、ユーロ防衛のために、新支援制度の創設についても合意した。

ところが、財政危機の懸念がポルトガルなどの南欧諸国にも波及する気配をみせていたので、いっこうに株価の下落とユーロ安に歯止めがかからなかった。支援を小出しにするのではなく、より抜本的な対策をせまられた。そこで、首脳会議からわずか3日後の10日、EUは、緊急財務相理事会を開催し、総額最大7500億ユーロ(約86兆2500億円)の新支援制度の創設を発表した。

この制度は、ユーロ防衛のための5000億ユーロ(欧州安定化メカニズム)とIMFの2500億ユーロからなっている。欧州安定化メカニズムは、ひとつは、欧州委員会(EUの行政府)がEU予算を担保にして600億ユーロを市場で調達するということ、もうひとつは、欧州委員会がユーロ圏諸国の債務保証をえて4400億ユーロを市場で調達するというものである。

さらに、ECBが、EU諸国の国債を購入することを決定した。物価の安定を使命とするECBは、原則として、国債の購入はできない。連鎖的な国家破産の回避のために、とうとう国債の購入をせまられたのである。こうした

## 第7章　ヨーロッパの経済・金融危機

　支援制度とECBの国債購入の決定によって、ギリシャ・ショックはとりあえず沈静化した。しかし、これで危機が終息するかといえば、事態はそれほど簡単ではない。

　ギリシャがEUやIMFから緊急支援をうけるためには、抜本的な財政赤字削減が不可欠だからである。公務員の給与や年金の切り下げ、付加価値税率の引き上げという増税などで財政赤字のGDP比を2009年の13.6％から14年に2.6％まで抑え込まなければならない。5年あまりでGDP比11％もの財政赤字の削減を断行しなければならない。日本でいえば50兆円、年間なんと10兆円ということになる。

　当然ながら景気がいちじるしく低迷するので、税収も激減し、赤字削減はかなりむずかしくなりかねない。生活防衛のために労働組合によるゼネストも頻発し、ギリシャ経済がさらに大混乱するのは必至の状況にある。

　これまでの世界経済・金融危機克服のための財政出動でユーロ圏の財政赤字比率（GDP比）の平均は6.4％と、ユーロ導入基準である3％をはるかに上回っている。しかも、EUの主要国は、財政危機諸国への支援や金融危機対応でこれから総額100兆円もの財政出動をせまられる。ますます、財政赤字が膨れ上がるであろう。

　懸念されるのは、EU諸国への財政支援がすんなり実行されるかということである。ドイツの国会はギリシャ支援案を承認したが、直後におこなわれた地方（州議会）選挙で与党が敗北したからである。その結果、連邦参議院で与党が過半数割れ、いわゆる「ねじれ国会」となり、与党の政策がすんなりとおるとはかぎらなくなった。[1]

　もし、支援がうまくいかなければ、本当に財政破綻する国が出ないともかぎらない。そうなるとユーロ暴落と株価暴落は現実のものとなってしまう。

　PIIGS（ポルトガル、イタリア、アイルランド、ギリシャ、スペイン）など危機におちいった国も、本格的な財政再建をおこなうことはむずかしいであろう。景気を悪化させるからである。

　しかも、ヨーロッパでも深刻であった住宅バブルの崩壊による銀行の不良債権処理と景気へのテコ入れは、これから本番をむかえる。バブル崩壊で欧州金融機関は、IMF推計で140兆円あまりの潜在的損失をかかえているから

である。これから、膨大な財政資金の投入とECBの流動性供給が必要となる。

ヨーロッパの金融危機と財政危機は、これからいよいよ深刻化し、ユーロの信認があぶなくなるという事態も想定されるのである。

## 2 財政危機と銀行危機

### （1）PIIGS

ギリシャ・ショックを契機に、ポルトガル、アイルランド、イタリア、ギリシャ、スペインの頭文字をとったPIIGSの財政危機への関心が急速に高まっている。

ギリシャは、1981年に社会主義政権が誕生して以来、90年からから93年をのぞいて左派政権がつづいた。2004年には保守派が勝利したが、09年にはふたたび左派勢力が政権を奪取した。左派政権のもとで社会保障がある程度充実し、公務員が就労人口の3割あまりをしめるようになった。

さすがに発足時には間に合わなかったが、2001年にユーロを導入した。しかし、そのときに提出した数字は、2004年になって大幅に訂正され、じつは、財政赤字3％という加盟基準をみたしていないことが判明した。当然のごとくヨーロッパに激震がはしった。ただ、欧米の住宅バブル期にはいる時期だったせいかあまり深刻化はしなかった。

2009年10月に、左派政権が登場すると09年の財政赤字（GDP比）比率が3％程度だったはずが、13.6％であったということが暴露された。そこで、12月8日に、格付け会社フィッチ・レーティングスがギリシャの長期ソブリン格付けをユーロ圏で最低のBBB＋に引き下げた。スタンダード・アンド・プアーズも格下げで追随した。

当然ながら、4％台だったギリシャ国債の利回りは7％台まで急騰した。2010年4月にS&Pが三段階引き下げると利回りは10％あまりにたっし、ドイツ国債との利回り差はじつに7％あまりまで広がった。

経済・金融危機が発生して以降、ギリシャの銀行は、ECBから資金を借りてきた。2009年半ばで、ギリシャの銀行資産の10％ちかくはECBからの

融資である。フランス、ドイツ、スイスなどの銀行も、ギリシャ政府のほか企業や銀行にたいして多額の貸し付けをおこなっているようである。

2005年から09年に発行されたギリシャ国債のうち国内で消化されているのは30％たらずで、あとはイギリス、フランス、ドイツなどヨーロッパ諸国が投資している。国際決済銀行（BIS）によれば、ギリシャの債務約3000億ドル（約27兆円）のうち、フランスの銀行が25％、スイスの銀行が14％、ドイツの銀行が14％引き受けている。ちなみに、スペインの債務はギリシャの四倍（約108兆円）ちかくあり、うちドイツの銀行が21％、フランスの銀行が17％引き受けているという。

ドイツやフランスにとって、ギリシャの救済というのは、自国の金融機関の救済ということを意味しているのである。

ギリシャ国債の格下げによって、おなじく多額の貿易赤字と財政赤字をかえるポルトガルやスペインのほかイタリアなどの国債が売られ、ドイツ国債とのスプレッド（利回り格差）が拡大した。とくに、2000年代にはいって景気が低迷し、税収も増えないポルトガルの売りがはげしくなった。

スペインは、1990年代後半からEU平均を上回る経済成長をつづけたが、それを主導したのが建設・不動産部門であった。移民の受け入れも積極的におこなった。すでに2007年半ばには住宅バブルが崩壊し、経済危機におちいっていたが、それに拍車をかけたのがリーマン・ショックであった。

アイルランドは、1973年にEUに加盟したときには、ヨーロッパでもかなり貧しい国のひとつであったが、90年代初頭から低い法人税率を武器に積極的な外資導入策がとられたこともあって、急激な経済成長をとげた。住宅バブルにもわいた。一人あたりGDPは日本やイギリスをぬいた。だが、リーマン・ショックで住宅バブルが崩壊し、輸出も急減し、景気が悪化した。

ギリシャで財政再建がうまくいかなければ、ギリシャ・ショックは、財政赤字のGDP比の大きいアイルランド、スペイン、ポルトガルなどに波及していくことは必至である。

## （2）オーストリアの金融危機

東欧諸国の住宅バブルが崩壊したことによって、多くの西ヨーロッパの金

融機関が苦境におちいりつつある。とくに、東欧に貸し込んでいるオーストリアの銀行、バルト三国に貸し込んでいるスウェーデンの銀行がそうである。

東欧諸国の銀行部門の総資産にしめる外資系金融機関の比率は、スロバキアで90％超、ハンガリー、チェコ、ルーマニア、ブルガリアなどでも80％を超えている。地理的にも歴史的にも関係の深いオーストリアの銀行の東欧諸国への融資額は、GDPのじつに7割にもたっしている。

多くの中東欧諸国が1980年代の後半に市場経済を導入したが、移行があまりうまくいかず、ハイパーインフレを経験した。そのため、国民は、自国の通貨や金融機関をあまり信用せず、外貨や現金を選好する傾向が強かった。こうしたなかで、中東欧諸国に進出したオーストリアなどの西ヨーロッパの銀行は、積極的に融資を拡大し、2004年以降は、毎年2桁台の貸し出し増がつづいた。

東欧諸国のEU加盟にともなって国家の信用力が高まり、ますます外国から資金が流入した。総与信残高にしめる外貨建ての与信の比率は、ハンガリーの63％を筆頭に、ルーマニア、ブルガリアも6割ちかくにたっしている。

中東欧諸国には、ユーロの導入をひかえている国もあったし、ERMⅡという制度を導入している国もある。(2) したがって、為替リスクが少なく、ユーロ建ての低金利資金を大量に調達することができた。この大量の資金が住宅市場に流れ込んで住宅バブルが発生したのである。

したがって、東欧諸国の経済危機は、リーマン・ショックに触発されたという側面と同時に、EU加盟、ユーロ導入というプロセスのなかで発生したものであるといえよう。

### (3) スウェーデンの金融危機

バルト三国に貸し込んでいるのがスウェーデンの銀行である。中東欧諸国への銀行の融資残高は、オーストリアほどではないが、GDPの約25％と高い。

ラトビアには冷戦終結後、スウェーデンをはじめとする西ヨーロッパの金融機関が参入して、融資を拡大した。簡単な書類で多額のローンが借りられたので、住宅だけでなく外車の購入などもできるようになった。こうして、2005年には、不動産価格の上昇率が40％を超えて世界一の水準となった。05

から07年には、GDP成長率が10％を超えた。

　バルト三国は、2004年あるいは5年にERMⅡに参加したが、ユーロ相場にほぼペッグ（連動）させるというとりわけきびしい為替相場制度を採用した。その結果、為替リスクがないので、大量の資金がバルト三国に流入し、住宅バブルが醸成された。さらに、相対的に弱い自国通貨を強いユーロにペッグするために、ユーロ売り・自国通貨買いをせまられたので、マーケットに大量の自国資金が供給された。中央銀行がその資金を吸収するのであるが、マーケットに資金がだぶつくことにもなった。

　2008年11月にハンガリーに、12月にラトビアに、09年5月にルーマニアにたいするIMF、EU、世界銀行などによる支援が決定された。ポーランドには、09年5月にIMFの予防的貸出枠であるFCL（フレキシブル・クレジット・ライン）が供与された。

　リーマン・ショックに先立つ2008年8月中旬より、ラトビア第二位の銀行パレックス銀行が取り付けにあって預金の4分の1以上をうしなった。それをきっかけにして、民間部門の預金の1割が引き出され、外国に資金が流出した。ユーロ・ペッグ制を維持するために、中央銀行が、大量の外貨売りをせまられたので、外貨が枯渇した。IMFからの支援でかろうじてペッグ制を維持しているにすぎない。

　2009年6月にECBは、スウェーデン中央銀行に30億ユーロを供与した。バルト三国に多額の融資をおこなっているスウェーデンの銀行から資金が引き揚げられるのを未然に防止する措置であった。

　中東欧の金融危機が深刻化すれば、多額の融資をおこなっているオーストリアとスウェーデンの銀行が危機におちいる。2009年4月に発表されたIMFの国際金融安定性報告書によれば、そのような状況になれば、ドイツ、イタリア、ベルギー、オランダなどに波及し、西ヨーロッパの金融システム不安が広がっていくことになるという。

## 3　通貨統合と国家主権

### (1) 住宅バブルと金融危機

**西欧と東欧の住宅バブル**

　世界経済・金融危機をもたらした住宅バブルは、当初、一般には、アメリカを中心に発生したと受け止められてきた。世界は、アメリカのおかげで経済が危機的状況になったといわれた。しかしながら、アメリカの金融危機が小康状態をみせてきた矢先に、ドバイ・ショックやアイスランド・ショック、ギリシャ・ショック、などがおこり、ヨーロッパの金融危機が深刻化してきた。

　当初、金融危機は、アメリカの住宅バブルがすさまじかったからだとみられていたが、じつは、ヨーロッパでは、アメリカにおとらず、それ以上の住宅バブル景気にわいたからである。この欧米の住宅バブルは、住宅価格が暴騰するという点ではおなじであるが、アメリカとヨーロッパでは、住宅バブル形成のメカニズムがかなりちがっていた。

　アメリカの住宅バブルは、サブプライム・ローンという信用力の低い個人にまで提供された住宅ローンを証券化した金融商品が世界中に売りまくられたことで発生した。だから、住宅バブルが崩壊しても、金融機関には、住宅ローン債権は不良債権としてのこることはないので、日本のように長期不況にはおちいらないといわれてきた。金融や証券関係の学会でもそれはほぼ「定説」となっていた。

　ところが、アメリカの金融機関は、金融「工学」などを駆使して、きわめて有利な金融商品に仕上げたので、投資家に売って手数料を手に入れるだけでなく、みずからも大量に投資していたのである。利潤追求を本分とする金融資本としては当然の行動かもしれないが、あまりにも欲の皮が突っ張りすぎていたのである。金融危機にさいして、アメリカの金融機関が膨大な損失処理をせまられたのは、そのためである。

　ヨーロッパ諸国は、アメリカとちがって、日本のように銀行を中心とする

金融システムをとっているので、金融機関が大量の住宅ローンを貸し付けるという形で発生した。したがって、ヨーロッパの金融危機は、住宅バブルが崩壊して、多額の不良債権を金融機関の内部にかかえているので、長期化する可能性が高いのである。

### ヨーロッパの金融危機

　リーマン・ショックが発生してから西ヨーロッパ諸国は、深刻な金融危機にみまわれている。

　とくに深刻な危機は、1990年代のグローバル化のなかで「金融立国」をめざし、国内金融市場をとことん自由化し、世界中から巨額の資金を吸収し、その資金を世界中に投資したアイスランドのケースである。

　銀行資産がGDPの十倍にも膨れ上がったアイスランドは、リーマン・ショック後まもなく事実上の国家破産におちいった。ただ、国家の規模が小さいので、IMFの金融支援の約束、外国からの支援を取り付けることで、とりあえず危機はおさまった。

　二つ目の金融危機は、イギリス、ドイツ、スイスなどの大銀行がアメリカのサブプライム関連金融商品への投資の失敗によって、膨大な損失をこうむっていることである。多くの銀行に、公的資金の投入がおこなわれている。

　三つ目は、1980年代の初頭から新自由主義的な経済政策をとり、金融自由化をすすめてきたイギリスをはじめ、スペイン、アイルランド、イタリアなどで住宅バブル崩壊の痛手がはげしいということである。

　スペイン、アイルランド、イタリアなどは、ユーロ導入が住宅バブル生成と大きく関係している。これらの国の通貨はもともと弱く、インフレがはげしかった。ところが、ユーロ導入のために財政赤字削減につとめ、ユーロを導入したら、インフレが沈静化し、長期金利がいちじるしく低下した。そうすると、住宅ローン金利の低下で、住宅バブルに火がついたのである。

　四つ目は、西ヨーロッパの金融機関が、東欧の金融機関に膨大な銀行融資をおこなったことである。東欧諸国は、2004年からEU（欧州連合）に順次加盟した。そうするとカントリー・リスクが低下し、ビジネス・チャンスが拡大するという期待が高まり、西ヨーロッパから投資資金や融資が拡大した。

ところが、急激に大量の資金が流入したものの、インフラ整備などの経済基盤の強化につかわれることはあまりなかった。1997年にアジア通貨危機をもたらした資金流入とおなじパターンである。結局は、大量の資金が、手っ取り早く不動産投機などに流入してしまったのである。

東欧の金融機関などにたいしては、おもに冷戦期から強い結び付きがあるオーストリアの金融機関が、バルト三国の金融機関にたいしては、スウェーデンの金融機関が巨額の融資をおこなった。

東欧諸国は、世界経済・金融危機の打撃をもろにうけており、東欧諸国の危機がオーストリアやスウェーデンの金融危機を誘発し、その危機が、スペインやフランス、ドイツなどの金融危機を勃発させる可能性が高い。アイスランド危機からつづいている金融危機が、ヨーロッパ発の世界経済・金融危機をもたらすかもしれない。

## (2) 通貨主権と財政主権

### ECBの金融政策

経済・金融危機に対処するために、ECB（欧州中央銀行）は、リーマン・ショックの直前の2008年9月に、4.25％であった政策金利を段階的に引き下げ、09年5月には、それまでの最低水準の1.00％まで引き下げた。ECBは、日本やアメリカよりも高めの水準を維持しているが、それは、金融市場を正常に機能させるとともに、資産バブルやインフレを防止するためであるといわれている。

ECBは、インターバンク市場への大量の資金供給をおこなってきたが、2009年5月には、金利の低下、貸し渋りの抑制、債券市場の流動性の改善、金融機関の資金調達環境の改善などを目的として、①固定金利による資金供給の期間延長、②ユーロ圏で発行されたユーロ建てカバードボンド（金融機関の発行する担保付債券）の買い取りなどを発表した。

ECBは、この措置を米FRBとおなじように、金融危機によって影響をうけた特定資産の市場機能の回復させるものなので、信用緩和とよぶこともできるとしている。ただし、アメリカのように、金融機関や金融市場に直接資

金を供給するものではなく、銀行の信用仲介機能の強化のためである。というのは、ヨーロッパは、銀行を中心とする金融システムをとっているからである。金融システム不安の解消が不可欠なのである。

アメリカのように、国債の買い取りをおこなってこなかったのは、ユーロ圏諸国にはさまざまな国債があって、買い取り方がむずかしいことや、ECBによる財政資金の提供が条約で禁止されているからである。とくに、ECBの使命というのが物価の安定にあるからである。

ただし、アメリカのように、無制限の流動性の供給により中央銀行のバランスシートが急激に拡大するとユーロへの信認がゆらぐので、すでに2009年2月から流動性供給にもちいる適格担保要件をきびしくしていた。そうしないと、リスクの高いものまで中央銀行が買い取ってしまう危険性があるからである。したがって、ECBのバランスシートは1.5倍程度とあまり拡大していなかった。

ところが、ギリシャ・ショックの顕在化によって、ECBは、「禁じ手」である国債購入に踏み込むことになったのである。

## ユーロの致命的欠陥

1999年1月に、不可能とまでいわれた単一通貨ユーロが導入された。ユーロが導入された要因はいくつかあるが、経済的には、冷戦の終結後、減価する基軸通貨ドルではなく、安定した通貨が必要となっていたからである。

すべてあわせればアメリカの経済力に匹敵するEU（欧州連合）の構成国で、単一通貨ユーロを導入すれば、減価するドルにかわる国際通貨になる可能性が高いからである。そうすれば、世界の投資資金もヨーロッパに引き付けることができる。

EU諸国は、アメリカのように軍事産業や金融業で経済成長するというのではなく、加盟国を拡大して、製造業を中心とした経済成長を志向してきた。

ところが、ユーロ導入の致命的欠陥は、通貨主権と財政主権が乖離していることである。条約によって、国家主権である通貨主権を欧州中央銀行（ECB）に移譲したものの、財政主権などそれ以外の国家主権はすべて各国に帰属したままである。国家主権をすべてゆずりわたす政治統合は、それほ

ど簡単にはできないので、とりあえずは通貨だけ統一しようというのが通貨統合であるが、じつは、それは、もはや経済統合ではなく、政治統合に踏み込んでいるということに、多くの人が気付いていたが、それに目をつぶった。

　したがって、ユーロ導入後も財政規律を遵守させるために安定成長協定というのが事前に締結された。破ったら罰金をとるというものであるが、そもそもドイツやフランスが規定を超えて財政赤字を増やしたときには、知らんぷりをきめこんで、罰金など支払わなかった。ようは、国家ではないので、国家主権の根本は相互不可侵なのである。ギリシャのように公表された公式統計が信頼のおけないものであれば、さらに深刻な問題が出てくる。

　金融政策と経済政策の齟齬も問題になっている。金融政策は、ドイツやフランスなどの景気の状態を念頭において遂行される。これらの国で景気が低迷すれば、当然、金融緩和をおこなう。それ以外の国の景気がいいとさらに景気が過熱して、バブルなどが発生してしまう。通貨統合に参加すると従来の高インフレ国では、インフレが鎮静化し、金利も低下する。そうすると、住宅ローンなどのニーズが拡大し、住宅ブームが発生する。

　競争力格差に関する欧州委員会の報告書によれば、ギリシャやスペインやポルトガルにとって、ユーロの実行為替レートは実力よりも10％も高いという。逆に、ドイツは3％から5％割安だという。ここに単一通貨ユーロのむずかしさがある。ユーロは、大国に有利で、小国に不利となっているといえそうだからである。とすれば、ドイツなどが域内で輸出が増え、それ以外の国の輸出が不利になるということになる。

　金融政策をECBが一元的におこなっているが、強い通貨ユーロということなので、短期金利は低い。ところが、財政赤字が拡大している国では国債があまり売れず、価格が低下するので、長期金利は上昇する。そうすると、ドイツやフランスなどの金融機関は、ECBから低金利で資金を調達し、PIIGS諸国の国債に投資すれば、金儲けができる。

　PIIGS諸国の財政規律がゆるんできたのは、ドイツやフランスなどもそうだからであるが、国債を発行しても買ってくれたからである。国家は倒産しないとふんで金儲けにはしった結果、IMFやEU諸国などの公的資金でギリシャなどを救済することになったのである。

第7章　ヨーロッパの経済・金融危機

## （3）国家破産とCDS

　国際投機資本は、1992年に投機を仕掛けて、欧州通貨制度（EMS）を崩壊させるとか、97年にタイをはじめ多くのアジア諸国通貨を売り浴びせて、アジア経済危機をもたらし、アジア経済を目茶苦茶にした。もちろん、投機を仕掛けられるのは、経済運営に不合理さがあるからであって、正常な経済政策を遂行していれば、投機など仕掛けられることはない。これも正論である。
　しかも、現代資本主義のきわめて大きな特徴であるが、投機によって、ギリシャ国債がデフォルトすれば、逆に金儲けできるようなケースもある。
　保有する証券などの損失をヘッジするCDS（クレジット・デフォルト・スワップ）を契約している場合である。CDSを購入すれば、保証料を支払うことによって、デフォルトしたらその損失分を保証してもらえる。したがって、CDSは、本来は、保有する証券などの損失をヘッジするために契約される。これが「ヘッジ目的」のCDSである。
　問題は、「トレーディング目的」のCDSである。これは、ギリシャ国債をもっていなくても、当該国債に関するCDSを購入すれば、ギリシャ国債がデフォルトすればまるまる儲けられる。逆に、ギリシャが財政再建に成功してしまうと、保証料（プレミアム）がまるまる損となる。健全な経済や庶民のための国家をつくるべく頑張るのではなく、ひとの「不幸」で金儲けできるという代物である。
　ギリシャの財政危機が深化することが予想されれば、CDSをどんどん購入すればいい。プレミアムが上昇するので、たとえデフォルトしなくても、CDSの反対売買をおこなうことで儲けられるからである。ギリシャ支援が検討されているときには、プレミアム（保証率）は8.5％まで跳ね上がった。リーマン・ショック直前のリーマン・ブラザーズのそれですら6％であった。マーケットは、ギリシャ国債のデフォルトを織り込んでいたのである。
　もちろん、投機だけでギリシャ国債が売られたわけではない。財政危機によってギリシャ国債の格付けが下げられたが、ECBから資金提供をうけられる「適格担保条件」を割りかねなかったので、金融機関がドイツ国債をあわてて売ったのである。

ギリシャ国債については、このようなCDS契約が少なくないだろうといわれている。ギリシャで財政再建に多くの国民が反発している。当然である。公務員の給料が減らされるとか、福祉が切り下げられて喜ぶひとはいないからである。ゼネストも起こっている。もしも、財政赤字削減ができず、ますます財政赤字が膨れ上がり、デフォルトすると金儲けができる。

　PIIGS諸国や東欧諸国などで国債がデフォルトする可能性もある。したがって、これらの国々の国債に関するCDSを契約しておいて、デフォルトすれば、あるいは財政危機が深化すれば金儲けできる。いずれ、アメリカやヨーロッパ、日本はじめアジア諸国の国債なども、デフォルトするかもしれない。事前にCDSを契約しておけば、実際にデフォルトしたときや、財政危機が深刻化したら大儲けできる。

　このような、ソブリン・リスク（財政危機）を賭けの対象にしたCDS契約が激増していくであろうことが十分予測できる。世界の財政赤字の規模は、加速度的に増加していくことはあきらかだからである。とすれば、世界各国の国債のデフォルトが頻発するであろう。国際投機資本などが、これを賭けの対象にしない手はないと考えても不思議ではない。

　したがって、CDSの規模はこれから飛躍的に拡大していくものと思われる。深刻な財政危機におちいった国から順番にデフォルトしていけば、国際投機資本が金儲けできる。もしかしたら、アジア通貨危機をもたらしたように、投機そのものを仕掛けて国家破産を招来するかもしれない。そうすれば、国際投機資本は、二重の金儲けができる。

## （4）ドイツとイギリスの対応

　金融危機が深化するなかでドイツでは、2008年10月17日に「金融市場安定化法」が成立し、翌日施行され、「金融市場安定化基金」が設立された。同法は、公的資金による銀行への資本注入、政府保証による信用補完、預金の全額保護、などのために総額5000億ユーロの包括的対策を実施するというものである。

　11月3日には、民間銀行としてはじめて、銀行大手コメルツ銀行が82億ユーロの資本注入を申請した。コメルツ銀行は、保険大手アリアンツ傘下の銀

行大手ドレスナー銀行を買収することになっていた。2009年1月8日に二度目の資本注入がおこなわれた。1月末に新コメルツ銀行が誕生した。

ドイツ銀行は、公的資金の投入こそうけなかったが、2008年通期で39億ユーロの巨額の純損失をこうむったので、普通株の発行による22億ユーロの増資をおこなった。

11月5日には、ドイツ政府は、総額500億ユーロからなる経済対策を発表した。投資促進策、法人税減税、中小企業の資金繰り支援、個人向け新車購入の自動車税の免除、温暖化対応の住宅改修への優遇策、操業短縮による実質給与減への支援などからなっている。

1980年代初頭からサッチャー政権のもとで、新自由主義的経済政策を遂行してきたイギリスでは、1985年に金融ビッグバンを遂行して「金融立国」をめざして、長期にわたり好景気を謳歌してきた。しかしながら、住宅バブルの崩壊で、ヨーロッパのなかでもかなり深刻な経済・金融危機にみまわれている。

イギリス政府は、すでに2008年9月2日に悪化する住宅市場対策として、10億ポンド規模の住宅支援策をとっていた。10月8日には、イギリス政府は、短期的な流動性の供給に2000億ポンド、金融機関の資金調達に関する政府保証として2500億ポンド供給するという銀行部門への金融支援策を導入した。

11月24日には、2009年度予算にむけたプレ・バジェット・レポートで、総額200億ポンドの景気対策がこうじられた。対策は、付加価値税の基本税率の17.5%から15.0%への引き下げ、交通機関、公共住宅、学校などへの公共投資に30億ポンドなどからなっている。

2009年1月28日に、金融市場に流動性を供給するあらたな金融システム安定化策を発表した。それは、①社債、CP、シンジケートローンなどの買い取りによる金融機関や事業会社の資金繰り支援（当初500億ポンド規模で、2月には1500億ポンドに拡大）、②金融機関の不良債権にたいして、最大で90％まで政府保証、資産担保証券（ABS）への政府保証などである。

中央銀行のイングランド銀行（BOE）は、リーマン・ショック直前の2008年9月には5.00％であった政策金利を急速に引き下げ、09年3月には、なんと1694年にイングランド銀行が設立されてから315年間で最低の0.50％まで

下げた。

　BOEは、2009年1月19日に完全子会社である資産買い取りファシリティ（APF）がCPを買い入れる制度を導入した。3月18日にはAPFが長期国債を、19日には社債を、7月には担保付CP（ABCP）を買い入れる制度を導入した。これらの資産買い取り枠は、当初750億ポンド、5月に1250億ポンド、8月には、GDP比12%となる1750億ポンドに拡大された。

　アメリカとおなじように、住宅バブル崩壊の打撃が大きいイギリスでは、BOEのバランスシートは膨れ上がっている。

　イギリス政府は、2009年11月、RBSとロイズ・バンキング・グループにたいして、312億ポンドの公的資金を投入することについて最終的な契約を締結することを発表した。両行はすでに資本注入されていたが、追加資本注入の大半はRBS（注入額255億ポンド）にたいして実施された。政府の出資比率というのはじつに84%にたっしたのである。注入額57億ポンドのロイズは、株主割当発行などによる増資もおこなうことになった。政府の出資比率は43%になる。

　こうしたイギリスの経済・金融危機対策によって、2009年度の財政赤字のGDP比が11.8%にのぼった。

　そのため、長期金利の指標である10年物英国債の利回りが高騰（価格は下落）した。2010年2月19日に利回りは4.276%まで上昇した。ギリシャの6.446%よりは低いものの、イタリアの4.081%、スペインの4.041%を上回ってしまった。

## （5）ユーロの信認

　ヨーロッパの金融危機と財政危機はきわめて深刻である。西ヨーロッパ諸国の財政赤字、中東欧諸国の金融危機の西ヨーロッパの銀行危機への波及などが懸念されている。このような事態にいたった背景には、通貨と国家主権というユーロ導入当初からの問題がいまだに解決されていないことがある。

　欧州通貨統合は、ユーロ発行という国家主権のうち通貨主権だけを超国家機関であるECBに移譲するものにすぎない。財政主権など通貨主権以外の国家主権は、依然として、ユーロ圏（ユーロを導入した国）諸国に帰属して

いる。ここに、ユーロ導入のきわめて深刻な矛盾がある。

　ECB（欧州中央銀行）が統一的な金融政策をおこなっても、各国が財政出動により財政赤字を拡大すれば、ユーロが弱体化していく。だから、財政赤字をGDP比で３％におさえることを遵守しなければならないという安定成長協定が締結されている。しかし、ドイツやフランスなどの大国が３％を超えても平然としていた。

　ECBは、ドイツやフランスなどの大国を念頭に金融政策をおこなっている。経済のウェイトが高いからである。だから、これらの国の景気が悪いと金融緩和をおこなうので、景気のいい国には、逆に景気過熱やバブルが発生することがある。景気の加熱をおさえるには、増税などが必要であるが、景気がいいときは税収が増えるので、増税など国民がゆるすはずがない。多くの国で住宅バブルが発生した要因のひとつはそこにある。

　ユーロが導入されるとドイツのような大国にとっては、通貨が割安となり、域内への輸出が拡大する。しかし、ギリシャやポルトガル、スペイン、アイルランドなどの経済基盤が弱い国では割高になる。そうすると域内での輸出が不利になるので、景気を浮揚させようとすれば、いきおい内需の拡大をせまられる。

　内需を拡大するために財政赤字が増えれば、当該国の国債は売れなくなるので、財政赤字の拡大には歯止めがかかるはずである。しかし、当該国の銀行は、ECBやドイツなどの銀行からから借り入れることはできる。しかも、ギリシャのように公式統計が正確でなければ、突然、財政赤字が膨れ上がるまでは、国債の発行や借り入れが可能である。

　ギリシャは、ユーロ導入時の財務データも正確でなかった。そもそもどうして、ギリシャをEUに加盟させるとか、ユーロを導入させたのか。それは、経済の論理ではない。政治と軍事の要請による。イスラム世界への前線基地として位置付けられているからである。EUは、経済の論理に政治・軍事の論理が優先している。このことをみなければ、EUの本質はわからない。だから、結局は、ギリシャはとりあえず救済されたのであろう。

　ギリシャがユーロから脱退するという選択肢もある。そうすれば、ギリシャの中央銀行が独自の金融政策をおこなうこともできるし、変動相場制に移

行することで、ドラクマの為替相場が下落すれば、輸出を増大させて景気の浮揚をはかることができる。

しかしながら、その半面で、莫大な規模のユーロ建ての債務の返済額がすさまじいものになる。外貨資金を大量に取り入れたので、経済・金融危機で自国通貨が暴落し、返済額が激増したアイスランドのように事実上の国家破産に追い込まれるであろう。

## むすび

ドバイ、アイスランド、ギリシャ・ショックと経済・金融・財政危機の震源地は、アメリカからヨーロッパにうつっているかにみえる。アメリカの経済・金融危機もかなり深刻なのであるが、西ヨーロッパ諸国は、自国の住宅バブル崩壊への対応や金融機関への救済策、景気のテコ入れ、などでさらに膨大な財政出動をせまられることになるであろう。

EU諸国は、膨大な財政負担もあって、景気がかなり低迷している。この西ヨーロッパへの輸出が激減するなかで、中東欧諸国の景気がさらに悪くなって、経済・金融危機にみまわれれば、オーストリアとスウェーデンの銀行が膨大な損失をこうむる。このふたつの国に資金を提供しているスペイン、イタリア、フランス、ドイツなどで金融危機におそわれる。

そうすれば、ドイツやフランスはじめEU諸国にさらに膨大な財政出動がせまられる。OECD（経済協力開発機構）のピエール・カルロ・パドアン事務局長は、2010年1月におこなわれたロイター通信とのインタビューで、「ギリシャ・ショックは、世界的な金融危機の最重要課題が不況からの脱出ではなく、財政の持続性にうつったことをしめしている」とのべた。

財政出動をおこなうと国債発行がむずかしくなっていくので、アメリカの中央銀行FRBのように、本格的な信用緩和をせまられるであろう。各国の長期国債の買い取りはFRBとおなじであるが、ちがうのは、膨大な金融機関の不良債権の買い取りをおこなわざるをえなくところであろう。

国債の発行によって調達した資金は、景気対策と金融機関の資本増強に投入される。アメリカFRBは、証券化市場のテコ入れのためにMBSなどの購入をおこなったが、銀行中心の金融システムをとるヨーロッパでは、金融機

関の不良債権の買い取りをおこなわないと、金融危機はおろか、経済危機も克服できないからである。

　その結果、1.5倍程度におさまっていたECBのバランスシートの規模は、英中央銀行イングランド銀行なみの3倍に膨れあがるだろう。1兆ユーロ（約115兆円）ものECB資金が投入されてようやく、イングランド銀行なみになる。もちろん、そんなものではすまない。数兆ユーロの投入が必要になるかもしれない。

　金融機関の不良債権を購入する場合、時価にするか、簿価にするかが大問題である。なるべく時価ちかくで買わなければならない。そうしないと、民間銀行はあまり損をしないが、ECBが膨大な損失をこうむる。

　その損失をEU諸国が肩代りしなければ、結局、ECBに膨大な損失が蓄積する。EU諸国が肩代りすれば、すさまじい財政赤字が膨れ上がる。いずれにしてもユーロの信認があやうくなる。ユーロの信認を捨てなければ、EU経済・金融システムが崩壊するかもしれない。


〈注〉
（1）日本とちがって、ドイツでは、連邦制をとっているので、参議院議員は国民の選挙で選ばれるのではなく、州の代表で構成されている。
（2）為替相場メカニズムとよばれ、為替変動幅を中心レートから上下15％におさえるというものである。

# 第8章　世界金融危機とCDS

## はじめに

　2007年8月のパリバショック（BNPパリバ傘下のヘッジファンドが募集、解約・返金の業務を一時停止）に端を発し、2008年9月のリーマン・ブラザーズ破綻により混迷の度合をふかめた今回の世界経済・金融危機にさいして、ひんぱんに各種メディアに登場するようになった取引がサブプライム・ローン、証券化、CDS（クレジット・デフォルト・スワップ）であるが、このうち前二者は、その後取引額が極端に減少したのにたいして、危機後でも規制の在り方は変わってきているものの活発に取引されているのがCDSである。
　CDSは、2010年5月に顕在化したギリシャ・ショックなどでも注目されており、ここで、世界金融危機におけるCDSのはたした役割についてみてみることにしよう。

## 1　CDS取引の内容

### （1）CDSとは

　まず、最初にCDS（クレジット・デフォルト・スワップ－ Credit Default Swap）とはどのような取引かをみてみよう。
　英国銀行協会（以下"BBA"）が1997年からの取引規模を公表していることからもわかるとおり、CDSの歴史は15年を超えており、取引自体の定義はほぼ定着しているが、ここではふたつの例を紹介してみよう。
　米国財務省報道発表（2004年7月19日）の『米国財務省およびIRS（内国歳入庁）がCDS取引に関するガイダンスを作成するにあたっての情報提供依頼』は、つぎのようにのべている。
　「CDSは一般的に以下のような契約をさす。契約の一方の当事者がもう一方の当事者から、ある特定の債務者が債務履行できない場合（"デフォルト－

第8章　世界金融危機とCDS

**図表8－1　CDS（Credic Default Swap）の取引内容**

- 信用リスクを移転する取引（デリバティブ）の一種で、経済効果や取引の構成は「保証」に類似
- 保証人に相当する「プロテクションの売り手」は、保証を受ける側の「プロテクションの買い手」から保証料に相当する「プレミアム」を契約期間中（通常5年）受け取るかわりに、参照組織に倒産や不払いなどの「クレジットイベント（信用事由）」発生時には、プロテクションの買い手に保証元本相当額を支払う。

**【CDS取引の基本構造】**

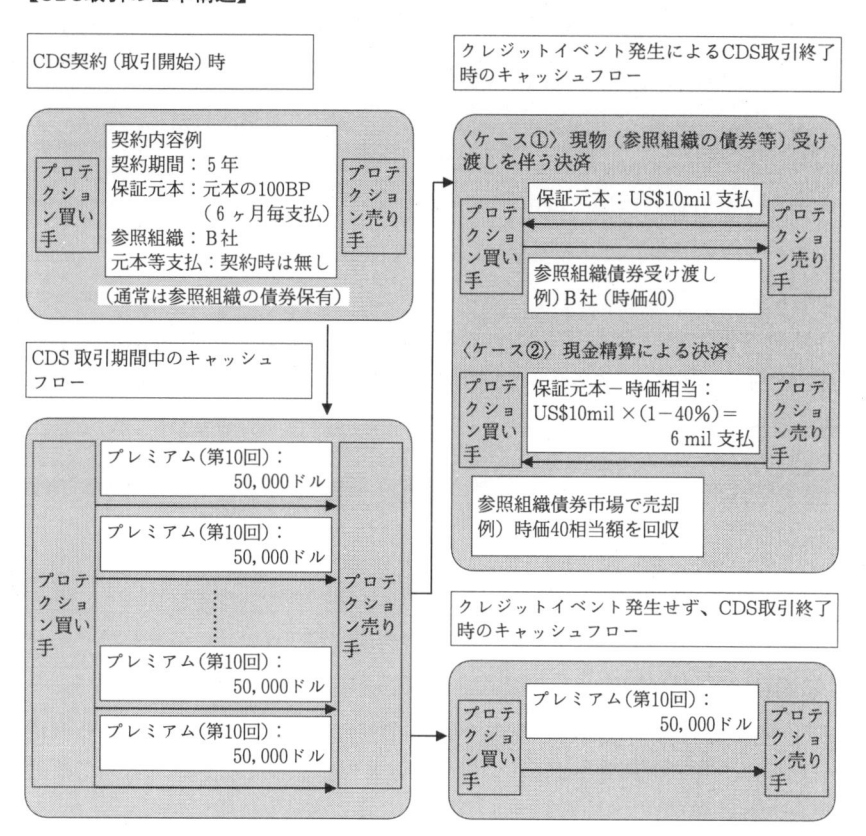

CDS契約（取引開始）時

契約内容例
契約期間：5年
保証元本：元本の100BP
　　　　　（6ヶ月毎支払）
参照組織：B社
元本等支払：契約時は無し
（通常は参照組織の債券保有）

プロテクション買い手 ⇔ プロテクション売り手

CDS取引期間中のキャッシュフロー

プロテクション買い手 → プロテクション売り手
　プレミアム（第1回）：50,000ドル
　プレミアム（第2回）：50,000ドル
　　　　……
　プレミアム（第9回）：50,000ドル
　プレミアム（第10回）：50,000ドル

クレジットイベント発生によるCDS取引終了時のキャッシュフロー

〈ケース①〉現物（参照組織の債券等）受け渡しを伴う決済

プロテクション買い手 ← 保証元本：US$10mil 支払 ← プロテクション売り手
プロテクション買い手 → 参照組織債券受け渡し
　　　例）B社（時価40） → プロテクション売り手

〈ケース②〉現金精算による決済

プロテクション買い手 ← 保証元本－時価相当：
　　US$10mil×(1－40%)＝6 mil 支払 ← プロテクション売り手

参照組織債券市場で売却
例）時価40相当額を回収

クレジットイベント発生せず、CDS取引終了時のキャッシュフロー

プロテクション買い手 → プレミアム（第10回）：50,000ドル → プロテクション売り手

default")の"プロテクション－protection"を購入する取引。

デフォルト発生後、典型的な契約においてプロテクションの売り手は以下のいずれかを実行する。

参照債務の損失に相当する金額を買い手に支払うか、またはデフォルト後を想定して事前に決定した「参照債務の価格」にて買い手から当該参照債務を買い取るかのいずれかである。

市場参加者はこのCDSをさまざまな目的につかうが、それには"risk management（リスクマネージメント）"、"speculation（投機）"、"synthetic exposure（合成したエクスポージャーの取得）"がふくまれる。

バーゼル委員会のジョイントフォーラム（Joint Forum（2004年10月））の"Credit Risk Transfer"は、つぎのようにのべている。

「一方の当事者（"protection seller"）が、一定の期間にわたり、もう一方の当事者（"protection buyer"）から"手数料－fee"を受け取ることによりある特定の参照組織の信用リスクを引き受ける取引のこと。CDSは信用リスクのヘッジや、より複雑な仕組商品を作るにあたっての"block"（土台）を築くのにつかわれる。」

最初の例では、取引にかかわる期中の資金の流れ（"fee"あるいは"premium"とよばれる）、ふたつ目の例では参照債務のデフォルト（後述するが、通常CDSでは"クレジット・イベント－credit event"とよばれる）について言及されていないが、それらを補完して図示したものが図表8－1である。また、取引の目的について前者は"speculation"をあげている点に注目したい。

## （2）CDSの取引量

図表8－2にみられるように、BBAが市場規模（推定）を公表しはじめた1997年の取引量は1800億ドルであった。

ISDAが統計を公表しはじめたのは2001年であり、翌2002年ころから規模が急増し、01年を基準とすると、02年には2.38倍、07年にかけては約67倍の増加であった。

2001年以降の取引急増に背景として、このころWorldcom、Enron、Delphiなどの大企業の破綻（デフォルト）が相次いだことがひとつの要因と考えら

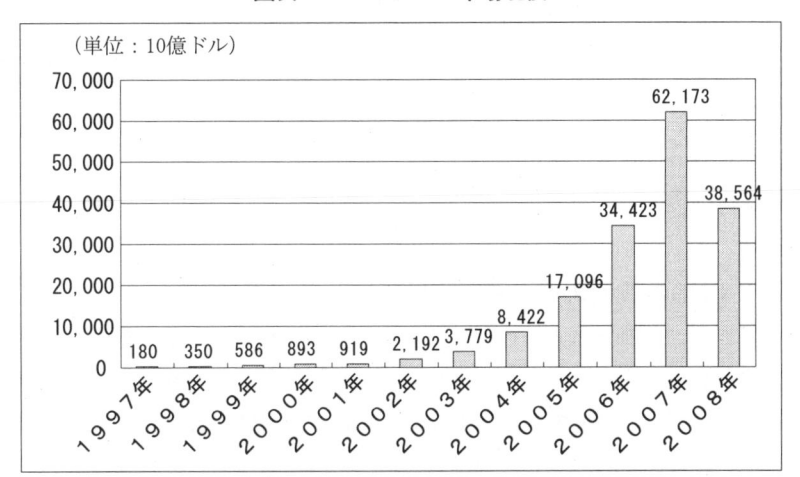

図表 8 — 2　CDSの市場規模

(単位：10億ドル)

|  |  |
|---|---|
| 1997年 | 180 |
| 1998年 | 350 |
| 1999年 | 586 |
| 2000年 | 893 |
| 2001年 | 919 |
| 2002年 | 2,192 |
| 2003年 | 3,779 |
| 2004年 | 8,422 |
| 2005年 | 17,096 |
| 2006年 | 34,423 |
| 2007年 | 62,173 |
| 2008年 | 38,564 |

(出所) 1997～2000年：British Bankers' Association (BBA)、2001年以降：International Swaps and Derivatives Association (ISDA)

れるが、関係各国の法律や規制当局の判断などの影響も大きい。

形態別にみると2003年の契約においては、個別銘柄のCDS ("single name CDS") の契約が約半分をしめていたが、06年には約40％に縮小している。一方でインデックス (iTraxxなど) やインデックスにリンクした商品の取引量が拡大している。

## (3) CDSの取引種類

取引されるCDSとして、つぎのようなものがある。
①個別銘柄 (single name) CDS
②インデックス (Index)[1]
- DJ CDX NA IG (Dow Jones CDX North America Investment Grade)
- DJ CDX NA HY (Dow Jones CDX North America High Yield)
- DJ CDX EM (Dow Jones CDX Emerging Market)
- iTraxx Europe
- iTraxx CJ (Japan)

- iTraxx Asia ex-Japan（excluding Japan）

　個別銘柄CDS、インデックスともに株式市場のような取引所は存在せず、売り手と買い手同士での取引（相対取引）がおこなわれている。またここに記載のインデックスの体系は2004年にととのったが、こうしたインデックスの開発は投資目的の取引拡大につながった。

## （4）CDSの取引の具体的契約条項

　上述のとおり現状CDSの取引所は存在しないため、契約は当事者同士（相対）でおこなわれるが、これまで数回ISDAから、CDSに関する契約条項の定義や典型的な契約書書式が発表されており、取引参加者は、基本的にこれらの書式（および定義）にしたがっている。

　最初に発表されたのは"1999 ISDA Credit Derivatives Definitions"であり、"2000 ISDA Definitions"による追加をへて"2003 ISDA Credit Derivatives Definitions（以下"2003 Definitions"）"がその後数年にわたり取引における契約の見本となった。

　2003 Definitionsにおける重要な条項定義は、つぎのとおりである。
①Credit Event（Section 4.1）
- Bankruptcy（破産・倒産）
- Failure to Pay（不払い）
- Obligation Acceleration（債務不履行による期限の利益喪失）
- Obligation Default（債務不履行）
- Repudiation/Moratorium（債務返済拒否／支払猶予）
- Restructuring（債務のリストラ）

②Settlement Method（Section 6.1）
- Cash Settlement
- Physical Settlement

　世界金融危機のなかで多くの企業にクレジット・イベントが発生したが、その過程で"2003 Definition"にもとづく契約では、クレジット・イベン

ト発生後の処理が適時・適切におこなわれない事態が少なからず生じることがあきらかになった。

そこで、2009年3月にISDAは、"2009 ISDA Credit Derivatives Determinations Committees and Auction settlement Supplement to the 2003 ISDA Credit Derivatives definitions（以下"March 2009 Supplement"））を発表した。

ここで、清算方法（Settlement Method）に"Auction Settlement"を追加し、クレジット・イベントの認定を決議する"Determinations Committee"を創設することがきめられた。

## 2 CDS取引に関する当局・議会の対応

### （1）バーゼル銀行監督委員会（(Basel Committee on Banking Supervision) 以下「バーゼル委員会」）の監督規制基準

① International Convergence of Capital Measurement and Capital Standards（July 1988）（いわゆる「バーゼルⅠ」）

この報告書は、「はしがき（Introduction）」において、規制の統一化作業の基本的目的としてつぎのふたつをあげている。

「あたらしいフレームワークが、国際銀行システムの健全性と安全性の強化に資すること、および国際業務にたずさわる銀行間の競争上の不平等の要因を軽減するため、本フレームワークに公平性と整合性をもたせること」である。

銀行の自己資本充実度を計測する手法として、当委員会は、加重リスク・レシオ、すなわち資産およびオフバランス・エクスポージャーを相対的なリスク度におうじて大まかなカテゴリーに分類したうえウェイト付けし、これにたいする自己資本の比率を算出する手法がこのましいと考えるとしている。

この「ウェイト付け」に関しては、オンバランス資産の分類においてOECD諸国の中央政府、中央銀行、銀行向け債権とそれ以外に大きく差をもうけたこと、およびオフバランスシート取引の分類において、契約の額面金額全体について信用リスクを負っているわけではなく、契約の相手方が破綻

した場合にキャッシュ・フローを再構築するための潜在コストが信用リスクに相当するという考え方をもとにしている点と、短期かつ流動性の高い貿易関連偶発債務のウェイトを低く設定した点に着目する必要がある。

またより根本的な問題として、当該監督規制が「国際業務にたずさわる銀行」を対象(保険会社やヘッジファンドは対象外)としている点が重要である。

② Amendment to The Capital Accord to Incorporate Market Risks (Jan. 1996)

当該改定の主目的は、銀行に1997年末以降(各国監督当局の判断によりそれ以前から)、信用リスクにくわえてマーケット・リスクについても自己資本の保有を義務付けることであった。

この改定により、表面上は(マーケット・リスクの分だけ)監督対象となるリスクの範囲は広がったが、追加されたマーケット・リスクの対象として(バーゼル委員会報告では)はじめて「トレーディング勘定(trading book)」が特定化され、このトレーディング勘定にふくまれる商品は、引き続き自己資本統一化基準にもとづく信用リスク規制の対象ではあるが、個別リスク(specific risk)にたいする所要自己資本は賦課されないこととされた(このトレーディング勘定に分類される商品のあつかいが、のちの金融危機に大きな影響をおよぼすこととなる)。

③ International Convergence of Capital Measurement and Capital Standards (A Revised Framework) (June 2004)

Part 2: The First Pillar — Minimum Capital RequirementsのVI. Trading book issues、A. Definition of the trading bookにおいて上述②"Amendment"における定義を修正したものである。

「senior managementによって承認された持ち高(position)/商品(instrument)またはポートフォリオ(portfolio)に関する、明確に文書化された取引戦略」の存在などをトレーディング勘定としてあつかわれることの要件とした。

④ The Application of Basel II to Trading Activities and the Treatment of Double Default Effects (July 2005)

トレーディング勘定の枠組改善を目的として、トレーディング勘定と銀行勘定の区分（明確化）、評価額の調整または引当（詳細な解説）、個別リスク関連の見直し、内部モデルの検証にかかる基準の追加を規定したものである。

⑤ International Convergence of Capital Measurement and Capital Standards, A Revised Framework Comprehensive Version (Jun. 2006)

当該報告書は、"the June 2004 Basel II Framework"、"the elements of the 1988 Accord that were not revised during the Basel II process"、"the 1996 Amendment to the Capital Accord to Incorporate Market Risks"、"the 2005 paper on the Application of Basel II to Trading Activities and the Treatment of Double Default Effects"を編集したもの（"compilation"）である。

### （2）米国商品取引現代化法（the Commodity futures modernization Act（"CFMA"）

2000年12月20日に成立したもので、「1933年の証券法（Securities Act）」、「1934年の証券取引所法（Securities Exchange Act）」の修正をふくみ、スワップ（swap）取引を実質的に政府監督下からはずす内容となっている。

CDSもこのスワップ取引のひとつとみなされ、図表8－2でみたように、これ以後取引量が爆発的に拡大していくことになる。

## 3　具体的事例（1）——AIG

### （1）AIGとCDS

2008年9月15日のリーマン・ショック直後、世界最大の保険会社であるAIG（American International Group, Inc.）は、アメリカの中央銀行FRBの救済融資をうけた。このAIGとCDSの関連について、いくつかの報告書な

図表8－3　破綻・国有化に至った金融機関の株価推移
（2008年5月1日時点を100とした指数）

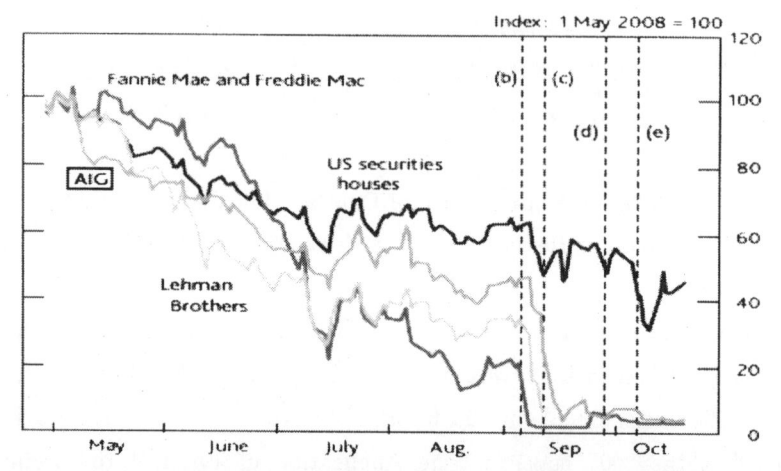

（出所）Bank of England "Financial Stability Report (Oct.2008)
http://www.bankofengland.co.uk/publications/fsr/2008/fsrsum0810.pdf

どの資料からみてみることにしよう（図表8－3、参照）。

## （2）2008年2月28日公表の "AIG REPORTS FULL YEAR AND FOURTH QUARTER 2007 RESULTS"

　当該公表資料は、2007年度の純利益（net income for full year 2007）が62億ドルであり、06年度の純利益は、140億5000万ドルから78億5000万ドルの減少であるむねから記載がはじまっているが、特筆すべきは、この純利益は、子会社である AIG Financial Products Corp.（AIGFP）のスーパーシニア（super senior）クラスのCDSに関する未実現評価損として114億7000万ドルを考慮した結果である点である。

　上述したバーゼル委員会の監督基準や、「米国商品取引現代化法」の影響は、CDS取引において、ヘッジ対象（securities）の存在有無はべつとして、プロテクションを買う側の取引需要増加につながっていったが、その一方で、契約（取引）が成立するためには、AIGのような総合保険会社をはじめ、いわゆる「モノライン」と称される信用保証業者がプロテクションを売る側と

して登場する機会が急増してくることになる。

## (3) U. S. Treasury, Federal Reserve and AIG Establish Comprehensive Solution for AIG (November 10, 2008)

　サブタイトルは、「強固な資本構成の確立、クレジット・デフォルト・スワップと米国証券貸出に起因する流動性問題の解決、秩序ある資産売却および借入の元利金返済を可能にするスキーム」となっている。

　AIG会長兼CEOのエドワート・M・リディは、「この包括的解決策により、AIGの脅威となった流動性の問題に対応し、全関係者に恩恵をもたらす再建プロセスを成功させる財務的柔軟性をえることができる」、「850億ドルの緊急融資は、AIG、アメリカ経済ならびに世界の金融システムに甚大な損害をあたえることになったであろうAIGの破綻を回避するために不可欠なもの」とコメントした。

　流動性への問題対応を目的とした「資金調達の方策」「一時的な取引」にはそれぞれつぎのものがふくまれる。

①**資金調達の方策**
　＊優先株による資本注入：アメリカ財務省は、金融安定化策（TARP）をつうじて、AIGが新規に発行する400億ドルの永久優先債とワラントを購入
　＊改定与信枠：永久優先株発行後の既存のニューヨーク連銀与信枠（クレジットファシリティ）を600億ドルに変更
　＊これらによりアメリカの納税者のAIG保有比率は79.9％に

②**一時的な取引**
　＊AIGとニューヨーク連銀が共同で資金拠出する金融受け皿会社2社の設立
　＊アメリカ証券貸出プログラムの解決策：証券貸出の担保ポートフォリオのうち住宅ローン担保証券（RMBS）をあらたに設立される金融受け皿会社に移管
　＊マルチセクターCDSの残高削減：ふたつめの受け皿会社は、AIGがCDS契約を引き受けているマルチセクターCDOを約700億ドルを上限

として買い取る。

## （4）AIG危機の原因

"Financial Stability Board, Report to the G-20 Finance Ministers and Central Bank Governors (October 2009)" によれば、AIGが経営危機におちいった原因はつぎの点にある。

AIGの危機は、住宅市場に関して「片方向への賭け（one-sided bet）」をしていたことに大きな原因がある。AIGは、保険会社としてアメリカのサブプライム住宅市場の（実質的な）一大投資家になっていた。

AIGは、住宅市場にエクスポージャーが集中するCDO（Collateralized Debt Obligation）のスーパーシニア（super senior）トランシェにたいしてきわめて大量のヘッジしていないCDSプロテクションを売っていた。さらにAIGは、企業向け与信を参照とするCDOやCLOに関してもCDSプロテクションを売っていた。

当該危機による損失は、資本を大きく毀損することになり、その時点で契約していたCDS契約（価値（＝時価）が住宅価格に連動）の担保（collateral）を提供せねばならなかった。そうしたバランスシート（自己資本毀損）へのプレッシャーにより、格付け会社S&PとMoody'sは、2008年9月15日にAIGをAAからAレベルに格下げし、この格下げによりAIGは追加担保を供与する必要が生じた。

なおAIGのCDS取引量は、2002年に約1000億ドルであったが、08年には5000億ドル超となっていた。

## （5）金融市場への影響

FSBの Report (October 2009) によれば、AIG危機の金融市場への広範な影響（adverse effect）は、つぎのようなものである。

### AIGが破綻した場合の、AIG保険契約者への影響
＊AIGに100億ドル以上の貸付をしていた政府（連邦、地方）への影響
＊従業員の確定拠出型年金によるAIGからの400億ドルの保険購入への影響

* グローバル展開している銀行・投資銀行の、500億ドルを超えるAIG向けローンやクレジットライン、(CDSをふくむ) デリバティブエクスポージャへの影響
* 約200億ドルのAIGのコマーシャルペーパーを購入していたミューチュアル・ファンドへの影響
* AIGと取引のある保険会社、確定拠出型年金、ミューチュアル・ファンドそしてグローバル規模の金融機関などからの取り付けによる資金流出

## 4 具体的事例（2）——ギリシャ

### （1）ギリシャ・ショック

2010年に入り、ギリシャ共和国（Greece Hellenic Republic）の金融危機が顕在化した（ギリシャ・ショック）。同国における財政赤字問題が噴出したのである。

このギリシャ・ショックもCDS、とくにソブリンリスクを対象とするCDS（ソブリンCDS）の取引が大きく影響しているといわれている。いくつかの報告書などの資料からみてみることにしよう（図8－4参照）。

### （2）Bank of Greece総裁の会見（2009年10月6日）

金融危機という観点からギリシャの経済状況をみた場合、将来にわたり成長を継続するには多額の経常赤字と財政赤字、そして相当程度の政府債務に対応していかなければならない。

今後競争力を回復し、こうした不均衡をなくしていくには、リスクプレミアムとクラウディングアウトの減少、および経済の潜在的な成長力の向上をめざした複数年にわたる財政強化と、公共部門、労働市場などの改革を同時におこなう必要がある。

図表8－4　ギリシャ共和国CDS推移（2010年）

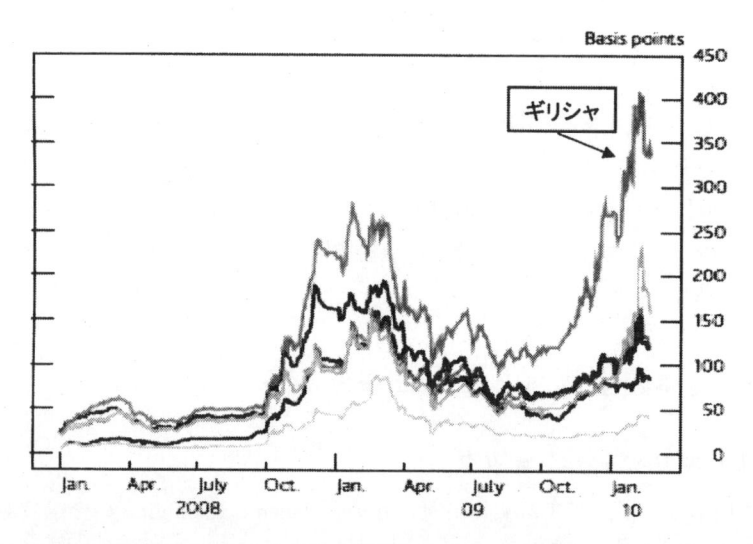

（出所）Bank of England "Quarterly Bulletin (2010 Q1)"
http://www.bankofengland.co.uk/publications/quarterlybulletin/mo10feb.pdf

図表8－5　ソブリンCDS契約額推移

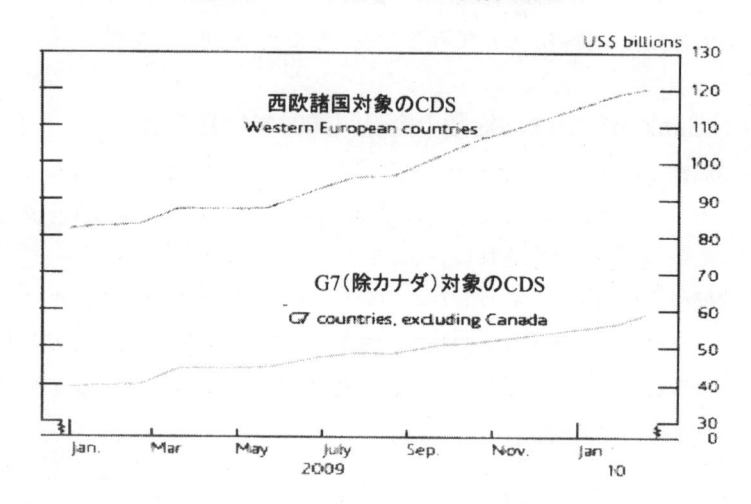

（出所）Bank of England "Quarterly Bulletin (2010 Q1)"
http://www.bankofengland.co.uk/publications/quarterlybulletin/mo10feb.pdf

## (3) BIS Quarterly Review (March 2010) Overview: sovereign risk jolts markets

ギリシャに投資家の大きな注目があつまったのは、2009年10月に、09年の財政赤字が予想をはるかに上回ることがあきらかになったことがきっかけである。

こうした懸念は、すぐに同様の状況の国、ポルトガルやスペインに広がり、これらの国々の国債およびCDSのスプレッドが拡大した。

わずか2、3年前まではソブリンCDSは、おもに発展途上国（emerging market economies）を参照としていたが、投資家が先進国のソブリンリスクをCDSで調整するようになったため、先進国を参照とするCDSがここ数年で大きく伸びた。

しかし、多くのCDS契約がおたがいに相殺される（プロテクションの「売り」と「買い」を同時におこなう市場参加者が多い）ため、CDSにより分散されるソブリンリスクの金額はそれほど多くはない。

ポルトガルの政府債務にたいするポルトガル債を参照とするCDSの金額（net CDS position）の比率は5％にすぎないし、ギリシャをふくむ他の国のその割合はさらに低い。

## (4) Quarterly Bulletin (2010 Q1) Markets and operations, Bank of England

現状および今後の政府債務の大きさ（金額）が、多くの国の中期的な財政の持続性にたいする懸念を増幅させる。ギリシャやユーロ加盟国においてこの傾向がより強い。

ソブリンCDSは、銀行、資産運用会社やヘッジファンドなどさまざまな市場参加者によって、CDSの価格（プレミアム）が高いまたは低いと考えたとき、それぞれに応じてプロテクションを売ったり買ったりし、両方のポジションをとる。

ソブリンリスク（国の信用力）の相対的な変化に着目して、ある国のプロテクションを売り、同時に別の国のプロテクションを買うといった「レラテ

ィブ・バリュー戦略」をとることも一般的である。

　ソブリンCDSのプロテクションの買い手は、通常は、当該国向けのエクスポージャーをヘッジすることを目的とするが、そうした国債のリスクをヘッジするという単純な目的にとどまらない場合がしばしば生じる。

　たとえば、大手の銀行は、デリバティブ取引における時価変動により担保を要求してもそれを提供しない国（ソブリン）や準ソブリンの機関向けデリバティブ・エクスポージャーをヘッジするために使用する。

　さらに投資家のなかには、ある国のマクロ経済予想が変化した場合、全体としてのヘッジ（approximate hedge）にソブリンCDSをつかう。

　ソブリンCDSにかぎったことではないが、市場参加者の数の増加や流動性の上昇（ヘッジ対象を保有しない短期売買はそれらの原因のひとつである）により、CDSの価格（プレミアム）変化が増幅されるという傾向がある。

## むすび

　金融危機後に、各国の監督・規制当局は、つぎのような動向をしめしている。

　Revisions to the Basel II market risk framework（バーゼルIIの枠組みの強化）（2009年7月）は、つぎのようにのべている。

　世界金融危機では、損失の多くやレバレッジの積上がりの大半はトレーディング勘定で発生したことにかんがみ、バーゼル委員会は、2009年1月16日に、バーゼルIIのマーケット・リスクの枠組みに関する、以下のふたつの市中協議文書を公表した。

　　* 「バーゼルIIにおけるマーケット・リスクの枠組みに対する改訂」
　　* 「トレーディング勘定における追加的リスクにかかる自己資本の算出のためのガイドライン

　対象となるポジションとして「証券化商品およびバスケット型クレジット・デリバティブ以外のクレジット関連商品（金利リスクの個別リスクに係る所要自己資本の算出対象となる商品）」と規定している。

　アメリカのガイトナー財務長官は、「デリバティブの相対取引における透明性（transparency）の欠如とこれらの市場への規制当局の監督が不十分で

あることから詐欺的取引や不正操作が発生しやすい金融システムが生まれる」と指摘している。

またNCOIL (the National Conference of Insurance Legislators) やthe New York Insurance Departmentがnaked CDSを禁じる法律の制定を主張しているが、立法にはいたっていない。

〈注〉
(1) Arvind Rajan, Glen McDermott and Ratul Roy (2007) "The structured credit handbook", John Wiley & Sons, Inc.

# 第Ⅱ部

# 世界経済危機下の日本経済

# 第9章　世界経済危機と日本経済

## はじめに

　第二次大戦後の冷戦体制のもとで、日本経済は、長期にわたる高度成長を実現した。この高度成長も1970年代初頭に終息をむかえた。そこで、マーケットをアメリカにもとめる外需拡大、公共投資による内需拡大という経済政策を遂行した。そうこうするうちに、1980年代末には、史上まれにみるようなバブル経済を「謳歌」した。

　だが、1990年代にはいるとバブル経済が崩壊し、10年あまりにもわたる平成大不況にみまわれた。21世紀に持ち越されたこの大不況を克服すべく、それまでの経済政策理念を根本的に転換し、新自由主義的な経済政策を遂行した。競争原理を徹底させるべく、規制緩和・撤廃、労働コストの削減などがおこなわれた。これがいわゆる経済構造改革といわれるものである。

　2008年9月のリーマン・ショックによって、世界経済・金融危機が爆発すると日本経済は深刻な危機にみまわれている。

　日本は、アメリカ型経済・金融モデルを放棄し、アジア共同体結成に尽力し、地球環境と調和のとれたアジアの経済成長と諸国民の生活水準の向上、かたくななまでに安全でいいもの作りにてっする経済システムを志向しなければならないであろう。

## 1　高度成長ともの作り国家の構築

### （1）冷戦下の重化学工業

　太平洋戦争で敗北した日本は、アジア諸国への侵略を反省し、「新憲法」の9条で侵略戦争の放棄を宣言した。「独占禁止法」9条で経済的侵略の先兵であった財閥本社の会社形態、すなわち純粋持株会社の設立を禁止した。

　当初、アメリカは、対ソ連の防波堤として中国を考えていた。日本は、ア

第9章　世界経済危機と日本経済

メリカからみれば、しょせん極東の島国なので、侵略の軍隊の保有を禁止し、アメリカ型の民主主義を導入し、平和で民主主義的で、ひとびとが静かに暮らす国にしようと考えていたことであろう。

じつは、侵略的なドイツを平和国家にするには、重化学工業をなくせばいいという農業国化政策（モーゲンソー・プラン）が戦時中にアメリカ政府内で真剣に検討されたこともあった。だが、旧ソ連軍が反撃し、戦後、東ヨーロッパが社会主義化することがあきらかになってくると、そんな「夢物語」は放棄され、戦後利用するために、ドイツの重化学工業の温存をはかった。爆撃目標もそれまでの軍事施設や軍需工場から、大都市に変更された。歴史の悲劇である。

極東でも、1949年に中国革命が成功し、中国が「社会主義」化してしまった。アメリカは、急遽、政策の大転換をおこなって、日本を対中ソ「社会主義」の防波堤にしなければならなくなった。そこで、アメリカは、日本に重化学工業をあらたに「移植・創出」する政策をとった。ドイツのように、すでに第一次世界大戦前に構築されていた重化学工業をつかうことができなかったからである。

日本は、戦前の軍事産業の伝統と技術は継承したものの、アメリカで戦時中に極限まで発展した民生用重化学工業の成果を大規模に新規に導入した。日本は、傾斜生産方式によって、まず世界一流の鉄鋼産業の育成をはかった。

東京湾沿いを中心に、鉄鋼、化学、機械企業などの大型プラントがどんどん建設された。資源のない日本なので、東京湾に外国からの原材料や石油を満載した巨大貨物船やタンカーを横付けして、生産をおこなった。

日本には、工業技術やもの作りの伝統はあったが、高度成長は、本来の重化学工業企業がなにもないところに巨大な設備投資をおこなうことで達成された。「投資が投資をよぶ」というものであった。

しかも、1990年代からはじまる中国の経済成長と決定的にことなるところは、当初は、輸出指導型の経済成長ではなく、資本財・生産財を中心とする設備投資主導であったことである。もちろん、内需拡大型ではなかったが、基本的に「自律的」な再生産構造を構築することができた。

したがって、設備投資主導型経済成長が終結すると、民族資本、すなわち

日本企業が輸出の立役者となることができたのである。

1970年代初頭になると、さしもの日本の高度成長も終結をむかえた。本来であれば、賃上げ、労働条件の改善、福祉水準の向上、老後の安心の年金制度の確立、ドイツのように6週間程度の夏季連続有給休暇、地球環境保全対策などをおこなって、内需拡大型経済成長をめざすことが必要であった。

しかし、日本は、アメリカにマーケットをもとめる外需、地球環境を破壊する公共投資という内需拡大による経済成長路線を選択した。

### （2）いいもの作り国家の確立

高度成長が可能であったのは、冷戦下でアメリカが日本の重化学工業の「移植・創出」に全面協力したからであるが、国内的には、「格差の縮小」がおおいに役立つことになった。

「独占禁止法」9条による財閥解体で大金持ちが消滅した。国家が地主からただ同然の価格で土地を購入し、小作人にただ同然の安価な価格で売却するという農地解放が断行された。その結果、小作人に耕作させ、みずからは東京の一等地に住んで、遊んでくらしていた戦前の寄生地主が消滅した。

この財閥解体と農地解放によって、日本から戦前の支配階級と大金持ちが消滅した。小作人は、日本では一級の資産である土地をもつ零細地主に生まれ変わった。農村は保守党の集票基盤となり、政治の安定に大きく貢献した。

1960年代初頭の資本自由化にさいして、外国の資本から乗っ取られるのを防止するために、銀行を中心とする企業グループがおたがいに株式を持ち合った。これがアメリカでは評判の悪い株式持合いである。

戦後の日本からは、いわゆる「資本家」と、会社の唯一の所有者であるはずの「株主」も消滅した。「株主」がいなくなった会社は、従業員出身者が社長になるのが普通となったので、会社は、形式的には、「役員や労働者・従業員などみんなのもの」となった。

最近までは、東証一部上場企業の社長の年収は5000万円から8000万くらい、平社員の平均年収は600万くらいだった。比率は10倍程度であった。格差社会であった戦前の日本は110倍くらいあったといわれている。これだけ格差がなくなったのは、歴史上はじめてのことであろう。これが可能となったの

は、財閥解体とそれにともなう個人大株主の消滅、株式持合い、農地解放によるほとんどの農民の零細地主化などのおかげであった。

　しかし、それだけでは、「一億中流社会」は誕生しない。日本が冷戦下でアメリカの世界戦略にしっかりと組み込まれることにより、歴史上まれにみるほどの高度成長を実現し、全体として、経済的・物的に豊かになってきたからである。アメリカのように、格差社会であれば、「努力したひとがむくわれ」、富の大部分の配分を受け取ることになるので、「中流社会」は登場しない。財閥解体と農地解放のおかげである。

　世界史上はじめて実現した「一億中流社会」が、いいもの作り社会にとって、きわめて整合的だったのである。

　社長も従業員出身の「仲間」なので、社長も従業員食堂で食事をとることにあまり違和感がない。このようなことは、依然として「階級社会」の欧米では考えられないことである。欧米では、役員が経営方針を立案し、マネージャーが実行するが、従業員はマネージャーの指示にしたがって仕事をするというように役割分担がきっちりときめられている。けっして、職域をおかしてはならないのである。

　しかしながら、もの作りの現場ではたらいている労働者が実態をもっともよく知っている。もし、このように生産システムを変更したらさらに生産性が上がると思って、マネージャー（従業員）に進言しても、欧米では、「あなた方は指示どおりに仕事をしなさい」といわれるだけであろう。だから、馬鹿馬鹿しいので、あたえられた仕事が終われば、従業員がさっさと自宅に帰ってしまうのは当然のことだろう。

　じつは、もの作り国家のドイツでも、このような状態である。ドイツのもの作りの質が日本とくらべていささか劣るのはそのためかもしれない。したがって、ドイツは、EU（欧州連合）という欧州統合に最初から参加してきたのである。EUというのはあくまで「ブロック経済」であり、そのなかで相対的に競争力があれば企業は利潤を確保できるからである。

　QC（品質管理）サークルとか、英語にもなっているカイゼン（改善）などは、欧米では、そう簡単にできるものではない。生産現場ではたらく従業員からの生産性向上の提案をどんどん奨励し、いいもの作りにはげむのが日本

的経営の「真髄」であると思う。いい提案をした労働者を表彰すれば、みんな必死になって生産性向上のためにがんばるだろう。

これもまたアメリカにはすこぶる評判が悪いが、終身雇用制や年功序列賃金制がいいもの作りに有効であった。定年まで解雇されることがないし、賃金も増えていくので、安心して会社の発展のために貢献するようになるからである。就職してから会社のために身を粉にしてはたらき、神業的な技術を身に付けた熟練工が、日本のいいもの作りに貢献した。ハイテク機械でも計測できない誤差は、熟練工のワザで計測するしかないという。

とはいえ、日本が本当の意味でいいもの作り国家になれたのは、1970年代初頭に高度成長が終結したときに、逆説的ではあるが、本来の内需拡大ではなく、アメリカにマーケットをもとめるという決断をしたからである。

## 2　高度成長の終焉

### （1）アメリカ依存型経済

日本経済は、年率10％前後の経済成長を20年ちかくもつづけたので、高度成長が終結したら、すさまじい不況「恐慌」におそわれるはずであった。

高度成長が設備投資主導型であったので、企業は、莫大な生産設備を保有するようになった。「投資が投資をよぶ」かぎりでは、生産手段生産部門の内部循環で経済成長が可能であった。

しかし、高度成長が終結すると、その設備から膨大な製品が生産されるものの、販売できなければ、利潤が上がらないのはもちろん、経費の回収すらできず、銀行からの借り入れでおこなった設備投資資金の返済もできなくなる。ほとんどの企業は、バタバタ倒産の憂き目にあうはずであった。

企業経営者は、賃上げなどによる本来の内需拡大策ではなく、過剰生産設備から生み出される膨大な製品のマーケットをアメリカにもとめた。高度成長の過程でアメリカなどへの輸出を拡大してきたが、高度成長が終結するとそれが本格化した。というのは、アメリカは、冷戦下で対旧ソ連との戦いで、軍事産業、航空・宇宙産業、IT（通信技術）産業、原子力産業などの最先端産業の技術開発に特化せざるをえなかったからである。

そのためもあって、アメリカは、鉄鋼、金属・機械、化学などの民生用重化学工業の生産性の向上がおろそかになってしまった。アメリカ企業といえば多国籍企業化して、世界中で業務展開をするようになったこともあって、国内市場が「空洞化」してしまった。
　したがって、大規模な最新鋭の重化学工業設備をどんどん導入し、高い生産性を有する日本企業が、優良な製品を生産し、アメリカで売れば、売れるのは当然のことであった。しかし、それが、歴史の偶然であるとはいえ、国際通貨システムにおいて、外国為替取引が固定相場制から変動相場制に移行したことで、日本の輸出企業にあらたな困難をもたらすことになった。
　戦後の冷戦下でアメリカが軍事産業を中心とするハイテク産業、日本とドイツが消費財産業を担当するという国際分業のもとでは、日本からアメリカへの消費財の輸出が激増するのは当然のことであった。当時の国際的な経済的力関係では、アメリカの方がはるかに強かったので、日本からの輸出品の受け取り代金のほとんどは米ドルであった。しかも、いまとちがって、当時は、外国為替の売買は、外国為替専門銀行をつうじておこなわなければならなかったので、輸出代金ドルを売って円を買わなければならなかった。
　貿易黒字が大きくなればなるほど、円高になり、輸出企業の利潤が減るので、輸出は減少する。逆に、円高になると輸入品の価格が下落するので、輸入が増え、結局、貿易収支が均衡するというのが、国際金融論の教えるところである。新自由主義者が変動相場制への移行を強く主張したのはそのためである。しかし、その後の日本経済の展開は、この教えに真っ向から反するものであった。
　日本の輸出企業は、アメリカ企業と競争し、丈夫でいいものを作って、売れるということだけでは、生き残ることはできなかった。すさまじい円高にたえられる企業体質の構築が不可欠だったからである。1ドル＝300円あたりから、1995年の1ドル＝79円75銭までの円高にたえるのは、至難のワザではなかった。
　日本の輸出企業がおしなべて、もの作りの質が高く、経営体質がきわめて強いのは、そうしなければ、生き残れなかったからである。これは、血のにじむようなコスト削減によるものであったが、おのずと限界があった。日本

では、最後の最後におこなわれるコスト削減である賃金の引き下げは、年功序列賃金制下ではむずかしいし、終身雇用制下では、解雇はそう簡単にはできないからである。

アメリカのように、「会社は株主のもの」で、労働者はコストであるとすれば、収益が減少したら、ただちに労働者の解雇をおこなうことになる。そのようなことは、国際競争力を有する消費財産業があまりないところでは、ある程度は通用するかもしれないが、それでは、労働者の会社にたいする「忠誠心」がなくなり、いいもの作りができなくなってしまう。

## （２）生産性向上と省エネ技術の向上

そこで、日本の輸出企業は、アメリカの戦後のハイテク技術開発の成果の一部を大規模に導入した。とりわけ、マイクロエレクトロ（ME）技術を応用した産業用ロボットなどが大量に生産現場に導入された。生産過程にマイクロエレクトロ技術を導入することで、大幅なコスト削減が可能となった。

労働者１人あたり、１日で１単位の製品しか生産できなかったのに、マイクロエレクトロ技術を組み込んだ生産装置を導入することで、３単位の製品を生産できたとすれば、設備投資費をべつにすれば、１ドル＝300円から１ドル＝100円の円高になってもたえられる。こうして、日本の輸出企業の労働生産性は、飛躍的に向上した。

それでは、ハイテク産業の本場のアメリカで、どうして製造業にマイクロエレクトロ技術を応用して、生産性の向上をはからなかったのかという疑問が出てくる。国際競争力の欠如したアメリカの製品でも、広大なアメリカ市場である程度は売れていたからであろう。利益は、設備投資資金に投入するのではなく、配当しろと株主にいわれたからかもしれない。

というよりも、アメリカは製造業を事実上すてて、相対的に国際競争力のある産業である金融業と農業に特化したのである。国家受注に依存する軍事技術は高いレベルにあるし、ハイテク技術の成果を金融業と農業に応用することで、この分野で生き延びていく戦略を構築した。その結果、アメリカでは、デリバティブ取引やM&Aが活発化していったし、バイオテクノロジーが発達し、遺伝子組み換えなどで世界の農業を支配することができた。

日本の輸出企業が、生産性の向上に真剣に取り組まざるをえなかったもうひとつの大きな理由は、オイル・ショックへの対処をせまられたからである。資源のない日本と資源国アメリカでは、当然、対応がおおきくちがったのである。

　日本はアメリカとちがって国土が狭く、公共投資が本格化する1970年代までは道路も劣悪であった。庶民の家は「ウサギ小屋」と揶揄されるように小さく、土地も狭く大きな車をいれる駐車場がなかった。だから、日本の自動車会社は、アメリカのようにガソリンをばら撒いてはしる、快適な大型車ではなく、オイル・ショックを契機に、燃費のいい丈夫な小型自動車作りに専念せざるをえなかった。必死になって石油依存度を引き下げてきた。

　アメリカは、石油産出国なのでオイル・ショックの影響をそれほどうけなかった。相変わらず快適な大型車の製造をつづけた。石油価格は、第二次オイル・ショックのときにも上昇したが、その後、1990年代までほぼ低位で安定していた。多少燃費が悪くても、ガソリン価格は低く据え置かれたので、アメリカの自動車でもある程度は売れた。

　この30年間の日米自動車会社の低燃費車開発への取り組みのちがいが、世界経済・金融危機の爆発を契機に、アメリカ自動車・ビッグスリーの経営危機を顕在化させ、ついに二社までをも経営破綻させることになったのである。

　アメリカの自動車産業に壊滅的打撃をあたえた原油価格の高騰は、アメリカの新自由主義的経済政策がおおきくかかわっている。アメリカで1980年代にはじまった規制緩和・撤廃が、90年代にはいって本格化すると、ヘッジファンドなどの国際投機資本が台頭してきた。1990年代末に株式バブルが崩壊すると、投機資金が原油市場に流入して原油価格が高騰した。その結果、燃費の悪いアメリカ車の売れ行きが減少した。

　もうひとつ、企業の年金や保険負担が大きいことである。「小さな政府」が売り物の新自由主義的経済政策では、国民皆保険などは、非効率的なものである。そうすると、企業が健康保険を提供せざるをえないので、企業は、膨大な保険金支出債務をかかえることになる。さしずめ「大きな企業」であろう。企業の競争力を高めるのが新自由主義のはずなのに、アメリカの自動車会社は、巨額の保険料負担をせまられ、かえって経営が圧迫された。

国際的な投機で原油価格が一時急上昇し、そのために燃費の悪いアメリカ車がますます売れなくなり、それ自体は不可欠であるが、従業員への巨額の健康保険支払いで経営を圧迫されたアメリカのビッグスリー二社の経営破綻は、アメリカ型新自由主義崩壊の典型的事例であろう。

## （3）対外直接投資の拡大

　円高によるすさまじい為替差損を血のにじむような経営の効率化・合理化で補填してきたさしもの日本の輸出産業も限界にくると、労働生産性の向上によって円高を乗り切ってきた。したがって、本来は、円高になると貿易黒字が減少するはずなのに、減少しない。というよりも、円高になるとますます貿易黒字が増えた。そうすると、内需の拡大によって黒字を減らそうとしない日本と、欧米諸国との間の貿易摩擦が深刻な国際問題となった。

　そこで、1980年代に輸出企業は、貿易摩擦の回避のために、欧米市場への直接投資をすすめた。アメリカやイギリスという販売市場で生産をおこなえば、現地での雇用が促進されるので、貿易摩擦はある程度緩和される。日本の部品企業も輸出企業とともに欧米に進出した。

　対外進出した企業は、現地通貨で部品を調達して生産し、販売代金を現地通貨で受け取り、その通貨で賃金を支払ったり部品を調達したりするので、貿易摩擦の緩和におおいに役立った。獲得した利益も現地通貨で運用するで、「国際企業」に転化した輸出企業は、ようやく円高という為替差損の悪夢からある程度は開放された。

　しかし、その半面で、日本経済という一国の観点からみれば、いわゆる「産業の空洞化」といわれる事態が進行した。本来、日本国内で設備投資がなされるはずなのに、欧米に莫大な投資がおこなわれたので、その後、日本経済が低迷する大きな要因のひとつとなった。

　1990年初頭に不動産バブルが崩壊し平成大不況に突入すると、日本企業は、低賃金労働力をもとめて中国を中心にアジア諸国への直接投資を拡大した。日本的経営では、解雇による労働コストの削減がむずかしいだけでなく、不動産バブル崩壊不況というのが、戦後日本で最悪の「恐慌」としてあらわれたからである。そうすると企業は、生き残りために、当時、労働コストが日

本の十分の一以下という中国に大挙して進出した。

　もしも、中国が改革・開放政策をとって、「社会主義市場経済」という資本主義化の方向をめざさなければ、日本は、さらに深刻な不況にみまわれていたはずである。

　大不況下の日本で「100円均一」なども登場しえなかったであろう。中国で野菜や冷凍食品を作って、輸入しなければ、低価格のレストランはやっていけないし、スーパーの低価格の目玉商品などの販売もできない。日本国民が低価格（安全性という問題はあるが）の食料を口にすることはできないであろう。平成大不況期に価格が安定し、末期にデフレにおそわれた一因は、中国が日本の「生産基地」となったことにある。

　半面で、日本の平成大不況は、中国経済を質的に転換させるとともに、中国を「世界の工場」の地位に押し上げた。日本で売れる安いものを中国で生産しなければならなかったからである。高品質になれた日本人は、いくら安くても粗悪品には見向きもしない。だから、いくら賃金が低いといっても、粗悪品しか生産できなければ、中国進出の意味がない。そこで、日本企業は、必死になって品質管理などの技術移転をおこなったのである。

　平成大不況はそう簡単には終息しなかったので、中国のもの作りの技術は、徐々に高まっていった。そうすると、超低労働コストによる生産で高利潤をあげようとする欧米企業が中国に殺到した。こうして、中国は、1990年代も半ばになると「世界の工場」に生まれ変わり、政府発表でも年率10％を超える高度成長を十数年間にわたってつづけることができたのである。

## （4）公共投資による「内需」の拡大

　日本は、高度経済成長が終結すると外需をアメリカに、内需は、賃上げや福祉充実などではなく公共投資にもとめた。1970年代初頭に、中卒の庶民宰相として抜群の人気を誇った田中角栄元首相が提唱した「日本列島改造論」は、日本全土を掘り返して経済を成長させるというものであった。

　1970年代初頭に提唱された「日本列島改造論」は、日本全土を新幹線網と高速道路網でつなぐとともに、一般道路の拡張、港湾・河川などの整備、空港の新設・整備などをおこなって、地方経済を活性化するというものであっ

た。赤字国債などを発行して調達された膨大な財政資金が公共投資に投入された。日本全土が掘り返され、ゼネコン（総合建設業）、建設業、土建業に膨大な仕事が発注された。

　このように、高度成長が終了すると公共投資による地方経済活性化政策がとられたので、農地解放のおかげで零細地主となった農民とともに、建設・土建業は、保守党の強力な支持基盤を形成し、2009年8月30日の総選挙で自民党が惨敗するまで、長きにわたり、政治の「安定」におおいに貢献した。

　国家からの受注による公共投資依存によって、輸出産業とちがって、競争原理が最初から排除された建設・土建業の生産性は、あまり上昇することはなかった。そのことが、1980年代末に不動産バブルをもたらす大きな要因のひとつとなった。

## 3　バブル経済と平成大不況

### （1）銀行融資による不動産バブル

　国家からの受注に依存した建設・土建業は、規制緩和・撤廃などとは無縁の世界であった。むしろ、旧態依然たる談合で仕事を分け合い、みんなで助け合って生きていくという「共同体的・ギルド的」世界であった。この業界が生き延びていくために1980年代にとられた経済政策は、民間活力の活用（いわゆる中曽根民活）であった。

　中曽根民活は、建設・土建業という業務そのものの規制緩和・撤廃をおこなうというものではなく、建設・土建業にさらにビジネス・チャンスをあたえようとするものであった。

　それは、鉄道や道路、橋梁、空港、港湾などを整備する公共投資だけではあきたらず、規制緩和によって、リゾート開発をどんどんやらせようとするものであった。その理屈は、高度成長によって、庶民は豊かになったので、がむしゃらにはたらくのではなく、生活を楽しんでほしい、そのためにリゾートを開発するので、そこでくつろいでほしいというものであった。

　国家肝いりの民活なので、全国中が掘り返され、建設・土建業は仕事を確保することができた。民活というと民間企業が自由に業務を展開できるよう

にし、競争原理がはたらき、経済効率が高まるというものであるが、多くの発注者はここでも国家機関であった。

　そうこうするうちに、1980年代中ごろになると、日本経済の国際化が一段とすすみ、外資系企業が日本に進出してきた。アメリカの大企業は、東京の一等地に事務所をかまえた。都心の一等地にオフィス需要が高まると、徐々に周辺に、不動産需要が波及していった。ここから本格的に不動産バブルがはじまったのである。

　日本で未曾有の不動産バブルを作り上げたのは、建設・不動産業と銀行であった。土地投機がおこなわれたのは、日本は国土が狭く土地は少ない、経済の国際化で外資が日本に殺到する、そうすれば、オフィス・住宅需要と土地需要が激増して、オフィス・住宅価格と地価が上昇するからである。

　通常、不動産業者が手持ち資金で不動産を購入するということはない。銀行からの借り入れ資金で買う。そこで銀行も積極的に不動産融資をおこなうようになった。

　銀行にも不動産融資を拡大せざるをえない理由があった。高度成長期には、優良企業がどんどんお金を借りてくれたが、高度成長が終わると優良企業はさっぱり借りてくれなくなったからである。銀行は、証券業務や企業再生業務など投資銀行業務に業務の重点を移していかなければならなかったが、アメリカのシステムを踏襲して、戦後、銀行・証券分離体制が構築されたので、それもできなかった。

　高度成長の終結で経済規模が縮小したので、金融システムも再編しなければならなかったのに、保守的な金融行政をおこなってきた監督当局である旧大蔵省は、既存の銀行業態を再編することはなかったし、銀行は一行もつぶさない金融行政、いわゆる「護送船団行政」をつづけた。そうすると、日本では、第一級の担保価値をもつ土地の売買に融資するのは、地価が下落しないかぎり、きわめて健全な銀行業務であった。

## （2）天文学的規模の不良債権

　銀行は、不動産売買に膨大な融資をおこなった。素性のしれない借り手には、さすがの銀行も批判をおそれて、子会社のノンバンク（預金をあつめず

貸付専門の会社）に資金を貸し付けて融資をおこなわせた。

　銀行の関連会社である住宅金融専門会社（住専）なども、あぶない不動産融資にのめり込んだ。このようなことは、地価が反転すれば、とんでもないことになるということはあきらかである。

　しかしながら、日本では、企業間で株式を持ち合ってきたせいで、ものをいう株主はおらず、経営者は、アメリカのように四半期ごとの収益状況に一喜一憂する必要もなかったので、長期的展望をもって経営をおこなうことができるといわれてきた。残念ながら、そんなことはなかった。日本の金融機関経営者もバブル期には、とことん不動産投資にのめり込んだからである。

　日本銀行は、低金利をつづけてバブル形成に一役買うという大失態を演じたので、おそかったものの1989年には引き締めに転じ、90年に株価が、じきに地価が反転しても、引き締めをつづけて、バブル経済の完全撲滅をもくろんだ。バブルをつぶしすぎたこともあって、銀行には、天文学的不良債権がのこり、株価も暴落して、深刻な平成大不況にみまわれたといわれている。

　地価が本格的に反転したのは、旧大蔵省が銀行にたいして、1990年半ばに不動産融資の規制をおこなったからである。この規制は、不動産融資の伸び率を不動産以外の融資の伸び率以下におさえるというものであった。バブル期には、不動産融資以外はほとんど伸びていなかったので、この規制は、事実上、銀行の不動産融資を禁止するものであった。

　不動産バブルが銀行による野放図な不動産融資によってもたらされたものなので、銀行から不動産融資が止まれば、不動産売買ができなくなり、地価が下落していくのは当然のことであった。

　ほとんどの日本の銀行は、天文学的な不動産融資をおこなったので、地価が下落に転ずると、莫大な不良債権が銀行のバランスシート上にのこった。銀行は、バブルが崩壊すると推計でじつに200兆円の不良債権、100兆円以上の損失をかかえたが、自分たちの不良債権なので、自分たちで処理しようとした。だが、銀行が自力で不良債権の処理ができるほど甘いものではなかった。それだけ桁外れのバブルだったのである。

　そのため、不動産バブル崩壊不況である平成大不況が長期化し、解決するまで十数年もかかったのである。(1)

## 4 経済構造改革の蹉跌

### (1) 経済構造改革の帰結

　平成大不況下の日本経済の混迷を打開すべく、抜本的な経済構造改革を断行するとして登場した小泉政権は、2006年9月に退陣した。同政権は、当初は90％前後、その後、ほぼ50％あまりの支持率を維持した。このような高支持率政権は、これまでに存在しなかった。

　しからば、本当に国民がやってほしい構造改革をおこなったのか。否である。国民は、いいもの作り、富裕層や大企業優先ではなく、弱者に優しい社会、格差の少ない社会、平和な日本とアジアをもとめているからである。

　小泉構造改革は、圧倒的な国民的「支持」によってすすめられた。国民は、無駄な道路を作らない、官僚支配を打破し、官の無駄遣いを徹底的に排除する、天下りの温床である無駄な公的金融機関を廃止する、100年安心の年金制度を作る、地方分権をすすめる、郵政民営化をおこなう、銀行の不良債権問題を解決する、などの改革によって、景気を回復させるものの、消費税率の引き上げや、大衆増税をしないことに期待した。

　銀行の不良債権処理のために、60兆円の公的資金がつかえるようになっていたので、この問題の解決はむずかしくはなかった。しかも、2003年5月に、りそなグループに巨額の公的資金を導入して、株価を無理やり引き上げ、株への投資で銀行に儲けさせたことで可能となったからである。不良債権問題を解決できれば平成不況をとりあえず克服することができた。

　小泉元政権が集中的に取り組んだのは、大企業の労働コストの劇的削減のバックアップである。そこで、大企業を中心に、正規雇用から非正規雇用への大転換が急激におこなわれた。非正規雇用であったとしても失業者ではないので、失業率が下がって政権の成果にもなる。景気回復したということになる。だから、非正規雇用の増加は、政権にとってこのましいことであったことだろう。

　「大きな政府から、小さな政府」を作り上げるには、歳出削減が必要だということで、福祉の切り下げ、低所得者層への増税、生活保護費の削減など

が断行され、経済格差がすさまじい広がりをみせている。

## （2）2009年総選挙

　小泉元首相は、2006年9月に自由民主党総裁の任期切れで退陣した。後継の安倍政権は、構造改革の継続を標榜しながら、自民党から追い出したはずの郵政民営化反対のいわゆる「抵抗勢力」を復党させて、構造改革の後退をひとびとに印象付けた。

　とくに深刻なことは、年金を掛けつづけたにもかかわらず、旧社会保険庁のミスで契約者を特定できないケースが山ほど出てきたことである。掛け金を支払った証拠をしめさなければ、年金の支払いはできないということになった。銀行に預金したのに、「銀行のミスで預金者を特定するデータがなくなりました、預金通帳がないひとには、預金の払い戻しはできません」というのとまったくおなじである。

　もし、銀行がこんなことをしたら確実に清算される。銀行経営者は、きびしい処分をうけるだろう。ところが、国家だとデータもないのに、「最後の一人まで年金を支払います」というだけですんでしまう。

　これは、国民は、生命・健康・財産をまもってくれるということを国家と契約しているという「社会契約論」からすれば、重大な契約違反である。国民が政府を転覆するという革命権を行使できる。だから、2007年7月におこなわれた参議院選挙で自民党は惨敗した。日本国民による歴史上はじめて「市民革命」なのかもしれない。

　20世紀末から21世紀初頭にかけて、平成大不況が深刻化し、1929年世界大恐慌以降はじめて工業国で深刻なデフレにみまわれた。したがって、デフレ克服のために、構造改革ではなくて、賃上げ・労働条件の向上、福祉充実、長期休暇、地球環境保全などで、内需拡大型の経済システムに大転換しなければならなかった。アメリカ依存型経済と公共投資による内需拡大型経済成長を根本的に転換しなければならなかった。

　アメリカの住宅バブルとかさなったので、内需拡大型経済システムに転換する絶好のチャンスであった。ところが、構造改革は、大企業や金融資本の利潤拡大によって経済成長を実現しようとするものであるから、利潤拡大の

桎梏となる労働コストを最大限引き下げるというものなので、個人消費はほとんど伸びなかった。

ところが、アメリカの住宅バブル期に日本経済は、戦後最長の「好景気」を謳歌した。ただし、輸出と設備投資が拡大した結果としての好景気にすぎなかった。

したがって、世界経済・金融危機でアメリカの個人消費が激減し、外需が激減したので、ただでさえ冷え込んでいる個人消費とあいまって、深刻な景気の低迷におそわれたのである。アメリカの住宅バブル期に内需拡大型経済システムに転換していれば、そんなことはなかったであろう。日本の経済史において、数少ない絶好のチャンスを逃したのである。

第二次大戦後に構築された「一億中流社会」では、「労働者階級」は存在しなかった。国民すべてが「中流」であれば、政党はひとつで十分であった。欧米のように、労働者階級が存在すれば、資本の側の政党と労働者側の政党の二大政党が必要である。戦後、事実上、自民党の一党支配が存続できたのは、そのためである。しかし、小泉構造改革は、非正規雇用という形で戦後の日本にはじめて「労働者階級」を登場させた。その数じつに1000万人を超える。逆説的な意味で、小泉構造改革の歴史的「意義」がここにある。

そして、ついに2009年8月30日におこなわれた総選挙で自民党は300議席から119議席と歴史的な惨敗を喫した。戦後はじめて本格的な政権交代が実現した。これはおそらく、イギリスやフランスに200年以上おくれた、歴史上はじめての本格的な「市民革命」であろう。

もちろん、政権を握った民主党はじきに国民から見放され、2010年7月の参議院選挙で敗北した。政権交代そのものが歴史的だっただけのことである[2]。

## むすび

欧米発の経済・金融危機の教訓は、ひとつは、日本は、安全でよりいいもの作り国家の再生にむけて全力で邁進しなければならないということである。

金融ビッグバンと経済構造改革で日本経済は、アメリカ型への転換をめざした。しかし、マネーゲームが横行し、額に汗してもの作りにはげむことを

「軽蔑」する風潮すらみられるようになった。経営危機におちいったアメリカの自動車産業は、政府に救済融資を要請し、結局、二社も経営破綻した。それは、株主にだけ奉仕する経営システムの限界をしめしたものであるとともに、いい自動車作りよりも金融業で金儲けしようとしたことのつけがまわってきた冷厳なる帰結である。

　日本経済は、アメリカのように労働者をコストとみるのではなく、会社の重要なパートナーと位置付けなければならない。労働者を大事にしないと、いいもの作りはできないからである。

　もうひとつは、健全な金融システムを構築していかなければならないということである。

　現下の世界経済・金融危機と国際商品価格の高騰は、金融システムに内在する機能を極限まで利用した冷厳なる帰結である。世界経済・金融危機では、アメリカ経済だけでなく、世界経済・国際金融市場の崩壊をもたらす危険があり、原油価格の高騰は、世界中の市民生活が大打撃をうけるばかりか、石油をつかう企業にすさまじいコスト負担をしいている。

　21世紀に突入した現在、諸国民が本当にしあわせになるための経済システムをどうしても作り上げていく必要がある。地球環境に徹底的に配慮し、経済・地域格差が僅少で、安全でいいものを作り、国民に安全な食料を提供し、快適な住空間を確保することなどが必要であろう。

　やはり、金融システムは、ひとびとが本当にしあわせになる経済システムを構築することに役立つものでなければならない。あくまでもひかえめではあるが、きわめて重要な役割である。

　現代経済の特徴は、金融システムが肥大化し、「自立」してきたことにある。したがって、国民に奉仕する経済システム構築のために本来の信用創造機能をフルに稼動させることが肝要である。経済活動の効率化のためにはある程度必要であろうが、金融の自由化、規制緩和・撤廃一辺倒ではなく、再規制も不可欠だろう。

　三つ目は、アメリカ型の新自由主義的経済政策による経済成長モデルが破綻した現在、日本はアメリカ依存から、アジア共同体の方向にシフトしていくことが肝要だということである。

アジア共同体ができれば、アメリカは、そう簡単に世界から無価値の「紙」幣ドルで消費財を買うことができなくなる。アジア共同体は、アジアのひとびとの生活水準の向上のために、地球環境と調和のとれた経済成長に邁進するので、アメリカの消費者のために、減価することが確実なドルで売ろうとはしなくなるであろう。

　アメリカは、第二次大戦後、はじめて安全でいいものを作るために汗を流さなければならなくなる。そうしないと、国民に消費財を提供できないからである。株主資本主義も放棄せざるをえなくなる。会社は、従業員のものでもあるという考え方で経済運営をしないと、いいものは作れない。従業員が親身になって生産することで、はじめて安全でいいものができるからである。

　そうすれば、アメリカは、膨大な国家予算を軍事技術開発に投入できなくなる。安全でいいものを作るためには、十分な研究開発費が必要だからである。

　こうして、金融肥大化による経済成長が破綻した現在、アメリカもあくなき軍事技術開発を放棄し、平和で地球環境と調和のとれた経済成長を志向するようになる。歴史上はじめて、平和で本当に豊かな世界が地球上に登場するかもしれない。

〈注〉
（１）相沢幸悦「平成大不況」ミネルヴァ書房、2001年、参照。
（２）同「世界経済危機をどう見るか」時潮社、2010年、参照。

# 第10章　医療の現状とチーム医療の意義

## はじめに

　わが国の医療提供体制は、国民の健康を確保する重要な基盤づくりとして、1961年の国民皆保険制度の確立とフリーアクセスのもとで、国民の医療ニーズにもとづいて受診できる医療制度として構築された。[1]

　厚生労働省（以下、厚労省）の2008年簡易生命表によると、08年の日本の平均寿命は、「男性が79.29年、女性は86.05年」であり、世界最長ランクに位置付けられている。[2]

　「男性の79.29年」は、アイスランド、スイス、香港につぐ世界第4位、「女性の86.05年」は、24年間連続で世界第1位を維持している。[3]

　また、日本の乳児死亡率も、過去数十年間に劇的に低下し、2007年では、出生1000人あたり死亡数が2.6人となっている。OECDの報告での平均4.9人のおおむね半数であり、OECD加盟諸国のなかで最も低い。したがって、わが国の医療は、世界でもっとも高い評価をうけている。[4]

　一方、少子高齢化時代に突入し、健康にたいする関心や学習、医療にたいする患者の権利が向上するなかで、「医療崩壊」という言葉を、メディアなどをつうじて頻繁に耳にするようになった。

　血液製剤フィブリノゲンによってC型肝炎に感染した薬害肝炎被害や、患者誤認・誤薬による深刻な医療事故におそわれた患者・家族の苦しみやいきどおりや恐怖は、患者や地域住民の生命、尊厳、権利の尊重に危機感をあたえている。さらに、医療の社会的システムの破綻や崩壊にすすむ懸念も浮かび上がってきている。

　そこで、本章では、わが国の医療の危機的な現状をあきらかにし、これからのあるべき姿について考察する。

# 1 医療崩壊の現状

## （1）医療の現状

　医療機関の生き残りをかけた戦略や、医師・看護師不足や激務による疲弊などで、患者の生命や安全を確保できない状況も生まれている。わが国の深刻化する医師・看護師不足や経営が困難な状況は、医療が非常事態にあることをしめしている。

　救急搬送での患者の受け入れ困難、輪番病院の撤退や廃院、診療報酬のマイナス改定などによって、医療機関経営の赤字に拍車がかかっている。高度医療をめざすための設備投資や教育投資も、その責務とニーズをみたすには限界にちかづいている。

　とくに、近年、医師・看護師不足よる診療科や病床の縮小傾向や、高度先進医療における専門性重視が、重症、産科・周産、小児、救命救急患者の救急搬送における医療機関の受け入れ困難を露呈させている。

　厚労省の医療施設動態調査（2009年12月末概数）によると、一般病院においては、2009年12月の1ヵ月間で7施設が減少し、7641施設となった。精神科病院と結核療養所の増減をあわせると、病院の施設総数は5施設減少し8728施設であった。一般病床でも315床減少し90万6101床となり、病院の病床総数からみても、前月比649床減少し計160万387床という結果となった。一般診療所においても91施設の減少（病床数417床の減少）でおなじような減少傾向にあった。

　また、政府のきびしい医療費抑制政策により、診療報酬マイナス改定が繰り返され、医療収入の急激な落ち込みが医療経営を逼迫してきた。赤字幅の拡大により給与の引き下げをよぎなくされ、医師・看護師などの大量退職から閉鎖に追い込まれる病院の実態も、連日、メディアの報道で取り上げられている。

　このように、わが国の医療機関の異変や危機的状況の話題はあとをたたない。マイナス改定は、負の連鎖をまねき、病院の倒産に拍車をかけているといっても過言ではない。

とくに、小規模病院の一般病床で、7対1入院基本料を取得できず、病床利用率も低いという特色のない病院は、役割や機能面からも患者や社会によるニーズは低く、しかも、生産性も上がらないという現実から、計画的に淘汰される病院の対象になっていると考えられる。

### （2）診療報酬改定

　診療報酬改定率の推移（図表10－1、参照）をみると、1996年度以降のマイナス改定は10年間もつづいている。とはいえ、2008年度には、全体では0.82％引き下げられたが、診療報酬改定本体では0.38％の引き上げとなり、マイナス基調と06年度の最大マイナス改定率がやや緩和される傾向がみうけられる。

　2010年度の診療報酬改定では、厚労省は、「医療は国民の生活を支える最も重要な社会基盤の一つである。我が国の医療費（対GDP比）は国際的に見ても低水準であるが、医療現場の努力により、効率的かつ質の高い医療を提供してきた。高齢化の進展による患者増などにより、医療現場は疲弊しており、特に救急・急性期の入院医療は危機的な状況にある。前回の診療報酬改定においても、厳しい勤務環境におかれている病院勤務医の負担軽減や、救急医療や周産期・小児医療の充実などを重点課題として取り組んだが、必ず

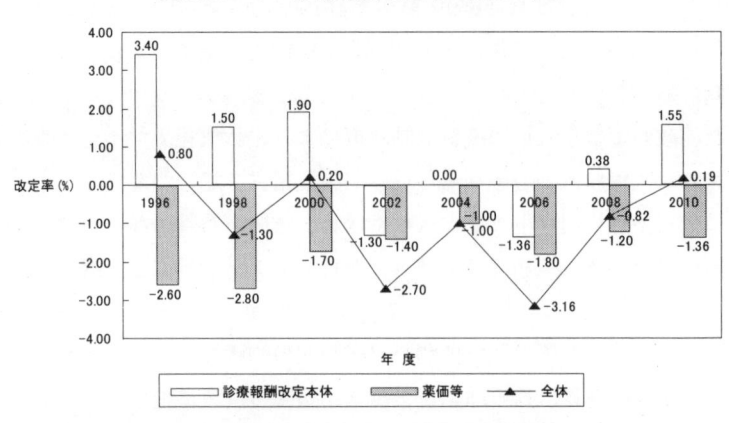

図表10－1　診療報酬改定率の推移（％）

| 年度 | 診療報酬改定本体 | 薬価等 | 全体 |
|---|---|---|---|
| 1996 | 3.40 | -2.60 | 0.80 |
| 1998 | 1.50 | -2.80 | -1.30 |
| 2000 | 1.90 | -1.70 | 0.20 |
| 2002 | -1.30 | -1.40 | -2.70 |
| 2004 | 0.00 | -1.00 | -1.00 |
| 2006 | -1.36 | -1.80 | -3.16 |
| 2008 | 0.38 | -1.20 | -0.82 |
| 2010 | 1.55 | -1.36 | 0.19 |

（出所）厚労省の診療報酬改定データより筆者作成

しも十分な効果が出ていない現状にある。具体的には、救急医療の充実など喫緊の課題に対応するため、急性期を中心とする入院医療に優先的かつ重点的に配分するとともに、急性期後の受け皿としての後方病床・在宅療養の機能を強化する。さらに、手術等の医療技術の適正評価、医療の高度化への対応、医師補助業務の充実等を通じた勤務環境の改善、医療安全への取り組みなど、我が国の医療をめぐる課題に対応していくことが求められている。」という見解をしめし、10年ぶりのネットでプラス改定となった。[5]

今回の診療報酬改定の重点課題として、救急・産科・小児・外科などの医療の再建と病院勤務医の負担軽減がかかげられた。[6]とくに病院勤務医の負担軽減への対応としては、①医師事務作業補助体制加算の充実、②7対1病棟・10対1病棟における看護補助者の配置、③多職種からなるチーム医療が評価され診療報酬上の加算がみとめられた。

医師事務作業補助体制加算では、病院勤務医の負担（診断書の作成、診療録の記載などの書類作成業務など）の軽減をはかるため、地域の急性期医療をになう病院（特定機能病院をのぞく）において、医師の事務作業を補助する職員（以下「医師事務作業補助者」）を配置している場合の評価が新設された。

われわれは、この加算により、事務職員の守備範囲が拡大し、活躍や評価などの機会にもめぐまれ、インセンティブの高揚やキャリアアップにつながるようになったと考えている。質の高い効果的な医療提供体制をめざすために、医師の過重負担を軽減し、専門性を発揮できる労働環境は、優先課題のひとつにかかげられているからである。医師のマンパワーというかぎられた医療資源の適正配分の視点からも、有効な提案であり、取り組むべく必要性があると考える。しかし、複雑な診療プロセスの理解や、医師と事務職員のパートナーシップなどの協働や連携を熟知する有能な事務職員の育成には、はかりしれない教育投資が必要なことはいうまでもない。

2008年度の改正で新設された医師事務作業補助体制加算が引き上げられるとともに、医師事務作業補助者の配置を手厚くした場合の加算がみとめられ、診療報酬にたいするインセンティブに拍車をかける結果となった。

もうひとつの視座として、2006年度の診療報酬の改定では、「入院基本料が、看護の実質配置、看護師比率、平均在院日数で決定する」基準が新設さ

れた。これによって、とくに全国の急性期医療をになう看護部では、「手厚い看護の提供」としての「7対1の看護配置」は最重要課題となった。厚労省は、病院の基幹収入を病棟看護師がささえると評価したことになる。また、医師・看護師のチーム医療に報酬が支払われると読み取ることができる。

今回、7対1病棟、10対1病棟における看護補助者の配置を評価する「急性期看護補助体制加算」として、50対1、75対1配置が新設された。さらに、多職種からなるチーム医療による取り組みの評価として、「栄養サポートチームによる栄養改善の取り組みの評価」と「呼吸ケアチームによる人工呼吸器離脱に向けた取り組みの評価」が新設された。これは、チーム医療の実態に関心がむけられ、その有効性が評価されたこととして受け止められている。

この評価がくわわってこそ、各職種が平等の関係となり、イニシアティブを発揮しながらおたがいを尊重し、患者満足度を高め、社会的・経済的評価にもとづいて、あらたなチーム医療が構築されると考えられる。

しかしながら、危機的状況がさけばれてひさしい医療提供体制にあることもまた事実である。

### (3) 医療制度改革

一方、急性期病院にたいする医療制度改革として、2003年4月より全国82の特定機能病院などにおいて、診断群分類包括評価（DPC）[7]をもちいた入院医療費の定額支払い制度が開始された。2009年7月の新規導入病院をくわえると232施設（計1284施設）におよんでいる。

厚労省の2007年度の「DPC導入の影響に関する調査結果及び評価」[8]によれば、「すべての病院類型において、2006年度までと同様に、平均在院日数は減少傾向にあり、その要因は、診断群分類毎の平均在院日数の減少」[9]であった。

救急車による搬送、緊急入院および他院からの紹介の患者数は、増加傾向にあったことから、重症度の高い患者をさけるような患者選別の傾向はみられず、診療内容に悪影響はみとめられないものと考えられている。くわえて、「退院時転帰の状況においては、治癒および軽快を合計した割合が一定であるものの、治癒の割合は減少傾向であることについては、急性期としてある

程度病態が安定した時点までの入院医療を反映しているものと考えられ、急性期として適切な医療が提供されているものと考えられる。」と報告された。
　つまり、「DPCにより、質の確保はされつつ医療の効率化が進んでいるものと考えられる。」との見方をしていた。しかしながら、後述するB病院でも、2008年からDPCが導入され、対象病院として「医療の質と効率化」をかえりみたとき、けっして厚労省の見解とは一致せず、経営マネジメントに苦慮していることは事実である。
　こうしたことを考慮するならば、医療機関が各々の機能と役割を生かし、質の高い医療を実践するために、患者に必要な医療を提供する「チーム医療を基盤にした地域医療連携システム」が重要であることがわかる。
　とくに急性期病院では、急性期医療に特化し、救急搬送患者の受け入れや退院・転院先の確保が優先課題となる。そのために、地域医療連携システムの構築を視野にいれ、改善や改革をすすめていくことがもとめられている。
　地域医療連携システムは、医療崩壊の解決策を提示するだけでなく、これからの医療の前提と、位置付けられる地域のなかでの役割を明確にすることにより構築される必要がある。とりわけ、病院の重要な生き残り策として、「超急性期病院ではなく、中小病院に特化した患者・地域ニーズ」に焦点をあてることが不可欠である。
　政府の医療制度改革に相反して医療崩壊がさけばれるなか、急性期医療をになうチーム医療によって展開される地域医療連携システムに焦点をあて、医療の質の確保と効率化を追求しつつ、医療再構築をかけた地域密着型の実現可能な急性期病院モデルが提示される必要がある。

## 2　チーム医療と地域医療連携システム

### （1）チーム医療の定義と概念

　チーム医療について、現在、国際的な基準として統一されている定義はなく、各病院や団体からの提言にとどまっている。
　厚労省では、「チーム医療とは、『医療に従事する多種多様な医療スタッフが、各々の高い専門性を前提に、目的と情報を共有し、業務を分担しつつも

互いに連携・補完し合い、患者の状況に的確に対応した医療を提供すること』と一般的に理解されている。」と、基本的な考え方を打ち出している。[10]

「医療法」第1条の2によると、「医療は、生命の尊重と個人の尊厳の保持を旨とし、医師、歯科医師、薬剤師、看護師その他の医療の担い手と医療を受ける者との信頼関係に基づき、及び医療を受ける者の心身の状況に応じて行われるとともに、その内容は、単に治療のみならず、疾病の予防のための措置及びリハビリテーションを含む良質かつ適切なものでなければならない」と規定され、この条文がチーム医療の定義に該当するものと考えられる。

一方、アメリカテキサス大学のM.D.アンダーソンがんセンターのチーム医療体制は、高度な医療を効率よく提供する画期的なシステムとして高い評価をうけている。[11] その使命と理念にもとづいて、ジャパン チームオンコロジー プログラム（J-TOP）に定義がしめされている（図表10－2、参照）。

われわれは、臨床において多職種が、おのおのの専門性を発揮し、相互理解を深め協働と連携をはかるためには、ミッション・ビジョン・ストラテジー・プロセス・アウトカムの価値観や思想を共有することが鍵になると考えている。したがって、ここでは、チームオンコロジーのチーム医療の定義を採用する（図表10－2、参照）。

また、チーム医療の概念を考察するさいに、医療機関には、「医師法」や「保健師助産師看護師法（以下、「保助看法」）」に依拠したヒエラルキーや権限関係が存在することを考慮しなければならない。「医師法」第17条の「医師でなければ、医業をなしてはならない。」という規定にもとづいて、医師が医療行為をおこなうことがみとめられている。

「保助看法」第31条では、「看護師でない者は、第5条に規定する業をしてはならない。ただし、『医師法』又は『歯科医師法（1948年法律第202号）』の規定に基づいて行う場合は、この限りではない。」とさだめられている。[12]

医師が検査結果をふまえて診断し、治療方針のもとに看護師に指示を出すしくみは、資格の優位性として当然のことである。さらに、医師の相対的高賃金と遂行業務のヒエラルキー的な配置が、現在もなお、看護師のインセンティブに制圧的にはたらきかけていることも否定できない。わが国では、医師と看護師のあうんの呼吸や、経験や慣習から生まれる暗黙知が共有され、

**図表10—2　チーム医療の定義**

| |
|---|
| 使命<br>チームオンコロジーのミッションは、医療従事者や一般の方々に向けたさまざまな先進的な教育およびトレーニングプログラムの提供を通じて、日本において、科学的エビデンスにもとづいたがんチーム医療の概念を確立し、実践しうる形式で普及させていくことにある。 |
| 理念<br>われわれは、本プログラムにかかわるすべての人間のひたむきな情熱と優れた知恵をもって、日本のがん患者にたいするチーム医療の実践と発展にむけて、医療従事者のための最高品位の教育コンテンツの提供をめざす。 |
| チーム医療の定義<br>■チームとは、ある共通の使命・価値観・信念(ミッション)をもち、望ましい将来像・実現したい世界観(ビジョン)を共有した集団を意味し、ただたんに集合を意味するグループとはことなる。<br>■チーム医療は、患者自身もチームの一員と考え医療に参加し、医療にかかわるすべての職種がそれぞれの専門性を発揮することで、患者の満足度をより高めることをめざした医療をさす。<br>■チーム医療に関わる職種は、医師、看護師、薬剤師、栄養士など、直接医療を提供するチームのみならず、福祉職、心理職、スピリチュアルケアなど患者および家族のサポートをおこなうチーム、家族・友人、企業、マスコミ、政府などをふくめた医療や患者を囲む社会資源からなるチームもふくまれる。<br>■従来の医療は、医師を頂点とした指示体制にもとづく診療活動であったが、チーム医療は、各職種が平等な関係にある。また、それぞれの職種がもつ専門的な意見をもとに患者とともに議論し、そこでえられたチームのコンセンサスにもとづき、協働しながらおこなう医療である。それゆえ、各職種の行動はチームとして責任を負う必要がある。さらに、チーム医療では、状況におうじて、それぞれの職種がリーダーシップを発揮し、相互尊重することがもとめられる。 |

(出所) ジャパン チームオンコロジー プログラム (J-TOP) チューターにより2009年5月作成

継承していく風土があることも強調する必要がある。

## (2) チーム医療と地域医療連携の実際

　ここで対象とするA病院は、「医の本質としての救急医療と医の心としての全人的医療が病院医療の原点である」と考え、急性期医療をになう地域の

中核的病院として、つねにあたらしく良質な医療をおこなうために、機能的で活力のあるチーム医療かつ地域医療連携システムを実践し、地域から信頼される病院づくりを推進している。この病院は、救急要請にたいして「100％断らない医療体制」を組み、24時間365日、その基本方針をつらぬき、実践している。

また、A病院は、2010年度のDPC対象病院（全国1334病院）[13]の「機能評価係数Ⅱ」[14]が高く、全国ランキング10位の社会的評価をうけており、各医療機関やメディアからも注目されている。以下、ヒアリングによってえられたデータをふまえ、チーム医療と地域医療連携のケースとしてふたつの病院の事例を検討する。

## 3　ケーススタディ（1）——A病院

### （1）理事長による病院理念と基本方針の浸透

A病院の理念と組織風土は、1994年に現理事長（兼院長）が就任して実施された組織改革で強化された。「24時間365日体制で急性期医療を提供する。患者の生活を含めた全人的医療を実践したい。そのためにはチーム医療が最も大切である。」とかかげられた理念と方針を、全職員に正確に浸透させるために、フラット型組織改革がおこなわれた。[15]

病院理念の達成にむけた未来志向の改革として、健康センター（人間ドック・健診施設）、婦人専用病棟の開設、救急外来・HCUの開設、訪問看護ステーションの設置（現在、訪問リハビリテーション・居宅介護支援事業所・ヘルパーステーション機能もふくむ）など、設備投資に注力する一方、内部体制のシステムづくりと人材育成に最大のエネルギーをかけ、「職員各個人」と「組織（チーム）」の研鑽をすすめた。[16]

全職員を対象に、理事長の哲学や精神を定期的に直接つたえる機会をもうけることや、約170名の科長以上の役職者を対象に、理事長みずからが1ヵ月に1度、1時間の面談をおこなうことによって、各セクションの課題は、病院の方針にもとづいて、適切かつスピーディーに解決される。

理事長よってしめされた明確な判断基準と行動が、職員のめざすべき方向

を差し示し、チーム医療推進の土壌が醸成されている。これらは、「人は財産である。」という理念を基盤にした人事制度における根幹をなしている。

また、病棟には統括医長（医師）と病棟長（看護師）が配置され、医師・看護主任・看護師・病棟クラーク・看護アシスタント（看護補助）が構成員となっている。一般的な看護部門（病棟）の組織とはことなり、多職種による構成員が病棟単位に存在することが先駆的・特徴的であるといえる。個々のインセンティブとモチベーションが「夢と感動と輝きに満ちた病院」を築き、チーム医療の基盤が確立している。そして、職員の熱いエネルギーが、患者をチーム医療の枠組みに迎え入れている。

1994年の理事長の所信表明でかたられた「組織内の各個人が力を発揮し、そのベクトルが同じ方向へ向かって集中したとき、組織は爆発的なパワーを出すことを確信し、『激水の疾くして石を漂わすに至るは勢いなり』という状態になることを願って、前向きな努力を積み重ねていく」というエピソード[17]は、職員一人一人の胸に脈々と息づいているのであろう。

## （2）「100％断らない」急性期医療体制

1994年に理事長は、救急医療を中心とした急性期医療に特化することを明確に打ち出している。2002年には、屋上ヘリポート直結型救命救急室を開設し、当該県で6番目（私立病院としてははじめて）の日本救急医学会認定医指定施設に認定されている。その後、2005年には、当該地区新型救命救急センター（救命救急センター：ER）として、県下初の指定をうけている。

ER診療部は総合診療科、救急科より構成され、医師および看護師により来院患者のトリアージ[18]をおこない、緊急治療の必要性がある患者を対象に、木目のこまかい診療を実践している。医師・看護師・看護助手・事務職員によって構成され、二交代制でシフト調整をはかっている。

総務省消防庁の東京消防庁管内の救急搬送における医療機関の受入れ状況等詳細調査によると、救急要請にたいし受け入れが困難であり、救急医療にたずさわる医師の不足や劣悪な勤務条件など、構造的な問題が指摘されている[19]。

こうした状況を背景に、医療崩壊がさけばれるなか、A病院では24時間

365日、救急要請にたいして患者を100％断らない受け入れ体制を整備しており、医療ニーズに適切にこたえている。救急車搬送15.3台/日、救急入院患者数18.2名/日の実績に裏打ちされた救急医療の充実[20]は、地域の安心を確保する取り組みとして、わが国のチーム医療のモデルとなる事例である。

また、A病院では、急性期病院の機能と役割を明確にしている。「傷病の急性増悪を含む発症後間もない患者、または病状が不安定な患者に対して、充実した専門スタッフが一定期間集中的に入院医療を提供することで、患者をできるだけ短時間に治癒あるいは安定した状態にすることである」[21]という基本方針によって、チーム医療の価値観や思想が豊かに育まれている。

こうした取り組みは、①疾病の早期発見や回復促進、重症化予防など、適切な医療・看護の提供やQOLの向上、②医療・看護の効率性による職員の負担の軽減、③医療・看護の標準化・組織化にともなう安全・安心の構築など、チーム医療による具現化された成果物である。

救命救急センターをになうには、人的・物的投資に莫大な資金が必要となる。理事長は、健全な経営体質を維持するために、①診療したことについては、正当な収入確保をはかる、②目先の利益はおわない、③無駄な支出はできるだけおさえることを3大目標としてかかげた。[22]

ITを駆使して投資金額の大きい設備、手術室、内視鏡室などの稼働率を上げ、医薬品や医療材料などのコストを引き下げて、それを継続させることにより、病院収支の安定をはかることができる。業務の質の向上と効率化をはかり、コストを引き下げ、生産性を上げている個々の努力によって、さらなる設備投資が可能となっている。

一例では、ナースステーションのラックには、SPDシステム[23]にもとづく物品管理（購買管理、在庫管理、消費管理）によって医療材料がみごとに格納されている。たとえば、「尿コップ：定数1箱（残、約5個になったら請求）値段：3円/個」「コップ蓋：定数1袋（袋内約1/4になったら請求）値段2円/枚」の医療材料にも、各格納ケースに単価と在庫の基準となるラベルが貼付され、コスト管理が徹底されている。SPDシステムによる仕組みづくりと、職員の意識や価値観を高める5Ｓ活動（整理・整頓・清潔・清掃・習慣化）が統合され、大きな成果を生み出しているといっても過言ではない。

## （3）ベッドコントロール

　ベッドコントロール適正運用の規定にもとづき、ベッドコントロールの目的、用語の定義、運用の基準が明確になっている。(24)また、ベッドコントロール責任者（院長）より、院長を補佐する役割を有する診療部（医師）と看護部（看護師）に、責務と権限が委譲されている。

　医師と看護師の双方が主体となって、病棟の特殊性や重症度・看護必要度、マンパワーなどを考慮し、入院患者にもっとも適切な治療と看護が提供できるよう体制がととのえられている。

　「100％断らない」救急体制のためには、つねに患者をむかえる空床が必要となる。ベッドを有効かつ効率的に活用するために、医師と看護師のチーム医療によるベッドコントロールでは、医師が「退院の許可」を出し看護師が「退院日の確定」をおこなう権限をもっている。「100％断らない」救急体制とベッドコントロールの円滑な取り組みは、平均在院日数13.8日、病床利用率93.7％、紹介率57％（いずれも2008年）という全国的にも高水準の成果に確実にむすびついている。

　また、入院直後から退院調整をはかり、退院にむけた退院時カンファレンスを開催している。院内のチーム医療の関係者および在宅療養をになう主治医（開業医）・看護師で構成されるカンファレンスは、「face to face」による情報の共有化をはかり、役割分担を確認しあう。患者の在宅療養時に急変などが生じた場合には、A病院が最優先で救急要請をうけることを担保する「地域における協働と連携のチーム医療」へと発展している。2008年、「退院時共同指導料」(25)が改正され、診療報酬にたいするインセンティブの高揚にもつながることであろう。

## 4　ケーススタディ（2）――B病院

### （1）チーム医療の実践

　ここでは、チーム医療の実践をめざしているB病院の取り組みをみてみよう。B病院は、筆者みずからが病院経営に看護部責任者の立場から参画でき、

臨床現場での調査が可能なフィールドである。

　そのため、他の医療機関の取り組みを比較・検討するさいにも、多角的な視野で調査をおこない、医療提供体制の限界をしめすことが可能である。また、ヒアリングによってえられたデータをふまえ、地域の急性期医療をになうために、チーム医療の構築にむけたあらたな視点を提示することが可能となると考えられる。

　2002年〜09年までの具体的な取組みは、つぎのとおりである。
　①財団法人日本医療機能評価機構による「病院機能評価」の認定病院となり、09年にはVer.6.0による更新
　②資源循環型社会の構築および地球環境の保全活動の実践による「川越市ゴールドエコオフィス」認定
　③エコアクション21温室効果ガス排出削減をめざす「環境大福帳プロジェクト」（環境省モデル事業）参画
　④埼玉県看護師等定着促進モデル事業参画（「看護師のコミュニケーション能力を育てる」オリジナルプランの実践）
　⑤厚労省の「保健医療分野の情報化に向けてのグランドデザイン」にもとづく電子カルテシステムや医用画像情報システム（PACS）[26]の導入
　⑥勤務時間外保育も個別に柔軟に対応する院内保育室と、子ども達による各種イベントの開催
　⑦地域に開かれた病院づくりと健康教育をめざすシーズン毎のスタッフによる各種イベントの開催
　⑧井戸水の有効活用のための設備の構築
　⑨男女共同参画社会づくりの推進

　これらの実践は、患者や地域社会にむけた心身の健康意識の向上、健康回復、急性期医療の提供、地球環境への配慮として積み重ねた足跡といえよう。また、スタッフにたいする研修や啓蒙活動による投資も確実な実績といえる。しかし、B病院でも、患者・家族からの信頼の獲得、医療の安全確保、情報開示と説明責任など、数多くの課題がのこされていることも事実である。

## （2）インフェクションコントロールチーム

厚労省は、「患者の視点に立って、患者のための医療供給体制の改革[27]」を基本的な考え方として、医療安全の確保のための措置を講ずることを義務付けている。

医療安全の確保の方策のひとつとして、院内感染対策委員会（ICC）[28]が設置され、そのもとで院内の感染対策の実働部隊として、インフェクションコントロールチーム（ICT）[29]が組織化されている。ICTは、委員長を臨床検査技師がつとめ、医師・看護師・薬剤師・理学療法士・臨床工学技士・診療放射線技師・管理栄養士・介護員・事務員によって構成されている。

おもな活動は、臨床への教育的介入（標準予防策、感染経路別予防策、洗浄・消毒・滅菌、ファシリティマネジメントなど）や必要対象のサーベイランスなどである。

ICC、ICTは月1回の会議で、活動報告や問題点・対策などの検討をおこない、さらにICTは、週1回、感染管理チェック表（観察や口頭での確認：73項目、年間2回の文書での確認：54項目）[30]をもちいて、感染予防の実践を確認している。組織横断的に、院内感染予防にたいする知識・技術の習得をふまえ、意識改革を推進している。

ICTは、新型インフルエンザの患者同士の感染をふせぐポイント[31]を課題とし、とくに、外来看護師と事務職員が地域住民にむけた正しい知識の普及に関する啓蒙活動をおこなっている。

また、ICTと医療情報システム室のスタッフが院内保育室の保育士に教育・指導（感染対策、パソコン操作）をおこない、保育士は、通園している子ども達への基本的な感染対策などをハンドパペット（指人形）やデジタル紙芝居[32]をもちいて指導している。

## （3）地域貢献活動プロジェクトチーム

看護師が主体となり、介護職員・栄養士・理学療法士・臨床工学技士・事務職員・保育士・院長が、院内外の各種イベントにさいして、プロジェクトチームを結成している。看護の心、ケアの心、助け合いの心を患者や地域住

民と分かち合うことを目的とした「看護の日」や、疾患の予防や健康レベルの底上げをはかる保健医療活動を目的とした各種イベント（「オータムコンサート」や「クリスマスコンサート」など）を1年間に3回程度開催している。

また、子ども社会の心の健康教育をテーマにした「いじめ」の演劇活動も、地域に浸透してきている。これらは、地域医療をになう医療機関の社会的責任をはたす活動として推進していかなければならない。スタッフが地域のなかで交流の場をもつことにより、相互作用・相互理解を基盤としたチーム医療が前進していくことになるであろう。

こうした活動をとおして、地域住民の各種健康診断の実績が、活動当初より前年比140％（2008年1596件、09年2270件）増に結び付き、地域の健康にたいする意識向上の一助になっていると考えられる。プロジェクトチームの活動は、疾患の予防や健康レベルの底上げをはかるという受診行動につながり、確実な成果を生み出している。

しかし、このプロジェクトチームは、一時的に看護部のイニシアティブによって形成されたにすぎず、組織横断型のチーム医療とはほど遠く脆弱であることも否めない。院長をのぞく医師や、コメディカル部門の大半の参加が期待できない実態が、その本質をあらわしている。

### （4）電子カルテシステムによる情報の共有化

B病院では、医療の標準化・効率化を高めるために、近隣の医療機関にさきがけて、電子カルテシステムや医用画像情報システム（PACS）などを導入している。レセプトオンライン化への反対など、電子化に二の足をふむ一部の医療機関もあるが、過去の検査データや医療画像が瞬時にあらわれる電子システムの効率性や利便性、情報の共有性・重要性の価値は計り知れないものがある。

三次医療機関への紹介や逆紹介のさいにも、良質な画像をCDにコピーして提供することが可能である。

また、インフォームドコンセント[33]の場面においても、電子カルテの活用は、患者や医療従事者と情報の共有をはかることができ、検査結果や診断、治療計画など、根拠にもとづいた説得力のある説明ができる。これは、「医療の

あらたな形態」であるといえよう。

電子カルテでは、検査や注射などの指示出し・指示受けの仕組みも、従来の紙カルテとはことなり、判読しがたい文字、聞き違い、転記ミスなどはなく、適切なオーダーシステムが医療事故防止対策の基盤になっている。不適切な指示出しには、コンピュータ制御がかかり、実施できない仕組みがととのえられている。

このシステムにより、安全で安心な医療サービスの提供がはかられ、患者満足度の向上にもつながることは確実である。

チーム医療は、情報を共有した患者・医療従事者のコミュニケーション医療からはじまると考えられる。さらに将来は、地域医療連携でのITの活用により、地域医療機関が患者の健康レベルの基準情報を共有し、地域のチーム医療をきずき、健康を育てる取り組みが活発化することが期待される。

## むすび

A病院では、理事長による「夢と感動と輝きに満ちたA病院」の病院理念と基本方針の熱いメッセージが、医療従事者一人一人に浸透している。理事長の意思決定と強いメッセージが、ゆるぎないチーム医療と人材育成（Employment）の土壌を醸成している。

他方、B病院での地域貢献活動プロジェクトチームは、看護部のイニシアティブによる独自の活動というレベルにあり、組織横断型のチーム医療は実践されていない。医師をはじめ大半のコメディカルの参加がとぼしく、病院理念と基本方針が浸透していない実態が浮かび上がっている。

チーム医療の考え方や患者目標の価値観について、おなじ土俵にたった医療従事者と患者・家族が、基本となる言葉や知識を共有し、認識を一致させることが肝要である。医療サービスの提供では、チーム医療にたずさわるもの同士の複雑な利害関係が発生する場合も少なくない。

とくに、急性期医療においては、治療方針にたいする各診療科の考え方や、患者自身と家族の意向の乖離によって、インフォームドコンセントがはかりにくくなる場面もみうけられる。

電子カルテシステムによる情報の共有化によって、医療従事者のみならず、

患者・家族とのインフォームドコンセントの場面で、根拠（Evidence）という視点を明確に提示することができる。電子カルテシステムは、チーム医療に不可欠なコミュニケーションツールとして、重要な役割をはたしている。

急性期医療という専門領域における教育（Education）では、各職種とも基礎教育と継続教育、生涯教育が必要である。急性期医療をになう病院理念と基本方針のもと、「100％断らない」救急体制と適切なベッドコントロールを実践しているA病院にまなび、すみやかな情報の共有化と高度な専門性をそなえることにより、患者のQOLに直接的にはたらきかける取り組みは、これからの医療環境のモデルになるものと考えられる。

チーム医療では、各メンバーがおなじ目線（Equality）にたち、たがいの立場や考え方を理解し尊重（Esteem）しあう姿勢がもとめられる。チーム医療とは、チームづくりそのものであると考えられるからである。チームづくりには、そのプロセスが不可欠であり、その根本をなすものは、メンバー同士のコミュニケーションである。チーム医療のメンバーは、患者のための医療をめざすうえでの明確で重要な実践の手段である。

M.St.Pierreらは、コミュニケーションに必要な3つの機能として、①チームの構築、②協調、③情報交換をあげ、また、コミュニケーションをつうじて、自信、信頼、信用と、積極的に責任をとるという特徴をもったチームの雰囲気を作り出すことが必要であるとのべている。[34]チーム医療に肯定的な期待感をもたせることにより、つぎの交流を促進させるとの見解をしめしている。[35]

さらに、チーム医療において、言語的、非言語的なメッセージをすべて一致させることの必要性をしめし、メッセージの受け手の混乱をさけるために、話し手はボディランゲージ、非言語のシグナル、話す言葉をあわせて一致させることの重要性を指摘している。[36]

同様に、Albert Mehrabianも、好意・反感などの態度や感情のコミュニケーションをあつかう実験をとおして、「マレービアンの法則」を提言している[37]が、チーム医療を構築するために、とくに基本的で大切なコミュニケーションスキルとなるであろう。

医療の現状をふまえて、協働と連携によるチーム医療を実践するためには、

チーム医療を左右する要因である、①病院理念と基本方針の共有、②情報収集と専門性の向上、③コミュニケーションを基盤にしたうえで、治療の標準化の浸透を最優先すべきである。治療のガイドラインやクリニカルパス、プロトコールの確立などは必須要件である。

また、Education、Employment、Evidence、Equality、Esteemの「5 E」の統合により、チーム医療を実践するシステムを形成することが重要である。医療の質の向上と効率化をはかり、患者のQOL（生命の質・生活の質）をより高める医療提供体制を推進することこそ、医療専門職の使命と医療機関の社会的責任であると考える。

今後の課題は、急性期をになう医療機関のチーム医療から地域社会へ視点を移し、地域医療における協働と連携にもとづくチーム医療をあきらかにすることである。安全と安心の保証は、チーム医療からうまれることを追求していきたい。

〈注〉
（1）厚生労働省［2009］『平成21年度版厚生労働白書』113頁
（2）平成20年簡易生命表は、平成20年におけるわが国の死亡状況が今後変化しないと仮定したときに、各年齢の者が1年以内に死亡する確率や平均してあと何年生きられるかという期待値などを死亡率や平均寿命などの指標（生命関数）によってあらわすことを目的とする。
（3）厚生労働省［2009］『平成20年簡易生命表の概況について』〈http://www.mhlw.go.jp/toukei/saikin/hw/life/life08/index.html〉［2010.5.5確認］
　　平均寿命の国際比較によると、男性は、アイスランド79.6年、スイスと香港が79.4年。女性は、香港が日本に次いで85.5年、フランスが84.3年
（4）OECD編、鐘ヶ江葉子訳［2007］、『図表で見る世界の保健医療OECDインディケータ（2007年度版）』明石書店
（5）厚生労働省［2009］『平成22年度診療報酬改定について』報道発表資料2009.12.9
（6）厚生労働省［2010］『平成22年度診療報酬改定の概要』1-6頁
（7）DPC：Diagnosis Procedure Combination　診断群分類「診断と処置との組み合わせによる分類」
　　これまで日本の急性期病院では基本的には、診療報酬の支払い方式に

は「出来高払い」を採用してきた。出来高払いとは診療でつかった薬、検査、診察や手術などの診療サービス行為のひとつひとつに値段をつけ、それらの診療サービスをおこなった分の値段を積み重ねて診療報酬として支払う方式である。出来高払いでは、薬や診療行為に点数（1点は10円）という値段ラベルをつけて、たとえば初診料は何点、血液検査は何点、胃がんの手術は何点、入院1日何点というように、きめられた調剤報酬点数表をもとに計算し、医療機関への支払いが保険者よりおこなわれる。

（8）平成20年度　第1回　診療報酬調査専門組織・DPC評価分科会
（9）厚生労働省［2008］『平成20年版厚生労働白書資料編』41頁
　　　医療法においては、病院のうち一定の機能を有する病院（特定機能病院、地域医療支援病院）について、一般の病院とはことなる要件（人員配置基準、構造設備基準、管理者の責務等）をさだめ、要件をみたした病院については名称独占をみとめている。また、対象とする患者（精神病患者、結核患者）の相違に着目して、一部の病床については、人員配置基準、構造設備基準の面で、取扱いをべつにしている。
（10）チーム医療の推進について（チーム医療の推進に関する検討会報告書）〈http://www.mhlw.go.jp/shingi/2010/03/dl/s0319-9a.pdf〉
（11）ジャパン　チームオンコロジー［2009］『がんにおけるチーム医療：M.D.アンダーソンがんセンター』〈http://www.teamoncology.com/index.php4〉
（12）「保健師助産師看護師法」第5条。この法律において「看護師」とは、厚生労働大臣の免許をうけて、傷病者もしくは褥婦にたいする療養上の世話又は診療の補助をおこなうことを業とする者とされている。
（13）2010.4.2現在の全病院数8766病院、病院機能評価結果の情報提供〈http://www.report.jcqhc.or.jp/〉［2010.5.8確認］
（14）急性期病院の社会的評価はDPCの機能評価係数を参考にする。2010年度に導入された「機能評価係数Ⅱ」が高い医療機関は、高度な医療機能を有するとみなされるため、1日当たりの診療報酬単価を高く請求することができる。
　　　病院情報局［2010］『機能評価係数Ⅱが高いランキング』〈http://hospia.jp/wp/archives/1433/〉［2010.5.8確認］
　　　厚生労働省［2010］『平成22年度診療報酬改定の概要（DPC関連部分）』13-30頁〈http://www.mhlw.go.jp/bunya/iryouhoken/iryouhoken12/dl/setumei_04.pdf〉［2010.5.8確認］
（15）武井純子［2009］『看護管理―相澤病院がめざす患者を断らない医療の実現に向けて―』医学書院、Vol19, no.5, 314頁
（16）相澤病院創業100周年記念誌編集プロジェクトチーム［2008］『特定・特

第10章　医療の現状とチーム医療の意義

別医療法人　慈泉会　相澤病院創業100周年記念誌　夢と感動と輝きに満ちた相澤病院の奇跡』146-159頁
(17) 同、p156-159頁
(18) 最善の救命効果をえるために、多数の傷病者を重症度と緊急性によって分別し、治療の優先度を決定すること。
(19) 総務省消防庁［2009］『傷病者の搬送及び受入れの実施基準等に関する検討会報告書』, 1頁、12頁
(20) 武井純子［2009］、315頁
(21) 同、316頁
(22) 同、158頁
(23) SPD：Supply Processing & Distribution
(24) 同、318頁
(25) 退院にさいし情報共有を円滑におこなうため、入院中の医療機関の医師、歯科医師、薬剤師、看護師などと、地域での在宅療養をになう医師など医療関連職種が、共同して指導をおこなった場合に評価する。また、他職種の医療従事者などが一堂に会し共同で指導をおこなった場合にさらなる評価をおこなう。
(26) Picture Archiving and Communications System, CT・MRI・CR等の医療画像診断装置からの検査画像を電子的に保存・検索・解析するシステム
(27) 厚生労働省［2007］『第5次改正医療法』
(28) ICC：Infection control committee
(29) ICT：Infection control team
(30) 日本医療機能評価機構［2009］『患者安全推進ジャーナル　別冊2009年度版感染管理に関するツール集』、117-132頁
(31) 厚生労働省『新型インフルエンザ対策関連情報』によれば、①発熱者との接触機会の低減（電話による受診相談・トリアージ）、②基本的な感染対策（マスク着用や手洗い・手指消毒の励行）、③正しい知識の普及、などである。
(32) PowerPointをもちいた簡単なアニメーション効果のある電子紙芝居
(33) informed consent：患者の知る権利と自己決定権を尊重する「説明・理解・納得・選択・同意」の一連のプロセス
(34) M.St.Pierre・G.Hohinger・C.Buerschaper, 澤智博訳［2009］『急性期医療の危機管理　チーム医療とヒューマンファクター』、シュプリンガー・ジャパン、156頁
(35) 同、 156-157頁
(36) 同、168頁
(37) 石亀美夜子［2009］『人に好かれる話し方　嫌われる話し方』、ぱる出版、

16-17頁、 Mehrabianは、話し手が聞き手にあたえる印象の強さの割合（3Vの法則）を、①話の内容等言語の印象（Verbal）が7％、②口調や話の早さ等声の印象（Vocal）が38％、③表情等顔の印象（Visual）が55％であると分析した。

〈参考文献〉
麻生泰［2007］、『明るい病院改革』日本経済新聞出版社
麻生泰［2009］、『明るい医療現場改革』日本経済新聞出版社
阿部俊子編［2005］、『看護記録・クリニカルパスQ&A』照林社
池袋昌子［2010］、「Ver.6.0受審のその先にあるもの――医療機関の社会的責任」『看護』Vol.62、No.5、49-53頁
石亀美夜子［2009］、『人に好かれる話し方　嫌われる話し方』ぱる出版
伊藤周平［2008］、『後期高齢者医療制度』平凡社
伊藤嵩［2004］、「状況論的学習観における「文化的透明性」概念について　Wengerの学位論文とそこから示唆されること」『北海道大学大学院教育学研究科紀要』第93号別冊
江川隆子［2004］、『かみくだき看護診断』日総研出版
江川隆子編［2007］、『これなら使える看護診断　厳選77NANDA看護診断ラベル』医学書院
エコアクション21〈http://www.ea21.jp/〉［参照2010.4.15］
江本愛子訳［2004］、『基本から学ぶ看護過程と看護診断』医学書院
大梶俊夫［1995］、『社会学のプロフィール』八千代出版
大森正博［2008］、『医療経済論』岩波書店
尾形裕也［2009］、『看護管理者のための医療経営学』日本看護協会出版会
蒲生智哉［2008］、「『チーム医療』の組織論的一考察――協働システム理論をふまえて――」『立命館ビジネスジャーナル』Vol.2
川眞田喜代子［2008］、『地域医療崩壊の危機』本の泉社
桐野高明［2009］、『第2回チーム医療の推進に関する検討会――医師のマンパワーとチーム医療――』厚生労働省資料
京都第一赤十字病院看護部［2004］、『記録開示時代における看護記録の書き方と評価の仕方』日総研出版
鯨岡峻［2006］、『エピソード記述入門　実践と質的研究のために』東京大学出版会
黒田裕子［2005］、『入門・看護診断　看護診断を使った看護計画の立て方』照林社
厚生省大臣官房統計情報部［2002］、『疾病　障害および死因統計分類提要　ICD-10準拠第2巻　内容例示表』厚生統計協会
厚生労働省［2007］、『厚生労働白書（平成19年度版）』

厚生労働省［2007］、『平成20年度診療報酬改定に係る通知等について』
厚生労働省［2007］、『第5次改正医療法』
厚生労働省［2008］、保医発第0305002号
厚生労働科学研究［2001］、『第3回チーム医療の推進に関する検討会――諸外国における看護師業務と役割に関する研究――』
国立国語研究所［2009］、『病院の言葉を分かりやすく』勁草書房
小西敏郎［2005］、『電子カルテで変わる日本の医療』インターメディカ
埼玉県男女共同参画課〈http://www.pref.saitama.lg.jp/〉［参照2010.4.15］
阪本惠子［1999］、『系統別標準ケア計画ガイド第1巻』照林社
阪本惠子［1999］、『系統別標準ケア計画ガイド第2巻』照林社
阪本惠子［1999］、『系統別標準ケア計画ガイド第3巻』照林社
坂本すが［2003］、『病院におけるインフォメーションテクノロジー化の効果 看護師に焦る』埼玉大学大学院経済科学研究科修士論文
笹鹿美帆子［2005］、『チームで取り組むクリティカル・パス』日本看護協会出版会
ジャパン チームオンコロジー［2009］、『がんにおけるチーム医療：M.D.アンダーソンがんセンター』〈http://www.teamoncology.com/index.php4〉［参照2010.4.15］
杉崎千洋・金子努・小野達也［2008］、『急性期病院〜在宅の継続医療を保証する地域連携システムと医療ソーシャルワーカー支援評価研究――慢性期病院と在宅間の移行支援を中心に――』、在宅医療助成 勇美記念財団2006年度在宅医療助成研究完了報告書
杉山章子［1995］、『占領期の医療改革』勁草書房
瀬戸山元一監［2003］、『電子カルテシステム導入・運用成功のための業務・教育実践マニュアル』日総研出版
総務省消防庁［2009］、『傷病者の搬送及び受入れの実施基準等に関する検討会報告書』
高木永子［1991］、「臨床実習指導の考え方と方法」『NURSE+1』7月号
高木永子［2000］、『臨床に活かす看護診断』学習研究社
鷹野和美［2008］、『チーム医療論』医歯薬出版
武井純子［2009］、「相澤病院がめざす患者を断らない医療の実現に向けて」『看護管理』医学書院、Vol19、 No.5
田中滋［2007］、医療制度改革の国際比較』勁草書房
田村やよひ［2008］、『私たちの拠りどころ保健師助産師看護師法』日本看護協会出版会
堤未果［2008］、『ルポ 貧困大国アメリカ』岩波新書
坪倉繁美編［2004］、『ペーパー・ペイシェントで学ぶ教える28の事例演習』医学書院

都留伸子訳［2004］、『看護理論家とその業績』医学書院
鳥羽至英［2005］、『内部統制の理論と実務』国元書房
中木高夫［2004］、『看護診断を読み解く！看護をもっと深めたい人のために』学習研究社
西村周三［2009］、『社会保障を日本一わかりやすく考える』PHP研究所
日本医師会［2009］、『定例記者会見——ナースプラクティショナー（NP）の導入に対する日本医師会の見解——』
日本医療機能評価機構［2009］、『患者安全推進ジャーナル　別冊2009年度版　感染管理に関するツール集』認定病院患者安全推進協議会
日本医療機能評価機構［2009］、『病院機能評価　統合版評価項目V6.0』
　〈http://jcqhc.or.jp/html/documents/pdf/v6.pdf〉［参照2010.4.15］
日本看護協会［1995］、『日本看護協会看護業務基準集』日本看護協会出版会
日本看護協会［2003］、『日本看護協会看護業務基準集』日本看護協会出版会
日本看護協会［2003］、『看護者の倫理綱領』
　〈http://www.nurse.or.jp/nursing/practice/rinri/pdf/rinri.pdf〉［参照2010.4.15］
日本看護協会［2005］、『看護記録および診療情報の取り扱いに関する指針』日本看護協会出版会
日本看護協会［2008］、『医師及び医療関係職と事務職員等との間等での役割分担の推進について』に関する日本看護協会の見解
日本看護協会［2009］、『平成21年度版　看護白書』日本看護協会出版会
日本看護協会［2009］、『協会ニュース』、Vol.508
日本看護協会［2008］、『安心と希望の医療確保ビジョン——日本看護協会の見解——』日本看護協会広報部
野村総合研究所［2008］、『2015年の社会保障制度入門』野村総合研究所広報部
羽生正宗［2006］、『医療機関の内部通報システム　病院の社会的責任体制の構築』中央経済社
羽生正宗［2009］、『医療経営マネジメント戦略——医療崩壊の処方箋』大蔵財務協会
林田正光［2006］、『オールインワンパス活用実例集』日総研出版
福井次矢［2008］、『［医療の質］を測る　聖路加国際病院の先端的試みVol.2』インターメディカ
古橋洋子［2004］、『実践！電子カルテ導入のための看護診断・成果・介入活用マニュアル』学習研究社
古橋洋子［2007］、『New　電子カルテ導入のための看護診断・成果・介入活用マニュアル』学習研究社
松木光子［2004］、『看護診断・実践・評価の実際　看護実践の系統的アプロ

ーチ』南江堂
松下政経塾［2009］、『リーダーになる人に知っておいてほしいこと』PHP研究所
南裕子［2009］、『第2回チーム医療の推進に関する検討会——チーム医療における看護師等の役割　世界的動向からの概観——』厚生労働省資料
水野肇［2005］、『誰も書かなかった厚生省』草思社
水野肇［2008］、『誰も書かなかった日本医師会』筑摩書房
安野洋一［2005］、『ナースのための電子カルテ導入・活用ガイド』学習研究社
山口瑞穂子［2002］、『New　疾患別看護過程の展開』学習研究社
吉澤理［2004］、『疾患理解とケアプランのための看護過程セミナー1』医学芸術社
吉澤理［2005］、『看護過程の展開に沿った実習記録の書き方』医学芸術社
労働省委託研究　作業関連疾患の予防に関する研究班［2000］、『ストレス測定　職業性ストレス簡易調査票』東京医科大学衛生学公衆衛生学教室
Albert R.Jonsen　藤野昭宏訳［2009］、『医療倫理の歴史』ナカニシヤ出版
American Academy of Nurse Practitioners 〈http://www.aanp.org/〉 [accessed 2010.4.15]
American Academy of Nurse Practitioners, "Nurse Practitioner Fact" 〈http://www.aanp.org/NR/rdonlyres/32B74504-2C8E-4603-8949-710A287E0B32/0/AANP_NPFactsLogo709.pdf〉 [accessed 2010.4.15]
Barnard, C. I., [1938], "The Functions of the Executive", Harvard University Press（山本安次郎・田杉競・飯野春樹訳［2005］、『新訳　経営者の役割』、ダイヤモンド社）
Eliot Freidson・進藤雄三訳［1992］、『医療と専門家支配』恒星社厚生閣
Etienne Wenger [1990], "Toward a theory of cultural transparency: elements of a social discourse of the visible and the invisible" Doctoral dissertation, University of California, Irvine
Etienne Wenger [1998], "Communities of Practice" Cambridge University Press
Iain Crinson [2009], "Health Policy: A Critical Perspective" Sage,UK
Jean Lave・Etienne Wenger [1991], "Situated Learning　Legitimate peripheral participation" Cambridge University Press
Jean Lave・Etienne Wenger [1993]、佐伯胖訳『状況に埋め込まれた学習——正統的周辺参加』産業図書
Joanne C. McCloskey・Gloria M. Bulechek編・中木高夫・黒田裕子訳［2005］、『看護介入分類（NIC）』南江堂
Kelley Lee [2009], "World Health Organization (WHO)(Global Institutions

Series)" Routledge, UK

Lynda Juall Carpenito・新道幸恵監訳［2007］、『看護診断ハンドブック』医学書院

Marion Johnson・Gloria M. Bulechek［2006］、『看護診断・成果・介入　NANDA、NOC、NICのリンケージ』医学書院

M.St.Pierre・G.Hohinger・C.Buerschaper、澤智博訳［2009］、『急性期医療の危機管理　チーム医療とヒューマンファクター』シュプリンガー・ジャパン

OECD編、鐘ヶ江葉子訳［2007］、『図表で見る世界の保健医療OECDインディケータ（2007年度版）』明石書店

Paul Milgrom & John Roberts［2006］、奥野正寛他訳『組織の経済学』NTT出版

Sue Moorhead, Marion Johnson, Meridean Maas・江本愛子監訳［2005］、『看護成果分類（NOC）』医学書院

Suzanne Gordon・勝原裕美子訳［2006］、『困難に立ち向かう看護』エルゼビア・ジャパン

Wenger・McDermott & Snyder・櫻井祐子［2002］、『コミュニティ・ブ・プラクティス　ナレッジ社会の新たな知識形態の実践』翔泳社

# 第11章　わが国の債券レポ取引

## はじめに

　わが国の債券レポ市場（現金担保付債券貸借市場）は、1996年4月に創設された。市場開設当初は、債券調達市場という性格が強く、取扱高は12兆円、残高は3兆円（債券借入ベース、上田短資調べ）と推定されていたが、市場慣行などが整備されていくにつれて市場として成熟し、今日では、市場残高が80兆円（債券借入ベース）と短期金融市場において重要な位置をしめている。

　金融庁は、2010年1月に「金融・資本市場に係る制度整備について」を公表したが、債券レポ取引についてつぎのようにのべている。

　「国債取引は売買取引及びレポ取引（貸借取引）から成る。うち、レポ取引の市場規模（残高）は88兆円であり、コール市場の残高が18兆円であることに比しても、レポ取引は、我が国の短期金融市場における金融機関の主要な資金調達手段としての位置付けを有している。」

　「平成20年9月のリーマン・ブラザーズ証券破綻時、国債市場において、国債の売買・レポ取引に係る国債決済の受渡しが不能となったことから、受渡しの遅延（フェイル）が多発し、平成20年9月の1カ月のフェイルの累計は約5.7兆円と、過去に例のない水準にまで膨らみ、国債売買・レポ市場の流動性が大きく低下した。」

　国債取引の決済リスク削減の観点から、「日本国債清算機関への集中効果の発揮のみならず、フェイル慣行の確立・普及や国債の決済期間の短縮」など市場全体で取り組む課題があらためて認識され、市場参加者において、国債取引の証券決済・清算態勢の強化のため、これらの課題についての検討がすすめられている。

　いまや国債市場は、国債の売買取引だけではなく、国債を担保とした資金の貸借や現金を担保とした国債の貸借といった取引もおこなわれており、政府の資金調達の場にとどまらず、金融機関など民間の経済主体にとっても重

要な資金運用・調達の場となっている。

本章では、一般にはなじみのうすい取引形態であるものの、コール市場とともに短期金融市場における金融機関の主要な資金調達手段として、国債市場や資金市場、さらにはデリバティブ市場に流動性を供給しているわが国の債券レポ取引について取り上げる。

## 1　債券レポ取引について

### （1）債券レポ取引の概要

債券レポ取引とは、国債など信用力の高い債券と資金をある一定の期間交換する取引である。

図表11—1にみられるように取引開始日には、債券の借り手（A、資金の出し手）と債券の貸し手（B、資金の取り手）との間で約定時点における債券の時価にもとづいて資金と債券が交換される。そして、取引終了日には、約

**図表11—1　債券レポ取引の仕組み**

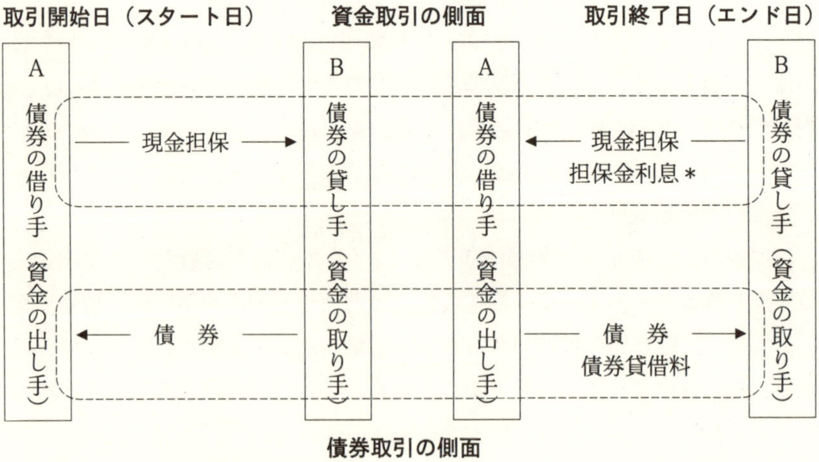

| 取引開始日（スタート日） | 資金取引の側面 | 取引終了日（エンド日） |
|---|---|---|
| A（債券の借り手／資金の出し手） →現金担保→ B（債券の貸し手／資金の取り手） ←債券— | | A（債券の借り手／資金の出し手） ←現金担保／担保金利息＊— B（債券の貸し手／資金の取り手） —債券／債券貸借料→ |

**債券取引の側面**

＊この利率を「付利金利」という。
　レポレートは「担保金利息率－債券貸借料率」をいう。
（出所）稲村保成・馬場直彦「わが国のレポ市場について」などより筆者作成

定価格に「担保金利息率（付利金利）－債券貸借料率」と定義されるレポレート分の利子率が付された資金がAに、債券がBに返却される取引をいう。

　このことから債券レポ取引のふたつの性格をみることができる。ひとつは、「債券を担保とした資金取引」としての性格である。図表11－1中のAは、余剰資金をかかえる投資家、Bを債券在庫のファンディング・ニーズをもつ債券ディーラーとすると、債券レポ取引をつうじて、投資家は、信用力の高い債券を担保にして、余剰資金の短期運用ができる。

　一方、債券ディーラーは、在庫債券を担保とすることによって、投資家が要求する信用リスク・プレミアムを軽減し、低利でファンディングができる。

　債券レポ取引のもうひとつの性格は、「現金を担保とした債券取引」である。先ほどとおなじように、図表11－1中のBは、手もとにない債券を売却（空売り）したい債券ディーラー、Aを豊富な債券ポートフォリオをかかえる投資家とすると、債券ディーラーは、債券レポ取引をつうじて現金を担保として必要な債券を借入れることにより、空売り（ショート・セール）した当該債券をカバーできる。

　一方、投資家にとっては、債券ディーラーの保有ニーズの高い債券を貸付けることにより低利で資金調達をおこない、債券ポートフォリオの効率的なファンディングが可能となる。

　みてきたように、債券レポ取引の特徴は、ひとつの取引で「資金取引」と「債券取引」の両面をもつところにある。前者のように資金取引の性格をもち、主として取引期間やレポレートが考慮され、債券の銘柄を特定しない取引を「GC取引（General Collateral Transaction）」といい、後者のように約定時点において貸借対象債券の銘柄が具体的に特定され債券取引の性格をもつ取引を「SC取引（Special Collateral Transaction）」という（図表11－2、参照）。

**図表11－2　債券レポ取引の性格**

| 取引の性格 | 資金取引（GC取引） | 債券取引（SC取引） |
| --- | --- | --- |
| 債券の借り手<br>（資金の出し手） | 余剰資金の短期運用 | 空売りした債券の調達 |
| 債券の貸し手<br>（資金の取り手） | 保有債券を担保とした短期資金の調達 | 保有債券の有効活用 |

債券レポ取引においては、債券および資金がそれぞれ担保として機能することで、取引相手の債務不履行（デフォルト）リスクにたいする安全性が確保される。くわえて、「マージン・コール（値洗い）」がおこなわれることで、取引期間中の債券時価の変動リスクに対応する管理がおこなわれる。
　取引終了日をむかえる間に、債券の価格が下落した状態で債券の貸し手（資金の取り手）がデフォルトにおちいった場合、債券の借り手（資金の出し手）は、担保債券を売却しても、運用資金を全額回収することはできない。
　このような事態にそなえるためのマージン・コールというのは、取引期間中の債券時価の変動におうじて、担保となる債券または現金の過不足（マージン）を計算、値洗いをおこない、マージンが拡大した場合には、追加的な担保の差入れを要求できる仕組みである。
　こうしたリスクコントロール手法の整備により、高い安全性が確保され、債券レポ市場は、1996年4月の開設から短期間で急速に拡大した。

## （2）わが国の債券レポ市場の現状

　債券レポ市場は、市場開設当初は、債券調達市場という性格が強かったが、市場慣行などが整備されていくにつれて市場として成熟し、1990年代後半の金融システム不安発生時においても、債券レポ取引は、リスクコントロール手法をそなえており、取引にかかる信用リスク、価格変動リスクが小さいことから、市場残高はおおむね増加傾向をたどった。
　その後も、日本銀行による量的緩和政策の採用と同時に縮小したコール市場とは対照的に、債券レポ市場は拡大をつづけ、今日では最大の短期金融市場として、国債市場や資金市場、さらにはデリバティブ市場に流動性を供給している（図表11―3、11―4、参照）。
　債券レポ市場が拡大した理由としては、まず、債券レポ取引は有担保取引であって信用リスクがないことにくわえて、マージン・コールなどのリスクコントロール条項により、債券の市場価格変動リスクから開放されている点である。
　さらに、政府の財政赤字の拡大にともなって国債発行残高が増加し、債券ディーラーは、ショート・セールと債券在庫ファイナンスに必要な国債と資

第11章　わが国の債券レポ取引

金を債券レポ市場から調達する必要がある。国債発行残高が激増し、売買高の増大に対応して債券レポ市場も拡大してきたのである。

**図表11―3　債券貸借取引残高の推移（債券借入ベース）**

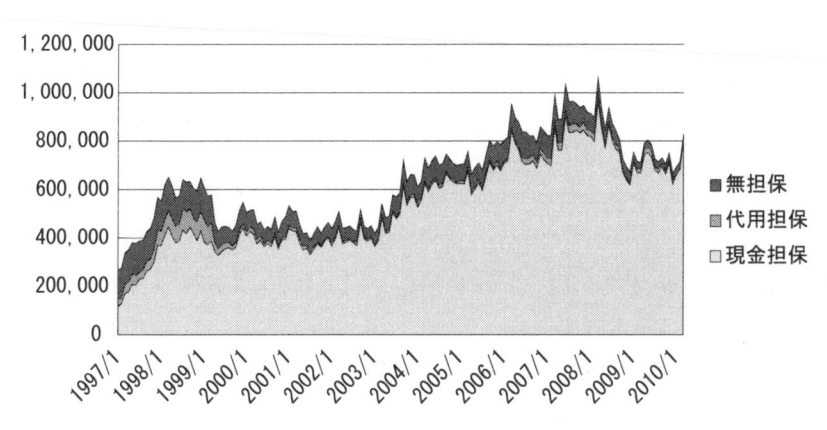

(出所) 日本証券業協会
　　　債券貸借取引状況は1996年10月分より公表されたが、残高内訳は1997年1月分より公表

**図表11―4　コール市場残高の推移**

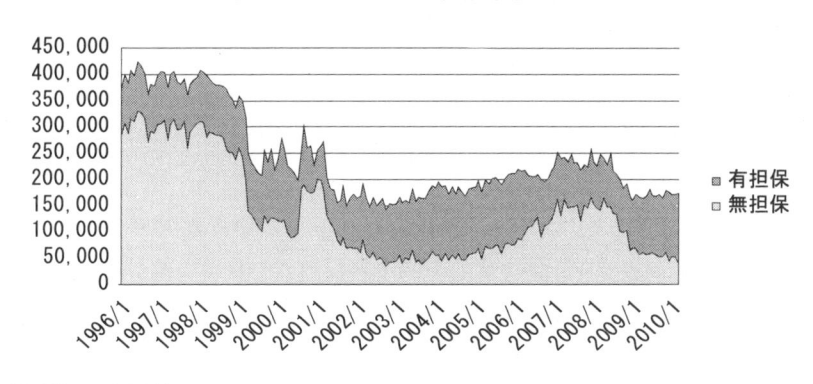

(出所) 日本銀行

## 2 欧米におけるレポ取引の概念

### (1) レポ取引の定義

　レポとは「Repurchase Agreement」を略したものであるといわれている。つまり、レポ取引とは、債券を譲渡するさいに「再購入（Repurchase）という契約（Agreement）を付した」取引のことである。

　しかしながら、今日では、レポという用語は本来的な定義はべつとして、たんにこの取引をさすだけではなく、レポと同一の経済機能をはたす多様な取引をふくめ、債券や資金の所有権の移転にかかる契約が、売買であるのか、貸借であるのかは問わず、経済的側面に着目した類似取引すべての総称として広くレポと定義されている。

　中島 [2004] は、「レポの定義—狭義のレポと広義のレポ—」をていねいに説明しているので、ここでは、主として同論文に依拠しながら、考察してみたい。[1]

　1997年に公刊されたレポ市場のすぐれた研究書 Frank J. Fabozzi, Editor "Securities Lending and Repurchase Agreements" Pennslvania 1997 は、アメリカのレポ市場の成立過程を紹介したのち、レポをつぎのように定義している。

　「確定利付証券の貸付市場と借入市場は、しばしばレポ市場 "repo market" とよばれている。この市場は repurchase agreements、collateralized loans、buy/sells、securities loans がふくまれ、通常、どちらの取引も相互代替的に使用される。」

　このように、アメリカのレポ市場では、レポという表現が repurchase agreement という意味と、レポと同一の経済機能をはたす取引にもつかわれている。

　また、インターナショナル・レポ市場でもアメリカと同様に、レポという用語が広い意味でつかわれている。この市場の解説書 Daniel Corringan "Natwest Markets Handbook of International Repo" IFR publishing 1995 は、レポをつぎのように定義している。まず、"repo" とは repurchase

の略語であり、意味するところは、sale and repurchase agreement だと冒頭にのべられている。

そのうえで、「"レポ repo"という用語は、つぎの三つの取引を総称するためにしばしば使用される」という。ここで指摘されている三つの取引とは、sell/buy-back、classic repo、securities lending である。classic repo とは ISMA（International Securities Markets Association：国際証券市場協会）によって命名されたアメリカ型のレポ repurchase agreement のことである。securities lending は、前述の collateralized loans、securities loans と同性質の取引形式である。

さらに、国際決済銀行は1999年3月、「Bank of International Settlement "Implications of repo markets for central banks" 1999」という報告書を発表したが、この報告書もレポを定義してつぎのようにのべている。
(2)

「レポでは、将来のある時点で証券を買戻すという合意の下で証券と資金が交換される。証券は実質的な資金貸付の担保として、逆に資金は証券貸付の担保として機能する。経済的に同等の機能を有するいくつかの取引—標準的なリパーチェス・アグリーメント、現先取引（sell/buy-backs）、債券貸借取引— が存在するが、本報告書においては、これらをレポと定義する。レポの重要な特徴点は、それが資金調達、証券調達のいずれにも利用できるという点である。」

「現先取引、現金担保付の債券貸借取引等の取引は、法律および会計上の取り扱いが多少異なるが、同等の経済的機能を有しているので、本報告書ではレポ取引と呼ぶ。」

みてきたように、本来の買戻し条件付契約であるレポにくわえて、この取引とおなじ経済機能をもつ取引もレポ取引と定義されているのである。

## （2）アメリカにおけるレポ市場の変遷

レポ市場は、アメリカにおいていちじるしく発展した。しかし、今日のように契約書や取引慣行が整備されるまでには、金融市場においてレポ取引にかかるさまざまな不祥事に遭遇し、そのたびに指摘された法律上の問題点や

取引慣行の未整備が是正されてきた。

　アメリカにおけるレポ市場の歴史は古く、その起源は、連邦準備制度が公表された割引率で銀行引受手形（Bankers Acceptance）を買い戻し条件付きで購入し、BAディーラーにたいして資金を供給した1918年にまでさかのぼることができる。しかしながら、レポ市場が急成長をとげるのは、連邦政府の財政赤字の拡大にともなって国債が大量発行される1970年代なかば以降である。

　レポは、債券ディーラーが債券在庫ファイナンスの目的で利用する資金調達手段であって、レポ市場は国債の増発とともに拡大してきた。

　「レポ市場ガイド」の著者エレン・ティラーは、「元来レポはFEDによって今世紀初めにつくられた取引です。しかし、実際にレポ取引が活発に利用されはじめたのは、アメリカの財政赤字が膨らみはじめ、ディーラーが増加を続ける引受国債の効果的なファイナンスを必要としはじめた1970年代中頃でした。それに加えて、ディーラーは金利の上昇から保有債券の価値を守る手段を必要としはじめました。そのため、ディーラーは相場が下げ止まり、現物市場でポジションをカバーできるようになるまでの間、空売り玉を手当てする手段を考え出すようになりました。」とのべている。

　さらに、レポ市場の研究書「Securities Lending and Repurchase Agreements」、「1970年代後半以降、アメリカのレポ市場は顕著な発展をとげ、世界で最も発展した世界最大の市場になった。」とのべている。

　国債の大量発行時代をむかえて、債券ディーラーは、国債流通に必要な資金の調達が必要になったことにくわえて、金利上昇のリスクから保有債券の価値をヘッジするために、空売りや先物取引に必要な債券の調達が必要になった。そのため、債券ディーラーは国債流通に必要な資金をレポで調達し、レポ市場で債券を調達したのである。

## （3）レポ取引に関する標準契約書

　レポ取引の法律上の整備と統一的な標準契約書が作成されるのは1980年代なかばである。チャプターイレブンによって、レポ取引は、信用リスクを回避し、82年のロンバート・ウォール社とドライスディール・ガーバメント証

券の倒産を契機にして、レポ取引の市場慣行や制度の整備がはじまった。

　レポ市場は、1970年代なかば以降、国債の大量発行とともに急速に拡大したが、それにあわせて債券ディーラーのレポ取引にかかる不祥事も続発した。そして、続発する不祥事の過程でレポ取引に内在するリスクが明確に認識され、信用リスク回避のために、法的な取扱い、市場慣行や取引制度が次第に整備されるようになった。

　レポ取引にかかる続発する不祥事をふまえて、取引におけるリスクを正しく認識し不測の事態に対処できるよう、取引当事者の権利・義務関係を明確にさだめるため、PSA（Public Securities Association 米国公共債協会）によって1986年2月にレポ取引の標準契約書（Master Repurchase Agreement Contact）が作成された。

　この標準契約書は、レポを買戻条件付契約と明記している。そして、担保となる債券と現金がつねにひとしくなるようにマージンのあつかいについてさだめている。また、債務不履行時には即時に清算されること、債権債務は一本化して一括清算ができることなどをさだめている。標準契約書の作成によって、レポの法的扱いが明瞭となり取引制度が整備された。

　なお、現在では、TBMA（The Bond Market Association、前身はPSA）やISMA（International Securities Market Association）により、アメリカ以外の海外におけるクロスボーダーのレポ取引に関する標準契約書（GMRA：Global Master Repurchase Agreement）が作成されている。

## （4）アメリカにおけるレポ市場

　アメリカのレポ市場は、市場残高が400兆円超と短期金融市場のなかでも市場規模が大きい。資金・債券の出し手・取り手とも広がりがあり、市場インフラ面でも整備された市場である。そのため、国債を担保債券とするレポは、国債決済がT＋1決済であることから、T＋0決済が主流となっている。

　国債やMBSなどの発行残高が大きく、売買が活発であることから、保有債券のファンディングやショート・ポジションのカバーのために、証券会社や商業銀行、ヘッジファンドなどに強いニーズがあることが、市場規模の大きさの背景にある。

同時に、ミューチュアル・ファンド、年金などの機関投資家においても、保有債券に関する利回り向上の観点から、債券貸出やSCレポによって債券を貸出し、受け入れた現金担保をCP、CD、レポなどで運用している。
　機関投資家は、運用商品ごとの信用リスクを厳格に管理しており、分散投資の観点から、信用リスクが小さい債券を担保とするGCレポでの運用を積極的におこなっている。このように、レポ市場は、資金・債券の取り手だけではなく、出し手にとっても、安定的な収益が期待できる必要不可欠な市場と認識されている。

### （5）イギリスにおけるレポ市場

　イギリスでは、1986年のビック・バン以降、アメリカ国債やドイツ国債を取引対象としたレポ取引が活発におこなわれてきた。
　しかし、イギリス国債（GILT）を対象としたレポは、GEMMS（GILT Edged Market Makers）にしかGILTの空売りがみとめられないうえ、取引をおこなうにはSEMBS（Stock Exchange Money Brokers）をとおすという規制があった。
　さらに、BOE（Bank of England）は、金融調節手段としてのレポ取引の対象先を一部の金融機関に限定していた。そのため、GILTを対象にしたレポ取引はあまりおこなわれていなかった。一般に開かれたレポ市場が創設されたのは1996年1月であるが、97年3月からはBOEの日々の金融調節手段にくわえられ、急速に市場規模が拡大している。

## 3　わが国における債券レポ市場の成立

### （1）債券貸借市場の創設

　わが国の債券貸借市場は、1989年5月に創設された。債券貸借市場が創設された第一の理由は、債券の空売りの認可と関係している。債券の空売りは、87年5月20日の大蔵省証券局業務課長事務連絡「債券の空売りの取扱いについて」によってみとめられていたが、これは「約定ベースの空売り」であって、「約定日において既発行の債券を現物を保有しないで売却を行い、受渡

日以前に買戻しを行う売買」であった。

　約定ベースの空売りは、約定日から受渡日まで短期間の取引であることにくわえて、証券会社経営の健全性の確保の観点から約定ベースの空売りの限度がもうけられていた。そのため、約定ベースの空売りは、裁定取引などには使いづらいものであった。

　1989年5月12日の大蔵省証券局流通市場課長並びに証券局業務課長事務連絡「債券の空売り及び貸借の取扱いについて」において、約定日ショートの限定がはずされ、債券貸借市場が創設された。

　空売りの受渡しについては、「空売りを行った場合において、受渡日以前に買戻しを行わないときは、債券の貸借により借り入れた債券を受渡しに用いるものとする。」として、空売りと債券貸借取引を表裏一体のものとする枠組みがととのえられた。

　また、空売りの限度も「証券会社においては、銘柄毎の債券の空売り残高の合計額が商品有価証券勘定で保有する債券の残高を上回る場合には、当該差額を債券先物取引の売建玉の純残高に加えた金額が、当該証券会社の純財産額を超えないこと」と緩和された。

　第二の理由は、国債相場の安定化政策と市場流動性の供給と関係している。大蔵省証券局証券年表によると、1987年5月20日の大蔵省証券局業務課長事務連絡「債券の空売りの取扱いについて」を発出したのは、「現物の大幅な銘柄間価格差、先物の恒常的な割安状況、限月交代前の先物相場急騰などを緩和させるのが狙い」であると記載されている。

　国債のディーリングについては、国債市場の自由化が進展する過程で、業態規制も徐々に緩和され、金融機関にも国債のディーリング業務が認可されることになった。

　1984年6月からバンク・ディーリングがはじまり、指標銘柄債の回転売買で国債相場が乱高下した。指標銘柄債に売買が集中した結果、周辺銘柄債との利回り格差が拡大したため、指標銘柄債と周辺銘柄債とでは、ことなる相場が形成され、国債相場は二重相場となってしまった。

　また、1985年10月から国債先物取引が開始され、先物取引を現物決済する場合の価格形成が人為的におこなわれたことから、国債の先物市場と現物市

場の間には価格差が拡大し、ベーシスの変動が大きくなってしまった。これらを是正し国債相場の安定をはかるために債券貸借市場が整備された。

　第三の理由は、行政指導で証券会社の買い現先が禁止されていたため、あらたに債券を調達できる市場が必要となったことである。

　大量国債発行が開始された1976年3月、大蔵省の「債券の条件付売買の取扱について」によって、現先取引が「証券取引法」にもとづく証券会社の業務であると公認された。

　ところが、買い現先は、資金取引の性質をもっている。証券会社は、買い現先によって債券を調達し、一定期間後、その債券を売り戻す。買い現先の一方の当事者は、債券を売却して資金を受け取り、一定期間後、その債券を買い戻す。この取引は、債券担保金融とおなじであり、債券の売り手にとっては資金の調達にほかならない。

　銀証分離の証券・金融行政のもとでは、資金貸付は銀行の専業業務であるため、証券会社の買い現先は、銀行類似業務とみなされ、現先取引の公認と同時に、証券会社の買い現先は、行政指導によって禁止された。買い現先の禁止によって、証券会社は現先市場から債券を調達できない状況にあった。

　なお、買い現先の自由化は、大蔵省の「証券分野の規制緩和等について」(1995年12月15日)によって、「規制不存在の確認」という形をとって実施された。

## (2) 債券貸借市場の特徴

　1989年5月に創設された債券貸借市場は、欧米のレポ市場とは異質な、日本的な特徴をもつ市場であった。

　第一に、債券貸借市場は、債券取引と資金取引が分断され、事実上、資金取引が禁止されていた。債券の借り手が貸し手に現金を担保として債券を調達した場合、その現金担保には利子がつき、その利子は、現金担保を差入れた債券の借り手が受け取る仕組みになっている。

　そして、現金担保の金利水準は、市場の金利水準となるが、債券の借り手が受け取る金利には、「有担保コール無条件物出し手レート1％の水準を上回ってはならない。」とする制限が課されていた。担保金利に制限が課せら

れると、現金担保を差し出して債券を調達しようとする借り手はいなくなり、債券貸借市場は、債券取引のみの市場になってしまった。

　第二に、債券貸借市場は、リスクフリーの市場ではなく、信用リスクや価格変動リスクのある市場であった。そもそも債券貸借取引は、現金を担保に債券を調達する市場であり、有担保取引が原則であるため信用リスクはなく、売買形式のレポ取引でも、相手方倒産の場合は、破産法の適用対象外となり担保をただちに処分することができる。

　ところが、創設された債券貸借市場は有担保が原則であるが、1989年5月12日の事務連絡で、「証券会社が貸出者となる場合の取引担保金の取扱いは、国・地方公共団体及び証券会社に関する省令第2条の5第1項各号に掲げる者に貸付けを行う場合には、取引担保金を受け入れなくともよい。」と規定されていたことから、事実上、無担保取引が大宗をしめることになった。

　また、有担保取引の場合であっても価格変動リスクからは開放されていなかった。債券の市場価格はたえず変動するので、担保価値を保全するため「担保の値洗い」や「マージン・コール」によって価格変動リスクが回避されている。

　ところが、創設された債券貸借市場では、「貸借対象債券の時価の105％以下を下回らない金額の取引担保金を受け入れるものとする」というルールがあり、担保を差し入れて債券を借りる場合には、借入債券と担保は同額ではなく、担保金は、借入債券の時価を上回るという一方で過大なイニシャル・マージンを要求しながら、担保の値洗いやマージン・コールがおこなわれない状況にあった。

　債券レポ取引の最大の特徴は、信用リスクや価格変動リスクから開放され、リスクフリーという点にある。リスクフリーの市場であるからこそ、国債の大量発行とともに最大の短期金融市場に発展した。しかしながら、創設された債券貸借市場は、信用リスクや価格変動リスクを内在化した市場であった。

　第三に、債券貸借市場は、現先市場と峻別され、相互代替的な市場ではない。欧米で発達しているレポ市場や貸借市場は、相互代替的である。債券ディーラーは、レポ市場で資金を調達し、調達した資金で債券貸借市場から債券を調達する。

また、債券貸借市場で資金を調達して、レポ市場で債券を調達する。債券貸借取引とレポ取引は相互に代替的であり、これらの市場が一体となって国債市場に流動性を供給している。ところが、創設された債券貸借市場では、資金取引が事実上禁止され、債券取引に限定された市場であった。

　他方、現先市場では債券ディーラーは、買い現先が禁止され、債券の調達ができない状況にあった。

### (3) 債券レポ市場 (現金担保付債券貸借市場) の成立

　債券レポ市場は、1996年4月に成立した。89年5月に創設された債券貸借市場は、国債相場を安定させるために空売りの認可とともに創設されたが、この市場は事実上、無担保の債券貸借市場であった。

　そのため、債券レポ市場は、信用リスクや債券価格の変動リスクの回避とローリング決済方式を導入するために、従来の債券貸借市場を現金担保の貸借市場に整備し、同時にアメリカのレポ市場と同様な経済機能をはたすように見直された。日本で売買形式のレポ市場を創設した場合には、有価証券取引税が課税されるので、同税の課税を回避するため、売買ではなく貸借形式によるレポ市場が創設されたのである。

　1995年2月、ベアリング証券の破綻により、債券貸借取引の信用リスクが顕在化し、市場規模が縮小した。また、債券貸借取引や現先取引の規制が国内取引の拡大にとって障害となるばかりではなく、国債レポ取引を海外に追いやることになってしまった。

　他方で、国債決済にともなう信用リスクを軽減するために1989年3月、先進30ヵ国は、ローリング決済方式の導入を提案するとともに、国債決済に必要な債券調達市場の創設を提言した。決済リスクのない債券貸借市場、債券と資金を自由に交換できる短期金融市場を育成するため、さらには制度の国際化をすすめるため、債券貸借取引の規制緩和に取り組まざるをえない状況となった。

　債券貸借取引の規制については1996年1月、債券貸借取引の現金担保にたいする付利制限が撤廃され、同時に105%ルールも撤廃された。また、証券会社の買い現先が95年12月15日、大蔵省の「証券分野の規制緩和策」におい

て、「規制不存在の確認」という形をとって自由化された。

このような規制緩和をうけて、日本証券業協会や全国銀行協会連合会は、わが国におけるレポ市場の整備に取り組むことになった。

法的には、現先取引が欧米でおこなわれているレポ取引に相当するが、現先取引は、売買取引であることから有価証券取引税が障害となり、早期の制度改革が困難であったことから、債券貸借取引を見直し、現金担保を付した債券貸借取引という形式で、欧米のレポ取引と同様な経済効果をもとめるようになった。

こうして、欧米でおこなわれているレポ取引を契約書を参考に、1996年3月末に標準的な契約書となる「債券貸借取引に関する基本契約書（参考例）」が取りまとめられ、4月1日から取引が開始された。

従来は、債券の貸し手優位の構成であったが、あらたな基本契約書では、現金と債券は同等にあつかわれている。また、債務不履行（デフォルト）時の権利保全関係を対等にする同時履行の考え方が導入されるとともに、一括清算条項、さらに値洗いの規定があらたにもうけられた。

## （4）拡大する債券レポ市場

債券レポ市場は、わずか数年でコール市場などをはるかに上回る最大の短期金融市場となった。

債券レポ市場が急速に拡大した要因としては、第一に、国債の決済方式が5、10日に集約して決済をおこなう特定日決済方式からローリング決済方式に移行し、ローリング決済方式が定着したことがあげられる。ローリング決済の導入（T＋7）、T＋3への移行により、受渡し期間が短縮され、決済に必要な国債を調達することが必要となったからである。

第二に、マージン・コールの市場慣行の導入により、債券レポ市場がリスクフリーの市場になったことである。当初は、債券相場の変動が上下2％以内であれば、担保金の過不足を調整しないという2％ルールが採用されていた。これは、債券レポ取引には、2％のリスクをともなうということであり、このリスクを回避するために、1997年4月にマージン・コールが市場慣行として導入された。

第三に、市場参加者のリスク管理が厳格となり、有担保である債券レポ市場にたいする信任が高まったからである。1997年11月4日、三洋証券の無担保コール取引がデフォルトにおちいった。コール市場のデフォルトにより、金融機関のリスク管理は、さらに厳格なものとなり債券レポ市場は一層拡大することになった。

　第四は、債券レポ市場が成熟して債券取引だけではなく資金取引の市場となったからである。債券レポ市場の創設当初は、特定銘柄の国債を取引する市場であった。空売りした債券を調達するため、また、ローリング決済方式の導入により受渡し決済に必要な特定銘柄の債券を調達するために債券レポ市場が活用された。

　こうした債券取引にくわえて、債券レポ取引が資金取引市場として活用されるようになった。それは、マージン・コールの導入により、債券レポ市場がリスクフリーの市場になってきたこと、金融機関のリスク管理が厳格になってきたこと、無担保コール市場でデフォルトが発生したことなどにより、債券レポ市場が短期資金の運用と調達の市場として成熟してきたからである。

　第五は、日本銀行が1997年11月に債券レポ市場でオペレーション（国債借入オペ）を開始したことである。債券レポ市場が金融調節手段として採用されたのは、マージン・コールの導入により債券レポ市場がリスクフリーの市場になったこと、GC取引が拡大してレポによる金融調節の効果が期待できること、「日銀法」の改正により、債券貸借があらたに日銀の業務として追加され、現金担保付の債券貸借市場に参入できるようになったからである。

　なお、日本銀行は、従来の現先取引をベースに、リスクコントロール手法や取引の利便性向上のための仕組みが整備され、その法的位置付けもふくめてグローバル・スタンダードの新現先取引が導入（2001年4月）されたのにともなって、02年11月から新現先方式によるレポオペ（資金供給）を開始した。国債借入オペ（レポオペ）および短国買い現先オペは「国債買い現先オペ」に移行した。

## むすび

　本章では、短期金融市場においては、1996年4月にスタートしたあたらしい市場であるにもかかわらず、コール市場とともにわが国の短期金融市場の中心的な存在として機能している債券レポ市場の発展経緯をあきらかにした（図表11－5、参照）。

　1990年代後半の金融システム不安発生時においても、債券レポ取引は、リスクコントロール手法をそなえており、取引にかかる信用リスク、価格変動リスクが小さかったことから、市場残高は、おおむね増加傾向をたどった。

　その後も、日本銀行による量的緩和政策の採用と同時に縮小したコール市場とは対照的に、債券レポ市場は拡大をつづけ、国債市場の流動性が金融システムの安定にとって最重要な課題となっている今日、債券レポ市場は、市場流動性を向上させるうえで最重要な機能をはたすことになった。

　債券レポ取引の発展経緯をたどることであきらかになったわが国の国債取引にかかわる論点をふまえて、1990年代後半のわが国の金融危機下における債券レポ取引の役割を、邦銀の資金調達、流動性確保の観点から分析、考察することに関しては、今後の課題としたい。


　＊最後にこの場を借りて、さまざまなバックグランドをもち、講義が終わった後も酒をくみかわしながら議論をかわした埼玉大学大学院経済科学研究科相沢研究室の院生に厚くお礼申し上げる。とくに、埼玉大学大学院という筆者にとって大変有意義かつ非日常的な場所をあたえてくれた家族に心から感謝したい。

**図表11－5　債券レポ市場創設の経緯と概要**

| 年・月 | 市場創設の経緯と概要 |
|---|---|
| 1984年6月 | 都銀など34行（庫）、公共債を対象とした既発債の売買（ディーリング）業務開始 |
| 1985年6月 | 公共債のフルディーリング開始 |
| 10月 | 東証、債券先物市場を創設 |
| 5月 | 大蔵省、証券局業務課長事務連絡「債券の空売りの取扱いについて」を示達 |
| 6月 | 日証協、「債券売買の取引の受渡決済等の取扱いについて」を証券会社へ通知<br>－債券流通市場の適切な運営に資するため、業者間売買による受渡期間の短縮（20営業日以内→10営業日以内）などの措置をとる |
| 1988年7月 | 東証、超長期国債（20年）標準物を上場 |
| 1989年3月 | G30（Group of Thirty）、「世界の証券市場における決済システム（Clearance and Settlement Systems in the World's Securities Markets)」を発表<br>－市場の効率化、リスクの軽減に資するため、1992年までにすべての市場で取引の決済日を売買日から4営業日目に統一すべきなど、9項目からなる勧告を発表 |
| 5月 | 大蔵省、証券局流通市場課長ならびに証券局業務課長事務連絡「債券の空売り及び貸借の取扱いについて」を発出<br>－債券貸借市場の創設 |
| 1990年5月 | 東証、債券先物オプションを上場 |
| 1992年7月 | 日証協、「『債券の空売り及び貸借取引の取扱いについて』（理事会決議）の制定等について」を発表 |
| 1995年2月 | 英ベアリングズの破綻 |
| 12月 | 証券会社の買い現先を自由化（大蔵省、『証券分野の規制緩和等について』を発表　1995年12月15日） |
| 1996年1月 | 債券貸借取引に係る取引担保金の付利制限を撤廃（政府経済対策閣僚会議、『当面の経済対策について』を発表　1995年9月20日）<br>債券貸借取引に係る取引担保金の下限（105％ルール）を撤廃（大蔵省、『証券分野の規制緩和等について』を発表　1995年12月15日） |
| 2月 | 東証、中期国債（5年）標準物を上場 |
| 4月 | 債券レポ市場（現金担保付債券貸借市場）の創設 |
| 10月 | 国債T＋7のローリング決済開始 |
| 1997年4月 | 国債の決済期間をT＋3へ短縮 |
| 7月 | マージン・コールの市場慣行導入、2％ルールを撤廃 |
| 11月 | 日銀、債券市場で初の国債借入オペ（レポオペ）実施 |
| 1999年4月 | 有価証券取引税及び取引所税の撤廃 |

（出所）大蔵省証券局年表〔付〕証券関係年表などより筆者作成

# 第11章　わが国の債券レポ取引

〈注〉
（1）中島将隆「レポ取引とは何か（下）」『甲南経済学論集』第45巻第3号、2004.12
（2）日本銀行訳『中央銀行にとってのレポ市場が有するインプリケーション』（国際決済銀行　グローバル金融システム委員会　ワーキング・グループ報告書　バーゼル　1999年3月9日）
（3）国内証券会社にあっては純資産の30％、外国証券会社にあっては支店の純資産額以内

〈参考文献〉
稲村保成・馬場直彦［2002］「わが国のレポ市場について」『金融市場局ワーキングペーパーシリーズ』2002-J-1　日本銀行金融市場局
植月貢［1997］『実践・レポ取引入門』日本経済新聞社
後昌司［1997］「レポ市場向けオペレーションを実施へ」『金融財政事情』1997.12.1号　金融財政事情研究会
エレン・ティラー／日本興業銀行総合資金部訳［1997］『レポ市場ガイド－米国レポ取引の実際』金融財政事情研究会
大槻雅彦［1996］「債券貸借取引に関する基本契約書の作成」『金融財政事情』1996.6.15号　金融財政事情研究会
中島将隆［1996］「日本における債券貸借市場の再編」『証券経済研究』1996.11号　日本証券経済研究所
中島将隆［1998］「債券レポ市場の新たな展開」『インベストメント』1998.6号　大阪証券取引所
中島将隆［1997］「日本のレポ市場」『甲南経済学論集』第38巻第3号1997.12
中島将隆［2001］「レポ取引とは何か（上）」『甲南経済学論集』第41巻第4号2001.3
中島将隆［2003］「日本における債券貸借市場の成立」『甲南経済学論集』第43巻第4号2003.3
中島将隆［2004］「レポ取引とは何か（下）」『甲南経済学論集』第45巻第3号2004.12
中島将隆［2007］「日本のレポ市場の現状と課題」『証研レポート』1642　2007.6号　日本証券経済研究所
二上季代司［1999］「債券貸借市場と短期金融市場」『証研レポート』1566　1999.1号　日本証券経済研究所
二上季代司［1999］「短期金融市場の現状」『証研レポート』1568　1999.4号　日本証券経済研究所
二上季代司［1999］「債券貸借市場と短期金融市場」『インベストメント』

1999.4　大阪証券取引所
日本銀行金融市場局［2007］「米国短期金融市場の最近の動向について」『BOJ Reports & Research Paper』日本銀行金融市場局 2007.2
日本証券経済研究所［2007］「座談会 戦後公社債市場の歴史を語る（第1回）」『証券レビュー』第47巻別冊 2007.4　日本証券経済研究所
日本証券経済研究所［2010］「座談会 戦後公社債市場の歴史を語る（第2回）」『証券レビュー』第50巻別冊 2010.3　日本証券経済研究所
前田秀紀［1998］「日本版レポ市場の現状と課題」『郵政研究所月報』123号
マーシャ・スティガム／榊原英資監訳［1990］『レポーリバース市場』東洋経済新報社
レポ・トレーディング・リサーチ［2001］『入門実践金融 最新レポ取引のすべて』日本実業出版社

執筆者

西尾　夏雄　埼玉大学大学院経済科学研究科博士後期課程修了
　　　　　　埼玉大学経済学部講師、博士（経済学）、第2章
赤羽　　裕　埼玉大学大学院経済科学研究科博士後期課程、第5章
池袋　昌子　埼玉大学大学院経済科学研究科博士後期課程、第10章
中澤　克浩　埼玉大学大学院経済科学研究科博士前期課程、第11章
木暮　克己　埼玉大学大学院経済科学研究科博士前期課程、第8章
龍前航一郎　埼玉大学大学院経済科学研究科博士前期課程、第3章
田中　恭子　埼玉大学経済学部教授、PhD、第4章


世界経済危機と日本経済

2010年9月15日　第1版第1刷　　定　価＝2800円＋税

編著者　西尾夏雄・赤羽裕・池袋昌子Ⓒ
発行人　相　良　景　行
発行所　㈲　時　潮　社

〒174-0063　東京都板橋区前野町4-62-15
電　　話　03-5915-9046
Ｆ Ａ Ｘ　03-5970-4030
郵便振替　00190-7-741179　時潮社
Ｕ Ｒ Ｌ　http://www.jichosha.jp

印刷・相良整版印刷　製本・武蔵製本

乱丁本・落丁本はお取り替えします。
ISBN978-4-7888-0653-5

# 時潮社の本

## 『資本論』で読む金融・経済危機
### オバマ版ニューディールのゆくえ
#### 鎌倉孝夫　著
#### Ａ５判・並製・242頁・定価2500円（税別）

期待いっぱいのオバマ・グリーンディールは、危機克服の決め手となるか？　各国のなりふり構わぬ大恐慌回避策は、逆に資本主義の危機を増幅させないか？『資本論』研究の泰斗が金融・経済危機の推移を子細に分析し、世界経済の今後を明示する。『労働運動研究』『長周新聞』等書評多数。

## 現代経済と資本主義の精神
### マックス・ウェーバーから現代を読む
#### 相沢幸悦　著
#### Ａ５判・並製・212頁・2800円（税別）

なぜ、安倍自公内閣は拒否されたのか？　もの造りを忘れて、マネーゲームに踊る日本。憲法「改正」、再び戦争への道が危惧される日本──危うさを克服して、平和で豊かな、この国のかたちを確立するために、偉大な先人に学ぶ。

## 世界経済危機をどう見るか
#### 相沢幸悦　著
#### 四六判・並製・240頁・定価2800円（税別）

危機からの脱出の道、日本は？　世界経済・金融危機を、資本主義に大転換を迫る「100年に一度の大不況」ととらえ、その原因と本質を明らかにし、これからの経済システムのあり方について考察する。今後の日本経済の核心は、アメリカ型経済・金融モデルからの脱却、地球環境保全とアジア共同体へのシフトにある、と著者は言う。

## 保育と女性就業の都市空間構造
### スウェーデン、アメリカ、日本の国際比較
#### 田中恭子　著
#### Ａ５判・上製・256頁・定価3800円（税別）

地理学手法を駆使して行った国際比較研究で得た知見に基づいて、著者はこう政策提言する、「少子化克服の鍵は、保育と女性就業が両立し得る地域社会システムの構築にある」と。『経済』『人口学研究』等書評多数。

# 時潮社の本

## イギリス・オポジションの研究
### 政権交代のあり方とオポジション力
#### 渡辺容一郎 著
Ａ５判・並製・184頁・定価2800円（税別）

日本にイギリス型政権交代は定着するか？ イギリス民主主義の根幹たるオポジションの研究を通して、政権交代や与野党のあり方を考察した。オポジションとは、反対党、野党のこと。本書では、一歩踏み込んで「責任野党」と規定した。

## イノベーションと流通構造の国際的変化
### 業態開発戦略、商品開発戦略から情報化戦略への転換
#### 蓼沼智行 著
Ａ５判・並製・280頁・2800円（税別）

国際的トレーサビリティ・システムの構築へ——イノベーションと構造変化の一般化を図り、流通のグローバル化と国際的トレーサビリティ・システムの新たな構築に向けた動きが内包する社会経済的影響と世界システムの変容への示唆を解明する。

## ナレッジ・ベース・ソサエティにみる高等教育
### 遠隔教育の評価と分析を中心に
#### 澁澤健太郎 著
Ａ５判・並製・176頁・定価2800円（税別）

全国には病気等の諸事情で大学に通学できずに休学や退学を選ぶ学生がいる。遠隔教育システムがあれば、教育を受け続けることができたかもしれない。ICTを駆使した新しい教育、東洋大学における５年間の豊かな経験に基づいて著者は明言する—「遠隔教育によって生涯学習社会構築が可能になる」と。

## エコ・エコノミー社会構築へ
#### 藤井石根 著
Ａ５判・並製・232頁・定価2500円（税別）

地球環境への負荷を省みない「思い上がりの経済」から地球生態系に規定された「謙虚な経済活動」への軌道修正。「経済」と「環境」との立場を逆転させた考え方でできあがる社会が、何事にも環境が優先されるエコ・エコノミー社会である。人類の反省の念も込めての１つの結論と見てとれる。

# 時潮社の本

## グローバル企業経営支援システム
時間発展型統合シミュレーションを用いて
張　静　著
Ａ５判・並製・160頁・定価3500円（税別）

従来の勘とコツによる物流管理方式を脱した新方式、グローバル・カンパニー・マネージメント（GCM）システムを提案。本書では、生産～物流～販売～在庫の一元管理により、グローバル企業の経営の最適化をサポートするGCMを全面的に紹介する。

## 租税の基礎研究
石川祐三　著
Ａ５判・上製・220頁・2800円（税別）

経済が成長し所得が増えている時には、租税負担率が多少増えても税引き後の可処分所得も増えることがある。だからこそ税制の工夫が肝要である。精密かつ複雑なわが国の租税制度、その仕組みの大枠と基本的な経済効果についてわかりやすく整理し、経済成長のための税制のあり方を考察する、好個の入門書。

## イギリス住宅金融の新潮流
斉藤美彦・簗田優　共著
Ａ５判・上製・242頁・定価3200円（税別）

近年大変貌を遂げ、そして世界金融危機の影響を大きく受けたイギリス住宅金融。その歴史的変遷からグローバル化時代の新潮流等について多面的に分析し、住宅金融の原理についても議論を展開する。

## 経済原論
資本主義経済の原理的解剖
木下富市　著
Ａ５判・上製・226頁・定価3000円（税別）

自然環境から反撃される資本主義、過剰資本が地球を徘徊し恐慌に怯える資本主義。矛盾超克の鍵を探るため資本主義経済の原理を解明する。「資本主義の不可視の闇を、概念の光で照射する―これこそがマルクス経済学の真髄である」（著者）